오페라 인문학 IV

오페라
인문학 IV

박경준 (진우) 지음

Kairosse

이 책을 자식들을 위해
평생을 헌신하신 어머님께 바칩니다.

일러두기

이 책에 등장하는 주요 인명, 지명, 기관명 등은 국립국어원 외래어표기법을 따르되 일부는 관련 분야에서 널리 알려진 표현을 따라 소리 나는 대로 표기했다.

프롤로그

> 바다는 인생이다.
> 파도처럼 넘실거리고 소용돌이치며
> 밀물과 썰물처럼 오르락내리락하지만,
> 곧 잔잔하게 빛을 담아 환하게 빛나는 것.
> 우리의 삶도 그렇게 소란하게 흐른다.
>
> — 로랑스 드빌레르 『모든 삶은 흐른다』

사랑은 언제나 모순으로 다가온다. 가지려 할수록 멀어지고, 놓으려 할수록 더욱 간절해진다. 그러나 모순은 붙잡히지 않으면 절망이 된다. 철학은 그 모순을 삶의 진실로 승화시키는 연금술이다. 철학적 사유로 시작해야만 사랑의 체험이 단순한 감정을 넘어, 존재를 변화시키는 힘으로 거듭난다.

사랑에 빠진 자는 자신이 연기하고 있다는 것을 안다. 상대방 앞에서 더 나은 자신을 보여주려 애쓰고, 때로는 진짜 감정을 숨기며 연기한다. 하지만 그 순간 그는 가장 진실한 자신이기도 하다. 이것이야말로 사랑하는 자의 조건이다. 우리는 모두 사랑이라는 무대에서 연기한다. 연인 앞에서는 매력적인 사람을, 가족 앞에서는 믿음직한 보호자를, 친구들 앞에서는 의리 있는 동반자를 연기한다. 그런데 이 모든 연기 중에서 진짜 '사랑하는 나'는 어디에 있을까?

에마누엘 레비나스(Emmanuel Levinas)는 명쾌하게 답한다. "타자의 얼굴이 나를 부른다" 미리 정해진 사랑의 본질이란 존재하지 않는다. 우리는 타자와의 만남을 통해 사랑하는 존재로 거듭난다. 무대 위의 로미오가 진짜 로미오인 것처럼, 우리의 모든 사랑의 모습들이 진짜 우리 자신이다. 문제는 그 사랑을 어떻게 표현하느냐가 아니라, 어떻게 진실하게 사랑하느냐다.

그래서 이 책은 침묵의 철학에서 출발한다. 무대 위의 실존에서 사르트르(Jean-Paul Sartre)의 자유와 책임 사이의 드라마를 살펴보고, 쇼팽(Frédéric Chopin)의 발라드에서 서정과 드라마가 만나는 순간을 경험한다. 괴테(Johann Wolfgang von Goethe)의 『파우스트』를 통해 갈망과 구원의 변증법을 탐구하고, 쇼스타코비치(Dmitri Shostakovich) 교향곡 5번에서 진실과 허위의 연기를 목격한다.

푸치니(Giacomo Puccini)의 〈토스카〉에서는 음악이 사랑을 노래하고 역사가 피를 기록하는 상황을 다룬다. 이념과 감성, 폭력 앞에서 무너진 조화를 통해 우리는 사랑의 진정한 의미를 성찰한다. 목소리는 어디서 오는가라는 질문으로 이어지는 3장에서는 하이데거(Martin Heidegger)의 현존재와 목소리를 탐구하고, 모차르트(Wolfgang Amadeus Mozart)의 클라리넷 협주곡에서 존재의 목소리가 되는 악기를 만난다. 릴케(Rainer Maria Rilke)의 『두이노 비가』에서 "누가 천사들의 위계 앞에서 외치겠는가"라는 질문을 던지고, 바흐(Johann Sebastian Bach)의 무반주 첼로 모음곡에서 의지의 순수한 목소리를 듣는다.

베르디(Giuseppe Verdi)의 〈일 트로바토레〉를 통해서는 사랑의 이상화와 궁정풍 사랑을 살펴보고, 천상의 사랑과 세속의 사랑의 대비를 확인한다. 디오니소스의 노래에서는 니체(Friedrich Nietzsche)와 오페라의 만남을 다루고, 파가니니(Niccolò Paganini) 의 카프리스 24번에서 디오니소스의 손가락과 광기의 미학을 경험한다. 베토벤(Ludwig van Beethoven) 9번 교향곡에서는 디오니소스와 아폴론의 변증법을, 크리스테바(Julia Kristeva)의 아브젝트에서 디오니소스의 현대적 귀환을 목격한다.

바그너(Richard Wagner)의 〈트리스탄과 이졸데〉는 밤과 죽음, 그리고 영원의 사랑을 노래한다. 금단의 사랑과 죽음의 전설, 트리스탄 코드를 통한 사랑과 죽음이 부른 조성의 종말, 사랑의 묘약과 죽음으로 완성된 영원을 탐구한다. 영혼의 기도에서는 키르케고르(Søren Kierkegaard)의 절망의 병과 불안 너머의 신앙적 도약을 다루고, 모차르트의 레퀴엠에서 죽음 앞에서 부르는 영원한 기도를 듣는다. 아우구스티누스(Augustinus)의 고백록과 슈베르트(Franz Schubert)의 즉흥곡을 통해 침묵 속에 울리는 내면의 기도를 경험한다.

마지막으로 모차르트의 〈돈 조반니〉에서는 욕망과 회개의 문제를 다룬다. 돈 후안과 카사노바의 비교, 유혹의 아리아, 사랑의 삼각이론으로 읽는 음악적 인간 군상을 살펴본다.

각 장은 철학자의 사유로 시작해서 작곡가의 감성으로 이어지고, 오페라 작곡가의 드라마를 거쳐 성악가의 해석과 무대의 종합예술로 완성된다. 이는 단순한 나열이 아니라 하나의 사랑의 여정이다. 사유에서 시작된 질문이 감정으로 깊어지고, 드라마로 확장되며, 마침내 삶의 총체적 경험으로 완성되는 과정이다.

이 책이 완성되기까지 10년여의 시간이 걸렸다. 그동안 7편의 논문을 작성하고, 무대에서 노래하며, 강의실에서 학생들과 마주하면서 축적된 사유와 경험들을 하나씩 책으로 엮어내고 있다. 오페라 가수로서 무대 위에서 직접 체험한 음악의 감동, 연구자로서 치밀하게 분석한 철학적 통찰, 그리고 한 인간으로서 겪어온 삶의 모든 순간들이 이 책 안에서 하나로 만났다. 10년이라는 시간 동안 변하지 않은 것은 "사랑이란 무엇인가?"라는 근본적 질문이었고, 그 질문에 대한 답을 찾는 과정에서 이 책은 자연스럽게 형성되었다.

　하지만 솔직히 말하자면, 오페라와 클래식은 쉬울 수가 없다. 출판관계자들은 내용을 최대한 쉽게 써달라고 요청한다. 하지만 한 가지 분명한 사실이 있다. 클래식은 스스로 고귀함을 버린 적이 없다. 언제나 도도한 자리에서 우리를 기다린다. 다만 조금의 노력을 하면 언제나 우리를 환영해주고 음악의 세계로 인도해준다.

　생각해보라. 모든 제목, 악기군, 가사, 설명, 내용이 외국어인데 쉬울 수 있을까? 명문대를 목표로 하는 입시생이 어렵다는 이유로 국어, 영어, 수학을 외면하고 과연 목표를 이룰 수 있겠는가? 그들의 지식 창고가 가득 채워지듯이 우리의 음악적 감성도 가득 찰 것이다.

　필자는 여러 책을 보고 쉽게 써보려 했지만, 책 한 권을 읽어도 오페라 한 편을 제대로 이해하지 못하는 내용이 다반사였다. 그래서 이 책은 정공법을 택했다. 어려운 것은 어렵다고 인정하되, 그 어려움 속에서도 음악의 감동을 체험할 수 있는 길을 제시하려 한다. 레비나스의 타자 윤리학이 어려운 만큼 깊이 있는 것처럼, 진정한 사랑도 쉬운 길에서 나오지 않는다.

여덟 개의 Chapter를 돌아 다시 철학으로 귀환하는 순간, 우리는 처음 던졌던 물음이 단순한 감정이 아니라 존재 전체를 관통하는 원형적 사유였음을 깨닫게 될 것이다.

고요하게 철학하라. 하지만 그 고요함이 냉담한 침묵이 되어서는 안 된다. 슈베르트의 『겨울 나그네』처럼, 고독 속에서도 인간의 존재적 진실을 잃지 않는 것. 그것이 진정한 고요함이다. 그리고 음악처럼 존재하라. 사랑은 시간 안에서만 존재하지만, 그 순간순간이 영원의 깊이를 담고 있다. 우리의 사랑도 마찬가지다. 유한하지만 그 안에 무한의 가능성을 품고 있다.

이 책을 읽는 당신도 하나의 사랑의 무대 위에 서 있다. 연인과의 관계, 가족과의 유대, 친구와의 우정이라는 무대에서. 중요한 것은 그 무대에서 어떻게 연기할 것인가가 아니라, 어떻게 진실하게 사랑할 것인가다. 예술과 철학이 만나는 이 여정에서, 당신은 관객이자 주인공이고, 연주자이자 청중이며, 사랑받는 자이자 사랑하는 자가 될 것이다. "지금, 사랑의 막이 오른다."

2022년 4월

박경준 (진우)

차례

프롤로그   7

Chapter 1 무대위의 실존   16

1. 사르트르와 무대의 철학《자유와 책임 사이의 드라마》   19
2. 쇼팽의 발라드《서정과 드라마가 만나는 순간》   31
3. 괴테의 『파우스트』《갈망과 구원의 변증법》   42
4. 쇼스타코비치 교향곡 5번《진실과 허위의 연기》   54

Chapter 2 푸치니의 〈토스카〉   70

1. 음악은 사랑을 노래하고, 역사는 피를 기록하다.   73
2. 이념과 감성, 폭력 앞에서《무너진 조화》   81
3. 교수대의 향기,《은밀한 무대》   88
4. 사랑과 헌신, 무대 위의《마지막 항변》   93

Chapter 3 목소리는 어디서 오는가   110

1. 하이데거와 현존재의 목소리

   《세계 안에서 울리는 존재의 노래》   113

2. 모차르트 클라리넷 협주곡 A장조 K.622

   《존재의 목소리가되는 악기》   118

3. 릴케의 『두이노 비가』

   《누가 천사들의 위계 앞에서 외치겠는가》   134

4. 바흐의 무반주 첼로 모음곡 《의지의 순수한 목소리》   143

Chapter 4 베르디의 〈일 트로바토레〉   156

1. 베르디 VS 안토니오 가르시아 구티에레스   159
2. 사랑의 이상화 《궁정 풍 사랑》   166
3. 천상의 사랑 VS 세속의 사랑   173
4. 야만적, 정열적인 배역 《아주체나》   178

Chapter 5 디오니소스의 노래   196

1. 니체와 오페라 《철학과 음악극의 만남》   199
2. 파가니니 카프리스 24번
   《디오니소스의 손가락, 광기의 미학》   208
3. 베토벤 9번 교향곡 《디오니소스와 아폴론의 변증법》   217
4. 크리스테바와 아브젝트 《디오니소스의 현대적 귀환》   225

Chapter 6 바그너의 〈트리스탄과 이졸데〉   236

1. 밤과 죽음, 그리고 영원의 사랑   239
2. 금단의 사랑과 죽음의 전설   249
3. 금지된 화음, 무너진 질서   262
4. 사랑의 묘약 《죽음으로 완성된 영원》   274

Chapter 7 영혼의 기도   296

1. 키르케고르와 절망의 병 《불안 너머의 신앙적 도약》   299
2. 모차르트의 레퀴엠 《죽음 앞에서 부르는 영원한 기도》   305
3. 아우구스티누스의 고백록 《신 앞에서의 투명한 자기 고백》   313
4. 슈베르트의 즉흥곡 Op.90 No.3
   《침묵 속에 울리는 내면의 기도》   323

Chapter 8 모차르트의 〈돈 조반니〉   332

1. 욕망의 심리학   335
2. 돈 후안의 작품화 여정   341
3. 선율에 숨겨진 유혹의 기술   354
4. 사랑의 삼각이론으로 읽는 《음악적 인간 군상》   361

에필로그   378
오페라(음악) 노트   384
참고문헌   432
위로의 음악   438

CHAPTER 01

무대위의 실존

장폴 사르트르

우리는 모두 사랑이라는 무대 위에서 연기한다.
연인 앞에서는 매력적인 사람을, 가족 앞에서는 믿음직한 보호자를,
친구들 앞에서는 의리 있는 동반자를 연기한다.

- 장폴 사르트르

무대위의 실존

1. 사르트르와 무대의 철학
《자유와 책임 사이의 드라마》

장폴 사르트르(Jean-Paul Sartre, 1905-1980)에게 무대는 단순히 재미를 위한 곳이 아니었다. 무대는 인간이 어떤 존재인지를 보여주는 철학적 실험실이었다. 그가 쓴 주요 희곡들인 『파리떼』(1943), 『닫힌 방』(1944), 『더러운 손』(1948) 등은 모두 실존주의 철학의 핵심 생각들을 연극으로 만든 작품들이다.

『파리떼』는 나치 점령 하에서 창작한 희곡으로, 그리스 신화의 오레스테스가 어머니를 죽인 아버지의 원수를 갚는 이야기를 통해 자유의지와 도덕적 책임, 선택의 문제를 실존주의적으로 탐구한다.

『닫힌 방』은 세 명의 죽은 자가 지옥의 한 방에 갇혀 서로를 고문하는 이야기로, "타인은 지옥이다"라는 유명한 명제를 통해 인간관계의 본질적 갈등과 타인의 시선에 의한 자아 구속을 드러낸다.

『더러운 손』은 공산당 청년 위고가 당의 명령으로 정치적 암살을 시도하는 과정을 그린 작품으로, 정치적 이념과 개인의 양심 사이의 갈등, 목적과 수단의 윤리적 정당성 문제를 다룬다.

『닫힌 방』에서 나오는 "타인은 지옥이다"라는 유명한 대사는 인간관계의 근본적인 갈등을 날카롭게 보여준다. 하지만 이 말은 사람들이 흔히 오해하듯 인간을 혐오한다는 뜻이 아니다.

시선을 통해 내가 하나의 물건처럼 취급되고, 나 자신에 대한 자유로운 생각이 억압당하는 상황을 의미한다. 사르트르에게 타인의 시선은 자아를 깨닫게 해주는 계기이기도 하지만, 동시에 나를 고정시키는 억압적인 힘이다. 이는 존재론적 자각과 억압 사이의 긴장, 즉 토론 수업에서 자신의 진짜 생각을 말하고 싶지만 다른 학생들과 교수의 반응을 의식해 말을 조심하게 되는 상황과 같다.

사르트르 실존주의에서 가장 중요한 개념은 "실존이 본질에 앞선다"는 명제다. 이는 마르틴 하이데거(Martin Heidegger)가 20세기 철학의 전환점이 된 주저 『존재와 시간』(Sein und Zeit, 1927)에서 제시한 핵심개념인 "현존재(Dasein)", 즉 '거기에(da) 있는(sein) 존재'라는 뜻이며, 자신의 존재를 문제 삼고 이해하려는 유일한 존재인 인간이라는 개념을 사르트르 자신의 실존철학 관점에서 다시 해석하고 발전시킨 것이다.

하이데거는 인간을 다른 존재와 구별되는 특별한 존재로 보았다. 돌이나 나무는 그냥 존재할 뿐이지만, 인간은 자신의 존재에 대해 질문하고 고민하는 존재다. 하이데거가 말하는 "세계-내-존재(In-der-Welt-sein)"는 인간이 세계로부터 분리된 주체가 아니라 이미 언제나 세계 안에서 타인 및 사물과 관계를 맺으며 존재한다는 실존론적 개념이다. 이것은 인간이 고립된 개체가 아니라 세계와의 관계 속에서 의미를 만들어가며 살아가는 존재라는 의미이다.

우리는 혼자 존재하는 것이 아니라 다른 사람들, 사물들, 상황들과의 관계망 속에서 살아간다. 무대 위의 배우도 마찬가지다. 배우는 혼자 연기하는 것이 아니라 다른 배우들, 무대장치, 관객들과의 관계 속에서 자신의 역할을 만들어간다.

사르트르는 하이데거의 이런 생각을 한 걸음 더 발전시켰다. 사르트르에 따르면, 인간에게는 미리 정해진 본질이나 목적이 없다. 의자는 '앉기 위한' 목적으로 만들어지고, 칼은 '자르기 위한' 본질을 가지고 태어난다. 하지만 인간은 다르다. 인간은 먼저 이 세상에 내어나서 존재하고, 그 다음에 자신이 어떤 사람이 될지를 스스로 결정해나간다. 이것이 바로 "실존이 본질에 앞선다"는 말의 의미다.

무대 위의 배우가 바로 이런 실존적 상황의 완벽한 비유다. 배우는 주어진 대본을 단순히 외워서 말하는 것이 아니라, 매 순간 자신의 해석과 선택을 통해 인물을 창조한다. 같은 햄릿 역을 맡은 배우가 수백 명이 있다면, 수백 개의 서로 다른 햄릿이 존재한다. 셰익스피어의 『햄릿』을 생각해보자.

20세기 최고의 셰익스피어 배우이자 연출가로, 특히 영화 〈햄릿〉(1948)으로 아카데미 작품상과 남우주연상을 수상한 전설적인 배우평가받는 로렌스 올리비에(Laurence Olivier, 1907-1989)가 연기한 햄릿과 셰익스피어 작품을 액션 지향적으로 재해석하는 것으로 유명한 북아일랜드 출신의 배우이자 감독인 케네스 브래너(Kenneth Branagh, 1960-)가 연기한 햄릿이 완전히 다른 인물인 것은 바로 이 때문이다.

올리비에의 햄릿은 내성적이고 철학적인 왕자였다면, 브래너의 햄릿은 좀 더 액션 지향적이고 역동적인 인물이었다. 같은 "사느냐 죽느냐, 그것이 문제로다"라는 대사도 올리비에는 깊은 명상에 잠긴 채 조용히 말했고, 브래너는 격정적인 감정을 드러내며 연기했다. 둘 다 셰익스피어의 대본을 충실히 따랐지만, 결과는 전혀 다른 햄릿이 되었다. 이것이 바로 사르트르가 말하는 "자유"의 구체적인 실현이다.

이런 창조적 과정은 프리드리히 니체(Friedrich Nietzsche)가 니체 사상의 정점을 보여주는 철학적 서사시인 『차라투스트라는 이렇게 말했다』(Also sprach Zarathustra, 1883-1885)에서 제시한 "위버멘쉬(Übermensch)", 즉 기존의 모든 가치를 그대로 받아들이지 않고 창조적으로 파괴하고 자신만의 새로운 가치를 창조하는 자기극복의 이상적 인간상이라는 개념과 맥을 같이한다. 조로아스터교의 창시자 차라투스트라를 화자로 하여 신의 죽음 이후 새로운 가치창조의 필요성을 설파한 이 작품에서 니체에게 위버멘쉬는 기존의 도덕적 가치와 사회적 관습에 안주하지 않고, 스스로 새로운 가치를 창조해가는 인간상을 의미한다. 이는 단순한 우월성이 아니라, 끊임없는 자기 극복을 통해 진정한 개인이 되어가는 과정이다.

니체는 "신은 죽었다"고 선언하면서, 절대적인 도덕이나 진리가 사라진 시대에 인간이 스스로 의미를 창조해야 한다고 주장했다. 이는 마치 배우가 주어진 대본의 틀 안에서도 자신만의 독창적인 해석을 만들어내는 것과 같다. 니체의 위버멘쉬가 기존 도덕을 뒤집고 새로운 가치를 만드는 것을 목표로 한다면, 사르트르의 실존적 인간은 현재 상황 속에서 의미를 창조해 나가는 점에서 닮아 있다.

하지만 중요한 차이가 있다. 니체의 위버멘쉬는 기존의 가치를 파괴하고 새로운 가치를 창조한다는 점에서 초월적이지만, 동시에 삶에 대한 현세적 긍정을 강조한다. 반면 사르트르의 실존적 인간은 거창한 초월적 목표보다는 매 순간 구체적인 상황 속에서 자신의 주체성을 발현하고 그에 대한 책임을 진다는 점에서 유사하지만, 강조점에 차이가 있다. 덧붙이자면, 니체의 위버멘쉬는 '자기 긍정적 인간상', 사르트르의 실존적 인간은 '상황 속에서의 책임적 주체'라는 각각의 대표적 강조점을 갖는다.

이 자유는 동시에 무거운 책임을 따라온다. 사르트르의 유명한 표현대로 "인간은 자유롭도록 선고받았다". 우리가 원하든 원하지 않든, 우리는 매순간 선택해야 하고, 그 선택에 대한 책임을 져야 한다. 이는 알베르 카뮈(Albert Camus)가 『시지푸스의 신화』(1942)에서 제시한 "부조리(Absurde)", 즉 삶의 의미를 찾으려는 인간의 욕구와 세계의 무의미한 침묵 사이의 근본적 모순과 불일치를 의미하는 카뮈의 핵심 개념과는 다른 접근이다.

카뮈의 부조리는 인간이 의미를 찾고 싶어하는데 세상은 침묵으로 답할 뿐이라는 근본적인 모순을 가리킨다. 카뮈는 그리스 신화의 시지푸스를 예로 든다. 시지푸스는 바위를 산 꼭대기까지 굴려 올려야 하는데, 바위는 정상에 도달하자마자 다시 아래로 굴러떨어진다. 이 무의미한 작업을 영원히 반복해야 하는 것이 인간의 조건이라는 것이다. 카뮈는 이런 부조리한 상황에서도 인간이 절망하지 않고 당당하게 살아가야 한다고 말한다.

사르트르도 세상이 본질적으로 무의미하다는 점에서는 카뮈와 동의한다. 사르트르는 그 무의미함 속에서도 인간이 스스로 의미를 창조할 수 있다는 점에 더 주목한다. 사르트르도 세상이 본질적으로 무의미하다는 점에서는 카뮈와 동의한다. 하지만 카뮈가 부조리한 현실에 대한 반항과 존엄성을 강조하며 그 안에서의 삶을 긍정한다면, 사르트르는 그 무의미함 속에서도 인간이 스스로 의미를 창조할 수 있다는 점에 더 주목하며 자유의 능동성을 강조한다.

카뮈의 반항적 인간은 의미를 외부에 찾지 않고 부조리 자체를 견디는 내부적 태도를, 사르트르는 그 무의미함을 능동적 자유로 극복해 자체적인 의미 구조를 만드는 점이 가장 중요한 차이다.

무대에서도 마찬가지다. 배우가 잘못된 선택을 하면 그 책임은 온전히 배우 자신에게 돌아간다. 대본을 탓할 수도, 연출가를 탓할 수도 없다. 왜냐하면 그 순간의 해석과 표현은 배우 자신의 자유로운 선택이기 때문이다.

『존재와 무』(1943)에서 사르트르는 인간 의식의 구조를 "대자존재"[1]와 "즉자존재"[2]로 구분한다. 즉자존재는 돌이나 나무처럼 완결된 존재이고, 대자존재는 인간처럼 자기 자신과 거리를 두고 성찰할 수 있는 존재다.

---

1 "대자존재(être-pour-soi)" 사르트르의 존재론에서 인간의 의식을 가리키는 개념으로, 자기 자신을 객관화하고 거리를 두며 성찰할 수 있는 존재방식을 말한다.

2 "즉자존재(être-en-soi)" 사르트르가 사물의 존재방식을 가리키는 개념으로, 의식이 없어 자기 자신과 완전히 일치하며 변화나 발전의 가능성이 없는 완결된 존재를 의미한다.

이는 의식의 분열성과 긴장에 초점을 둔 것인데, 즉 거울을 보는 나와 남들이 보는 나의 차이와 같은 현상이다. 우리는 거울 속의 내 모습을 보면서 "이게 정말 나일까?"라고 의문을 갖기도 하고, 다른 사람들이 나를 어떻게 볼지 걱정하기도 한다. 이처럼 인간은 자기 자신을 객관적으로 바라볼 수 있는 능력이 있기 때문에, 끊임없이 자신과 거리를 두고 성찰하게 된다.

무대 위의 배우는 바로 이런 대자존재의 특성을 극명하게 드러낸다. 배우는 동시에 인물이면서 인물이 아니다. 햄릿을 연기하는 배우는 햄릿이지만 동시에 자신이 햄릿을 연기하고 있다는 것을 의식한다. 이런 이중적 의식구조를 가장 잘 보여주는 작품이 바로 루이지 피란델로(Luigi Pirandello)의 『작가를 찾는 6인의 등장인물』(1921)[1]이다.

이 작품은 연극사에 혁명을 일으킨 메타연극의 고전이다. 피란델로는 연극 공연 중에 갑자기 6명의 인물이 무대에 나타나서 자신들의 이야기를 연극으로 만들어달라고 요구하는 상황을 그렸다. 이 등장인물들은 매우 특이한데, 자신들이 허구적 존재라는 것을 알고 있으면서도 현실의 배우들보다 더 진실하다고 주장한다.

"우리는 영원히 살아있습니다!"라고 외치는 아버지 역할의 인물은 자신이 작품 속 캐릭터이기 때문에 변하지 않는 영원한 진실을 가지고 있다고 말한다. 반면 현실의 인간들은 매 순간 변하고 모순되

---

[1] 『작가를 찾는 6인의 등장인물』(Sei personaggi in cerca d'autore, 1921) 피란델로의 메타연극으로, 연극 공연 중에 여섯 명의 인물이 무대에 나타나서 자신들의 이야기를 연극으로 만들어달라고 요구하는 파격적인 상황을 그린 모더니즘 연극의 걸작이다.

기 때문에 오히려 허구적이라고 주장한다. 이는 끊임없이 자신을 만들어가야 하는 사르트르적 인간의 숙명과 대비된다. 피란델로는 완성된 '본질'을 갖고자 하는 캐릭터들의 욕망을 통해, 오히려 불완전한 현실 속에서 자신을 규정해야 하는 인간의 실존적 불안을 역설적으로 보여준다.

피란델로가 보여준 것처럼, 인간은 자신이 연기하고 있다는 것을 알면서도 그 연기를 통해서만 자신을 실현할 수 있다. 우리는 모두 일상에서 여러 가지 역할을 연기한다. 가족 앞에서는 자식이나 부모의 역할을, 학교에서는 학생의 역할을, 친구들 앞에서는 또 다른 모습을 보여준다. 하지만 이것이 가짜라는 뜻은 아니다. 오히려 이런 다양한 연기를 통해 우리는 우리 자신이 된다.

사르트르의 "상황성(situationnalité)" 개념도 무대와 깊이 연결된다. 상황성은 사르트르의 개념으로, 인간의 자유는 무한정한 것이 아니라 주어진 역사적, 사회적, 개인적 조건이라는 구체적 상황 속에서만 실현될 수 있다는 제약성을 의미한다. 우리는 완전히 자유로운 것도, 완전히 결정된 것도 아니다. 특정한 상황 속에서 자유롭다. 이는 상황 속에서의 자유, 즉 정해진 교복을 입으면서도 나만의 스타일을 만드는 것과 같다.

학교에서 모든 학생이 같은 교복을 입어야 한다는 규칙이 있지만, 그 안에서도 각자 나름의 개성을 표현한다. 어떤 학생은 교복을 단정하게 입고, 어떤 학생은 약간 캐주얼하게 입는다. 넥타이를 매는 방식도, 가방을 메는 방식도 제 각각이다.

배우도 마찬가지다. 주어진 대본, 무대장치, 다른 배우들과의 관계라는 상황 속에서 자유롭게 연기한다. 이 상황들은 제약이지만 동시에 자유의 조건이기도 하다. 대본이 없으면 연기할 수 없고, 다른 배우들이 없으면 상호작용할 수 없다. 제약이 오히려 창조적 자유의 기반이 되는 것이다.

"나쁜 믿음(mauvaise foi)" 개념은 사르트르 철학에서 중요한 위치를 차지한다. 이는 사르트르가 비판한 자기기만의 태도로, 인간이 자유와 책임의 무게를 견디지 못해 자신을 사물처럼 취급하며 선택의 책임을 회피하는 비진실한 삶의 방식이며, 자신의 자유와 책임을 부정하고 자신을 사물처럼 취급하는 태도다. 무대에서 이런 나쁜 믿음의 예를 쉽게 찾을 수 있다. 연기가 어색한 배우가 "대본이 나빠서", "연출이 잘못돼서"라고 변명하는 것이 그것이다. 물론 객관적 조건들이 영향을 미치지만, 그 조건들을 어떻게 해석하고 활용할지는 배우의 몫이다. 타인의 기대에 맞추려는 욕구가 진정한 자유를 잃게 할 수 있다는 것을 강조한다.

무대 위의 배우는 타인의 시선에 가장 직접적으로 노출된다. 수백, 수천 명의 관객이 동시에 자신을 바라본다. 그 시선들이 배우를 긴장시키지만, 동시에 배우로서의 정체성을 확인시켜주기도 한다. 관객이 없는 연기는 진정한 연기가 아니다. 타인의 시선이 있어야 비로소 "연기"가 성립한다.

사르트르에게 "기투(projet)"는 미래를 향한 의식의 운동이다. 이는 사르트르의 실존철학 개념으로, 인간이 미래를 향해 자신을 던져 스스로를 창조해나가는 능동적 행위를 의미하며, 현재에 머물지 않고 끊임없이 자기 삶을 기획하고 실현하려는 의식적 움직임을 말한다. 인간은 현재에 머물지 않고 끊임없이 미래의 가능성을 향해 나아간다. 무대에서도 마찬가지다. 배우는 현재의 순간에만 머물지 않고 다음 장면, 다음 대사를 향해 나아간다. 각 순간의 연기는 그 자체로 완결되지 않고 전체 드라마의 흐름 속에서 의미를 갖는다.

사르트르의 실존주의는 음악과 연극에서도 구현된다. 장 콕토(Jean Cocteau)의 『인간의 목소리』(1930)[1]는 1958년 프랑시스 푸랑크(Francis Poulenc)가 작곡한 모노오페라[2]로 각색되어 더욱 유명해졌다. 전화를 통해 연인과 이별하는 여성의 독백으로 구성된 이 작품은 사르트르적 고독과 소외를 음악으로 형상화한다.

여성은 보이지 않는 상대방과 대화하지만, 실제로는 혼자서 자신의 절망을 토로할 뿐이다. 이는 사르트르가 『닫힌 방』에서 그린 소통 불가능한 인간관계와 정확히 일치한다. 전화 너머의 목소리는 있지만 진정한 소통은 이루어지지 않는 상황, 이것이 바로 현대인이 겪는 실존적 고립이다.

올리비에 메시앙(Olivier Messiaen)의 『시간의 종말을 위한 사중

---

[1] 『인간의 목소리』(La Voix humaine, 1930) 콕토의 1인극으로, 전화기 너머로만 들리는 남자친구의 목소리와 대화하는 여성의 독백을 통해 사르트르적 고독과 소외, 현대인의 소통 부재를 음악으로 형상화한다.

[2] 모노오페라(mono-opera) 1958년 프랑시스 푸랑크가 『인간의 목소리』를 각색하여 작곡한 것으로, 한 명의 소프라노와 오케스트라로 구성된 오페라 형식으로 인물의 내면 심리를 집중적으로 탐구한다.

주』(1941)¹도 사르트르의 시간 의식과 연결된다. 포로수용소에서 작곡된 이 작품은 종말론적 시간 의식을 담고 있지만, 동시에 그 종말 속에서도 계속되는 창조적 행위를 보여준다.

사르트르가 극한 상황에서도 자유로운 선택이 가능하다고 본 것처럼, 메시앙도 절망적 상황에서 아름다운 음악을 창조했다. 전쟁과 감금이라는 절대적 제약 속에서도 예술가는 자신만의 방식으로 자유를 실현할 수 있음을 보여준 것이다.

현대 사회에서 사르트르의 무대 철학은 더욱 현실적 의미를 갖는다. 소셜미디어 시대에 우리는 모두 무대 위의 배우가 되었다. 페이스북, 인스타그램, 트위터에서 우리는 끊임없이 자신을 연출하고 타인의 시선을 의식한다. 어빙 고프먼(Erving Goffman)이 『일상생활에서의 자아연출』(1956)²에서 제시한 "인상 관리" 개념이 현실이 된 것이다.

고프먼은 일상생활을 하나의 무대로 보고, 사람들이 어떻게 자신의 이미지를 관리하고 연출하는지를 분석했다. 우리는 상황에 따라 다른 역할을 연기한다. 교수 앞에서는 성실한 학생의 모습을, 친구들 앞에서는 재미있는 사람의 모습을, 가족 앞에서는 또 다른 모습을 보여준다.

---

1 『시간의 종말을 위한 사중주』(Quatuor pour la fin du temps, 1941) 메시앙이 2차대전 중 독일 포로수용소에서 작곡한 작품으로, 전쟁과 감금이라는 제약 속에서도 예술적 창조의 힘을 보여주며 절망적 현실 속에서도 신앙을 통한 희망을 노래한다.

2 『일상생활에서의 자아연출』(The Presentation of Self in Everyday Life, 1956) 고프먼의 저서로, 일상생활을 하나의 무대로 보고 사람들이 타인에게 보여주기 위해 상황에 따라 다른 역할을 연기하며 자아를 어떻게 연출하는지 분석한다.

이런 역할 연기가 가짜라는 것이 아니라, 바로 이런 다양한 연기를 통해 우리는 사회적 존재로서의 정체성을 형성한다는 것이 고프먼의 핵심 통찰이다. 하지만 사르트르의 관점에서 이는 필연적으로 "나쁜 믿음"의 위험을 수반한다. 타인의 기대에 맞추려는 욕구가 자신의 진정한 자유와 책임을 망각하게 만들 수 있기 때문이다.

사르트르가 제시한 해법은 "진정성"이다. 이는 자신의 상황을 정직하게 인정하고, 그 상황 속에서 자유롭게 선택하는 것이다. 이것이 바로 실존적 진정성의 핵심, 즉 SNS에서 진짜 내 모습을 보여주면서도 '좋아요'를 의식하는 것과 같은 복잡한 상황을 솔직하게 받아들이는 것이다.

무대에서 진정한 배우가 되려면 자신이 연기하고 있다는 것을 잊어서는 안 된다. 동시에 그 연기에 온전히 몰입해야 한다. 이런 역설적 균형이 바로 실존적 진정성의 핵심이다. 존재론적 불안과 윤리적 책임을 동시에 껴안고 살아가는 것, 이것이 사르트르가 무대를 통해 보여준 인간 존재의 근본 조건이다.

2. 쇼팽의 발라드
《서정과 드라마가 만나는 순간》

프레데리크 쇼팽(Frédéric Chopin)

프레데리크 쇼팽(Frédéric Chopin, 1810-1849)의 피아노 앞에 앉은 연주자는 독특한 실존적 상황에 놓인다. 연주자는 동시에 배우이자 관객이며, 창조자인 동시에 해석자가 된다. 네 개의 발라드(Op.23, Op.38, Op.47, Op.52) 앞에서 피아니스트는 사르트르가 말한 "상황 속의 자유"를 가장 순수한 형태로 경험한다. 88개의 건반이라는 제한된 상황 속에서, 그는 무한한 표현의 가능성을 마주한다.

쇼팽이 창조한 발라드라는 장르 자체가 이미 실존적 모순을 내포하고 있다. 전통적으로 발라드는 민담이나 전설을 노래로 전하는 서사적 장르였다. 하지만 쇼팽은 이를 순수하게 기악적인, 그것도 독주 형식으로 변환했다. 이야기는 있지만 말은 없고, 드라마는 있지만 등장인물은 없으며, 서사는 있지만 명확한 줄거리는 없다. 연주자와 청중은 음악 자체의 힘으로만 그 이야기를 재구성해야 한다. 이는 마치 사르트르가 말한 "투기(projet)"와 같다. 주어진 상황에서 스스로 의미를 창조해나가는 실존적 행위인 것이다.

1번 g단조 발라드: 망명자의 실존적 고백

1번 g단조 발라드(Op.23, 1831-1835)는 쇼팽의 실존적 상황을 가장 직접적으로 반영한다. 1831년 바르샤바 봉기가 실패하고 조국 폴란드가 러시아에 완진히 병합되면서, 쇼팽은 영원한 망명자가 되었다. 돌아갈 조국이 사라진 상황에서 그는 "나는 누구인가?"라는 근본적 질문과 마주해야 했다. 폴란드인인가, 프랑스인인가? 애국자인가, 예술가인가? 이런 정체성의 혼란이 1번 발라드의 핵심 정서를 이룬다.

작품은 신비로운 라르고 도입부로 시작한다. 마치 기억 저편에서 들려오는 옛 이야기처럼 단선율로 제시되는 주제는 하이데거가 말한 "던져진 상태(Geworfenheit)"의 음악적 구현이다. 우리는 어떤 과거와 전통 속에 던져진 채로 존재를 시작한다. 쇼팽에게 그것은 잃어버린 조국의 기억이었다. 하지만 이 도입부가 모데라토로 전환되면서 서정적 주선율로 발전하는 순간, 우리는 사르트르적 "자유"의 시작을 목격한다. 주어진 운명을 그대로 받아들이는 것이 아니라 그것을 창조적으로 변형시키는 것이다.

특히 중간 부분에서 등장하는 격정적인 패시지들은 단순한 감정의 분출이 아니라 실존적 선택의 드라마다. 여기서 연주자는 결정적 순간에 직면한다. 안전한 서정성에 머물 것인가, 아니면 위험한 격정으로 뛰어들 것인가? 각각의 선택은 서로 다른 쇼팽을 만들어낸다. 마우리치오 폴리니가 연주하는 1번 발라드와 마르타 아르헤리치가 연주하는 것이 완전히 다른 작품처럼 들리는 이유가 바로 여기에 있다. 폴리니는 구조적 완결성을 추구하는 건축가라면, 아르헤리치는 순간의 영감을 따라가는 탐험가다.

2번 F장조 발라드: 가면과 진실의 변증법

2번 F장조 발라드(Op.38, 1836-1839)는 쇼팽의 가장 "연극적인" 작품이다. 목가적 평화로움으로 시작하는 이 작품은 마치 19세기 파리 살롱의 우아한 사교계를 연상시킨다.

이 표면적 우아함은 사르트르가 비판한 "나쁜 믿음(mauvaise foi)"의 완벽한 예시이기도 하다. 망명 귀족으로서 파리 사교계에 적응해야 했던 쇼팽은 때로 자신의 진짜 감정을 숨기고 기대되는 역할을 연기해야 했다. 작품의 전반부는 이런 사회적 가면을 음악화한다. 왈츠풍의 우아한 선율들, 살롱풍의 장식적 패시지들은 모두 "폴란드 출신의 매력적인 피아니스트"라는 역할에 충실한 연기다. 하지만 중간 부분에서 갑작스럽게 등장하는 프레스토 콘 푸오코(Presto con fuoco)는 그 가면을 벗어던지는 순간이다. 여기서 쇼팽의 진짜 목소리가 터져 나온다. 조국에 대한 그리움, 망명자로서의 고독, 예술가로서의 고뇌가 폭발적으로 분출된다.

이 극적 대비는 에드먼드 버크(Edmund Burke)가 정의한 "숭고(sublime)"[1] 개념을 완벽하게 구현한다. 숭고는 아름다움과는 다른 미적 범주로, 인간의 예상을 뛰어넘는 압도적 경험을 의미한다. 2번 발라드의 중간 부분은 바로 이런 숭고의 체험을 제공한다. 청중은 예상치 못한 감정의 쓰나미에 휩쓸리면서 일상적 의식 상태에서 벗어난다. 하지만 쇼팽은 이 격정을 끝까지 밀고 나가지 않는다. 마지막에 다시 평화로운 주제가 돌아오면서 조화로운 결말을 이룬다. 이는 쇼팽의 성숙한 실존적 태도를 보여준다. 그는 극단적 감정에 완전히 매몰되지 않고 그것을 예술적으로 승화시킨다. 이것이야말로 사르트르가 말한 "진정성(authenticité)"의 실현이다. 자신의 감정을 솔

---

[1] "숭고(sublime)" 에드먼드 버크가 정의한 미적 범주로, 인간의 예상을 뛰어넘는 압도적인 경험 앞에서 느끼는 경외감과 공포를 동시에 포함하는 복합적 감정이다. 후에 칸트가 『판단력 비판』에서 이를 체계적으로 발전시켰다.

직하게 인정하면서도 그것에 의해 완전히 지배되지 않는 성숙한 태도 말이다.

3번 Ab장조 발라드: 달콤한 슬픔의 미학

3번 Ab장조 발라드(Op.47, 1840-1841)는 네 개의 발라드 중 가장 내성적이고 명상적인 작품이다. 왈츠 리듬에 기반한 주제는 표면적으로는 우아하고 평온해 보이지만, 그 안에는 깊은 멜랑콜리가 스며있다. 이는 쇼팽의 후기 작품들에서 나타나는 "달콤한 슬픔(douce mélancolie)"의 특성을 가장 잘 보여준다.

이 작품에서 주목할 점은 변주 기법의 사용이다. 기본 주제가 여러 번 반복되면서 점차 장식적으로 변화한다. 하지만 이는 단순한 기교적 과시가 아니라 시간 의식에 대한 철학적 성찰이다. 같은 선율이 반복되지만 매번 다른 옷을 입고 나타나는 것은 앙리 베르그송(Henri Bergson)이 말한 "지속(durée)"[1]의 개념을 연상시킨다. 객관적 시간은 균등하게 흘러가지만, 의식 속의 시간은 감정과 기억에 따라 다르게 경험된다. 연주자는 이 변주들을 통해 시간의 흐름 자체를 창조해야 한다. 첫 번째 제시는 순수한 기억일 수 있고, 두 번째는 그 기억에 대한 성찰일 수 있으며, 세 번째는 현재적 재해석일 수 있다. 같은 음표들이지만 연주자의 실존적 선택에 따라 완전히 다른 의미를 갖게 된다. 이는 하이데거가 말한 "시간성(Zeitlichkeit)"의 음악적 구현

---

1 "지속(durée)" 베르그송이 말한 개념으로, 물리적 시계시간과 달리 의식이 체험하는 주관적 시간으로, 과거와 현재가 서로 침투하며 질적 변화를 일으키는 생명적 시간성을 의미한다.

이다. 인간은 과거-현재-미래라는 시간적 지평 속에서만 자신을 이해할 수 있다는 통찰이다.

현대의 위대한 쇼팽 연주자들이 3번 발라드에서 보여주는 해석의 차이는 바로 이런 시간 의식의 차이에서 나온다. 블라디미르 아슈케나지는 회상적이고 향수적인 시간을 만들어내는 반면, 이보 포고렐리치는 현재적이고 즉물적인 시간을 구현한다. 같은 악보지만 완전히 다른 실존적 시간을 경험하게 되는 것이다.

4번 f단조 발라드: 운명과의 마지막 대화

4번 f단조 발라드(Op.52, 1842-1843)는 쇼팽의 발라드 중 가장 규모가 크고 복잡한 작품이다. 소나타 형식의 원리를 발라드에 적용한 실험적 시도로 평가되지만, 실제로는 쇼팽 자신의 실존적 여정에 대한 최종적 결산이라고 보는 것이 적절하다. 이 작품을 쓸 당시 쇼팽은 이미 결핵으로 건강이 악화되고 있었고, 조르주 상드와의 연인 관계도 파국을 향해 가고 있었다. 인생의 유한성을 절감하는 상황에서 그는 자신의 예술적, 실존적 유산을 정리하려 했다.

첫 번째 주제는 명상적이고 내성적인 성격을 갖는다. 이는 쇼팽의 개인적 성찰, 즉 "나는 어떻게 살아왔는가?"라는 질문에 대한 대답 같다. 반면 두 번째 주제는 춤곡적 리듬의 활기찬 성격을 갖는다. 이는 "나는 어떻게 살고 싶은가?"라는 미래에 대한 갈망을 표현한다. 이 두 주제의 대립과 통합 과정은 사르트르가 말한 "기투(projet)"의 완벽한 음악적 형상화다. 인간은 현재의 자신을 바탕으로 미래의 가능성을 향해 자신을 투사한다.

특히 코다 부분에서 두 주제가 동시에 제시되는 대위법적 처리는 쇼팽의 성숙한 실존적 지혜를 보여준다. 과거와 미래, 성찰과 갈망, 개인적 감정과 예술적 형식이 하나로 통합되는 순간이다. 이는 니체가 말한 "영원회귀(ewige Wiederkehr)"[1]의 예고편 같다. 자신의 삶을 무한히 반복하고 싶을 만큼 사랑하게 되는 경지 말이다.

루바토: 자유와 구조의 실존적 긴장

쇼팽의 발라드에서 "루바토(rubato)" 연주법은 단순한 기법을 넘어서는 철학적 의미를 갖는다. 루바토는 "훔쳐진 시간"이라는 뜻으로, 엄격한 박자에서 벗어나 표현의 필요에 따라 템포를 미묘하게 조절하는 기법이다. 쇼팽 자신이 "왼손은 지휘자, 오른손은 자유로운 연주자"라고 표현한 것처럼, 반주부는 안정된 박자를 유지하면서 선율부는 표현적 자유를 누린다.

이는 사르트르의 "상황 속의 자유" 개념과 정확히 일치한다. 우리는 완전히 자유로운 것도, 완전히 결정된 것도 아니다. 특정한 상황(왼손의 반주)과 사회적 기대(기본 박자) 속에서 자유롭다(오른손의 선율). 중요한 것은 그 제약을 인정하면서도 그 안에서 최대한의 창조적 자유를 실현하는 것이다.

현대의 쇼팽 연주자들이 보여주는 루바토의 차이는 바로 이런

---

[1] "영원회귀(ewige Wiederkehr)" 니체가 제시한 사상 중 하나로, 자신의 삶을 고통과 기쁨까지 모두 포함해 영원히 반복하더라도 사랑할 수 있는지 묻는 사유실험이며 삶 긍정의 최고 기준이다.

실존적 태도의 차이를 반영한다. 어떤 피아니스트는 구조를 더 중시하고(아르투르 루빈슈타인), 어떤 피아니스트는 자유를 더 강조한다(블라디미르 호로비츠). 하지만 진정한 루바토는 둘 사이의 긴장을 유지하면서 매 순간 새로운 균형을 찾아가는 것이다. 이것이야말로 실존적 삶의 본질이다.

디지털 시대의 쇼팽: 새로운 무대 위의 실존

21세기 디지털 시대에 쇼팽의 발라드는 새로운 의미를 획득한다. 유튜브나 스포티파이 같은 플랫폼에서 우리는 수백 가지 버전의 같은 곡을 들을 수 있다. 각각의 연주는 서로 다른 해석이고, 서로 다른 실존적 선택의 결과다. 청중은 이제 수동적 감상자가 아니라 능동적 큐레이터가 된다. 어떤 버전을 선택할지, 어떤 순서로 들을지, 언제 멈출지 모든 것이 개인의 자유다.

더 나아가 소셜미디어에서 자신의 플레이리스트를 공유하는 행위는 일종의 "음악적 자아 연출"이다. "나는 이런 음악을 듣는 사람입니다"라고 선언하는 것은 사르트르가 말한 "자기 창조"의 현대적 형태다. 쇼팽의 발라드를 좋아한다고 말하는 것은 단순히 취향을 표현하는 것이 아니라 특정한 정체성을 구성하는 것이다. 감성적이고 지적이며 고전적 교양을 갖춘 사람이라는 이미지 말이다.

이런 음악적 자아 연출도 "나쁜 믿음"의 함정에 빠질 수 있다. 진짜 감동받아서가 아니라 남들에게 좋은 인상을 주기 위해 클래식 음악을 듣는다면, 그것은 자신의 진정한 감정을 속이는 것이다. 진정한 음악 감상은 타인의 시선을 의식하지 않고 오직 자신의 내면과 대화하는 것이어야 한다.

폴란드의 귀족 가문 라지비우 가족 앞에서 자신의 작품을 연주하고 있는
폴란드 작곡가 프레데리크 쇼팽, 1829년

연주자의 실존적 딜레마: 원전연주 vs 개인적 해석

현대 클래식 음악계에서 벌어지는 "원전연주(historically informed performance)" 논쟁은 흥미로운 실존적 문제를 제기한다. 쇼팽 시대의 피아노와 연주법을 가능한 한 충실하게 재현해야 하는가, 아니면 현대적 해석을 통해 새로운 의미를 창조해야 하는가?

쇼팽의 원전연주를 추구하는 연주자들이 있다. 대표적으로 안드레아스 슈타이어(Andreas Staier) 같은 연주자는 포르테피아노와 하프시코드 같은 원전악기로 연주하며, 18세기 및 19세기 초기의 악기와 연주법으로 쇼팽의 음악을 복원하려는 시도를 한다. 이들은 쇼팽이 진짜 원했던 소리, 즉 작곡 당시의 시대악기 소리와 연주법을 최대한 재현하려고 노력한다.

반면 개인적 해석을 중시하는 연주자들은 "지금 여기서 나만이 할 수 있는 연주"를 추구한다. 마르타 아르헤리치와 키스 자렛 같은 연주자들은 자신의 개성과 즉흥성, 몰입을 중시하는 해석 철학을 가지고 있다. 이들이 추구하는 연주는 개인적 표현의 독창성과 순간의 감정을 강조한다.

특히, 키스 자렛은 연주 전 구체적인 악보와 계획 없이 순간의 감정과 감각을 통해 연주하는 즉흥성과 무위(無爲) 사상에 바탕을 둔 철학적 접근으로 유명하다. 마르타 아르헤리치 역시 자신만의 음악적 개성과 감정을 표현하는 데 중점을 두며, 차별화된 해석을 보여준다. 이는 사르트르적 "실존이 본질에 앞선다"는 철학과 일치한다. 미리 정해진 "올바른" 해석이 있는 것이 아니라, 각 연주자가 자신만의 고유한 의미를 창조해야 한다는 것이다.

진정한 지혜는 둘 사이의 변증법적 종합에 있을 것이다. 전통을 존중하면서도 그것에 매몰되지 않고, 개인적 창조성을 발휘하면서도 그것이 자의적 해석으로 흐르지 않도록 하는 것. 이는 실존적 삶의 기본 원리이기도 하다. 우리는 주어진 상황과 전통을 인정하면서도 그 안에서 자신만의 길을 만들어가야 한다.

쇼팽의 발라드가 제시하는 실존적 교훈

쇼팽의 네 개 발라드는 각각 다른 실존적 상황과 선택을 보여준다. 1번은 운명과의 대결, 2번은 가면과 진실의 선택, 3번은 시간과 기억의 성찰, 4번은 과거와 미래의 통합이다. 하지만 이 모든 것을 관통하는 공통 주제는 "제약 속에서의 자유"다. 쇼팽은 망명자로서, 결핵 환자로서, 19세기 폴란드인으로서 수많은 제약을 겪었다. 하지만 그는 그 제약들을 예술적 영감의 원천으로 승화시켰다. 고통을 부정하거나 도피하지 않고 그것을 아름다움으로 변환시켰다. 이것이야말로 사르트르가 말한 "상황 속의 자유"의 가장 아름다운 실현이다.

현대를 사는 우리도 각자의 제약과 상황 속에서 살아간다. 경제적 압박, 사회적 기대, 개인적 한계 등. 하지만 쇼팽의 발라드는 그런 제약들이 반드시 불행의 원인일 필요는 없다고 말한다. 중요한 것은 그 제약을 어떻게 받아들이고 어떻게 활용하느냐다. 루바토처럼 기본 박자(제약)를 인정하면서도 그 위에서 자유로운 선율(창조)을 만들어 내는 것. 이것이 쇼팽이 음악을 통해 보여준 실존적 지혜다.

그의 발라드는 단순한 연주곡이 아니라 삶에 대한 철학적 성찰이고, 제약 속에서도 아름다움을 창조할 수 있다는 희망의 메시지다. 피아노라는 88개 건반의 제한된 무대 위에서 쇼팽은 무한한 감정의 우주를 펼쳐 보였다. 우리도 각자의 제한된 무대에서 자신만의 발라드를 써내려갈 수 있을 것이다.

3. 괴테의 『파우스트』
《갈망과 구원의 변증법》

요한 볼프강 폰 괴테(Johann Wolfgang von Goethe)

요한 볼프강 폰 괴테(Johann Wolfgang von Goethe, 1749-1832)의 『파우스트』(Faust, 1808-1832)는 한 인간이 평생에 걸쳐 수행하는 가장 거대한 실존적 실험의 기록이다. 파우스트 박사는 학자에서 연인으로, 연인에서 정치가로, 정치가에서 개발자로 끊임없이 자신의 역할을 바꿔가며 "나는 누구인가?"라는 질문에 대한 답을 찾으려 한다. 괴테가 평생에 걸쳐 이 작품을 써내려간 것처럼, 파우스트의 여정은 사르트르가 말한 "자기 창조"의 가장 완벽한 문학적 형상화다.

"두 개의 영혼이 내 가슴 속에 살고 있다(Zwei Seelen wohnen, ach! in meiner Brust)"는 파우스트의 유명한 고백은 현대인의 보편적 조건을 예견한다. 한쪽 영혼은 안정과 평화를 추구하고, 다른 쪽 영혼은 모험과 성장을 갈망한다. 이는 마치 무대 위의 배우가 경험하는 이중적 의식과 같다. 배우는 자신의 일상적 자아와 연기하는 인물 사이에서 끊임없이 긴장한다. 파우스트도 마찬가지로 현재의 자신과 되고 싶은 자신 사이에서 평생 갈등한다.

이런 내적 분열은 하이데거가 말한 현존재(Dasein)의 근본 구조이기도 하다. 인간은 "존재하는 것"이면서 동시에 "자신의 존재를 문제 삼는 것"이다. 파우스트가 서재에서 "아, 철학과 법학과 의학을, 그리고 애석하게도 신학까지 철저히 공부했건만 여전히 가련한 바보가 되어 서 있다"며 절규하는 것은 바로 이런 존재론적 불안의 표현이다. 모든 지식을 습득했음에도 불구하고 정작 "어떻게 살아야 하는가"에 대한 답은 얻지 못했다는 깨달음이다.

메피스토펠레스와의 계약: 자유의 조건과 대가

메피스토펠레스와의 계약은 단순한 영혼 매매가 아니라 실존적 자유의 조건에 대한 철학적 탐구다. "만약 내가 어느 순간에게 '머물러라, 넌 아름답다(Verweile doch! du bist so schön!)'고 말한다면, 그때 나를 족쇄로 묶어도 좋다"는 파우스트의 조건은 깊은 의미를 담고 있다. 그는 완전한 만족이나 절대적 행복을 추구하지 않는다. 오히려 끝없는 갈망과 불만족 자체를 삶의 조건으로 받아들인다.

이는 사르트르의 "기투(projet)" 개념과 정확히 일치한다. 인간은 현재에 머물지 않고 끊임없이 미래의 가능성을 향해 자신을 투사한다. 완전한 만족에 도달하는 순간 인간은 더 이상 인간이 아니라 사물이 된다. 파우스트의 계약 조건은 바로 이런 인간적 조건의 포기를 거부하는 선언이다. 그는 신이 되거나 완전해지기를 원하는 것이 아니라 끝까지 인간으로 남기를 선택한다.

메피스토펠레스라는 인물 창조는 괴테의 천재성을 보여주는 대목이다. 전통적인 악마상과 달리 메피스토는 단순히 악을 행하는 존재가 아니다. 그는 스스로를 "항상 악을 의도하지만 항상 선을 행하는 힘의 일부(Ich bin ein Teil von jener Kraft, die stets das Böse will und stets das Gute schafft)"라고 정의한다. 이는 헤겔(Georg Wilhelm Friedrich Hegel)의 변증법적 사유를 예견한다. 악은 단순한 부정이 아니라 더 높은 선을 실현하기 위한 필요악이다.

메피스토의 역할은 파우스트를 안전지대에서 끌어내는 것이다. 그는 파우스트로 하여금 위험한 선택들을 하게 만들고, 그 과정에서 진정한 자아를 발견하도록 돕는다. 이는 마치 연출가가 배우를 편안한 연기에서 벗어나 새로운 도전을 시도하도록 자극하는 것과 같다. 메피스토가 없었다면 파우스트는 영원히 서재에 갇힌 채 관념적 고민만 반복했을 것이다.

그레첸 비극: 사랑의 책임과 실존적 죄책감

그레첸(마르가레테) 이야기는 『파우스트』 1부의 핵심이자 가장 인간적인 부분이다. 젊음을 되찾은 파우스트가 순수한 소녀 그레첸과 사랑에 빠지는 과정은 겉으로는 아름다운 로맨스처럼 보이지만, 그 결과는 참혹하다. 그레첸의 어머니 독살, 오빠 발렌틴의 죽음, 그레첸 자신의 파멸까지 이어지는 비극적 연쇄는 자유로운 선택이 타인에게 미치는 파괴적 영향을 보여준다.

이는 사르트르가 『존재와 무』에서 제시한 "타인의 존재" 문제와 직결된다. 우리의 자유로운 선택은 진공 상태에서 이루어지지 않는다. 우리는 언제나 타인과의 관계 속에서 선택하며, 그 선택의 결과는 필연적으로 다른 사람들에게 영향을 미친다. 파우스트는 자신의 개인적 갈망을 추구하는 과정에서 무고한 그레첸을 파멸로 이끈다. 이는 그의 자유가 무제한적이지 않음을 보여주는 동시에, 자유로운 선택에는 반드시 윤리적 책임이 따른다는 것을 의미한다.

하지만 괴테는 이를 단순한 권선징악의 도식으로 처리하지 않는다. 그레첸의 마지막 선택이 그것을 증명한다. 파우스트가 그녀를 구출하려 하자 그레첸은 이를 거부하고 신의 심판을 받겠다고 선언한다. "그녀는 구원받았다(Sie ist gerettet!)"는 천상의 목소리는 진정한 구원이 외적 구조가 아니라 내적 선택에 달려 있음을 시사한다. 그레첸은 자신의 죄를 인정하고 그에 상응하는 책임을 지기로 선택한다. 이것이야말로 사르트르적 "진정성(authenticité)"의 실현이다.

헬레나와의 만남: 고전과 낭만의 종합 실험

『파우스트』 2부에서 헬레나와의 만남은 괴테의 가장 야심적인 실험 중 하나다. 헬레나는 그리스 고전 문화의 화신으로, 아름다움과 조화의 이상을 상징한다. 파우스트는 근대적 개인주의와 역동성의 대표다. 둘의 결합은 단순한 개인적 사랑이 아니라 서로 다른 문화적 가치 체계의 만남이다.

이들의 아들 오이포리온(Euphorion)은 괴테가 직접 밝혔듯이 바이런(George Gordon Byron)적 영웅주의를 상징한다. 그는 고전적 아름다움과 낭만적 역동성을 동시에 물려받았지만, 그 합성이 불안정하여 결국 추락하여 죽는다. 이는 단순한 절충이나 타협으로는 서로 다른 가치들을 진정으로 통합할 수 없다는 괴테의 통찰을 보여준다.

현대적 관점에서 보면 이는 "워라밸(work-life balance)" 같은 개념의 한계를 예견한다. 일과 삶, 성과와 행복, 개인적 성취와 관계적 만족 등 서로 다른 가치들을 단순히 균형 삼으려는 시도는 종종 실패한다. 진정한 통합은 더 높은 차원의 목적 의식에서만 가능하다. 파우스트가 마지막에 간척 사업을 통해 도달하는 것도 바로 이런 종합적 비전이다.

헬레나와의 일시적 결합과 이별은 파우스트에게 중요한 깨달음을 준다. 완전한 아름다움이나 절대적 이상은 현실에서는 지속될 수 없다는 것, 하지만 그런 경험 자체가 인생을 풍부하게 만든다는 것이다. 이는 니체가 후에 제시할 "영원회귀" 사상의 예고편이기도 하다. 중요한 것은 영원한 소유가 아니라 순간의 충실함이다.

간척 사업: 창조와 파괴의 변증법

파우스트의 마지막 사업인 간척 사업은 현대 문명의 양면성을 놀랍도록 정확하게 예견한다. 바다를 메워 새로운 땅을 만드는 것은 인간의 창조적 능력을 보여주지만, 동시에 자연 파괴와 폭력을 수반한다. 노인 부부 필레몬과 바우치스의 죽음은 개발 논리의 희생자들을 상징한다. 괴테는 18-19세기 산업혁명 초기에 이미 개발과 보존, 진보와 전통의 갈등을 예견했다.

이는 오늘날 우리가 직면한 딜레마와 정확히 일치한다. AI와 자동화를 통한 생산성 향상은 분명 인류에게 도움이 되지만, 동시에 일자리 파괴와 불평등 심화라는 부작용을 낳는다. 도시 재개발은 편의성과 효율성을 높이지만 기존 공동체를 해체시킨다. 파우스트적 갈망이 현대 문명의 원동력이면서 동시에 위험 요소이기도 한 것이다.

중요한 것은 파우스트가 이런 모순을 회피하지 않는다는 점이다. 그는 필레몬과 바우치스의 죽음에 대해 깊은 죄책감을 느끼지만, 그렇다고 해서 자신의 사업을 포기하지는 않는다. 대신 그 죄책감을 동력 삼아 더 나은 미래를 만들려고 노력한다. 이는 사르트르가 말한

"상황적 윤리"의 실천이다. 완전무결한 선택은 존재하지 않지만, 그렇다고 해서 선택 자체를 포기할 수는 없다. 중요한 것은 자신의 선택이 가져올 결과에 대해 끝까지 책임지는 것이다.

실명과 깨달음: 진정한 시각의 획득

파우스트의 실명은 역설적으로 진정한 깨달음의 순간이다. 육체적 시력을 잃었지만 정신적 통찰을 얻는다. "그렇다, 나는 이런 생각에 완전히 사로잡혀 있다. 이것이 지혜의 최종 결론이다. 자유와 삶을 날마다 새롭게 쟁취해야만 그것을 누릴 자격이 있다"는 마지막 독백은 파우스트의 평생 여정의 결론이다.

이는 하이데거가 말한 "본래적 존재"로의 회귀를 의미한다. 평생 외부 세계의 화려함에 현혹되어 살았던 파우스트가 마침내 자신의 내면을 들여다보게 된 것이다. 실명은 외적 시각의 상실이지만 동시에 내적 시각의 회복이다. 그제야 그는 진정으로 중요한 것이 무엇인지 깨닫는다.

"자유와 삶을 날마다 새롭게 쟁취해야 한다"는 깨달음은 현대적 관점에서 보면 "지속가능한 성장"의 개념과 연결된다. 진정한 발전은 한 번의 성취로 완성되는 것이 아니라 매일의 노력을 통해 유지되는 것이다. 이는 개인의 자기계발에서도, 기업의 성장에서도, 사회의 발전에서도 마찬가지다. 파우스트가 도달한 지혜는 바로 이런 지속적 노력의 필요성에 대한 인식이다.

구원의 조건: "영원히 여성적인 것"의 의미

"영원히 여성적인 것이 우리를 이끌어간다(Das Ewig-Weibliche zieht uns hinan)"로 끝나는 『파우스트』의 마지막 구절은 구원의 조건에 대한 괴테의 최종 결론이다. 여기서 "여성적인 것"은 생물학적 성별이 아니라 사랑, 자비, 용서 등 인류 보편의 구원적 힘을 상징한다.

파우스트와 메피스토, 안톤 카울바흐(Anton von Kaulbach)

파우스트는 평생 지식과 권력, 쾌락을 추구했지만 결국 사랑을 통해서만 구원받는다. 그레첸의 사랑, 헬레나의 아름다움, 마리아의 자비가 모두 이런 구원적 사랑의 다른 양상들이다. 이는 단순한 종교적 메시지가 아니라 인간 존재의 근본적 조건에 대한 통찰이다. 인간은 혼자서는 완전해질 수 없으며, 타인과의 관계를 통해서만 진정한 성장이 가능하다.

현대 심리학의 "애착 이론"이나 "사회적 지지" 연구들이 입증하는 것도 바로 이런 관계의 중요성이다. 아무리 개인적 성취가 뛰어나더라도 건전한 인간관계 없이는 진정한 행복이나 만족을 얻기 어렵다. 파우스트의 구원은 그가 마침내 자기중심적 갈망에서 벗어나 타인을 위한 사랑과 봉사로 나아갔기 때문에 가능했다.

현대의 파우스트들: 끝없는 자기계발의 함정

21세기의 우리는 모두 파우스트의 후예다. 끝없는 성장을 추구하는 자본주의 문화, 지속적 학습을 요구하는 지식 사회, 완벽한 자아를 추구하는 개인주의 문화는 모두 파우스트적 갈망의 현대적 변형이다. 특히 "자기계발" 문화는 파우스트의 메피스토적 계약과 놀랍도록 유사하다. "더 나은 자신이 되기 위해" 끝없는 노력을 요구하면서, 정작 "현재의 자신"을 인정하고 사랑하는 것은 가르치지 않는다.

소셜미디어는 이런 파우스트적 갈망을 더욱 부추긴다. 다른 사람들의 성공 스토리, 완벽한 라이프스타일, 끝없는 성취들을 보면서 우리는 항상 "부족함"을 느끼게 된다. 이는 파우스트가 서재에서 느꼈던 좌절감과 본질적으로 같다. 아무리 많이 배우고 성취해도 항상 더 높은 곳이 있고, 더 완벽한 사람이 있다는 불안감 말이다.

하지만 괴테가 파우스트를 통해 보여준 것처럼, 이런 갈망 자체가 문제는 아니다. 중요한 것은 그 갈망을 어떻게 방향지우느냐다. 개인적 성취에서 시작해서 타인을 위한 봉사로 나아갈 수 있다면, 자기중심적 욕망을 사회적 기여로 승화시킬 수 있다면, 그 갈망은 파괴적이 아니라 창조적이 될 수 있다.

메피스토의 현대적 변신: 알고리즘과 추천 시스템

현대의 메피스토펠레스는 알고리즘의 형태로 우리 곁에 있다. 유튜브 추천 시스템, 넷플릭스 큐레이션, 쇼핑몰 맞춤 광고 등은 모두 우리의 욕망을 분석해서 "당신이 원하는 것"을 제공한다고 약속한다. 마치 메피스토가 파우스트에게 "당신이 원하는 모든 것을 드리겠습니다"라고 유혹했던 것처럼.

하지만 이런 시스템들의 진짜 목적은 우리의 진정한 성장이 아니라 더 많은 시간과 관심, 그리고 돈을 소비하게 만드는 것이다. 우리는 "맞춤형 콘텐츠"라는 이름으로 점점 좁은 취향의 감옥에 갇혀간다. 다양한 경험과 도전적인 만남 대신 안전하고 예측 가능한 즐거움만 반복하게 된다.

파우스트가 메피스토와의 계약을 통해 배운 교훈을 현대적으로 적용한다면, 우리는 이런 알고리즘적 유혹에 완전히 의존하지 말고 때로는 의도적으로 불편하고 도전적인 선택을 해야 한다. 추천받지 않은 책을 읽고, 알고리즘이 제시하지 않은 음악을 듣고, 예상하지 못한 사람들과 만나는 것. 이런 "반-알고리즘적" 선택들이야말로 진정한 자유를 유지하는 방법이다.

파우스트적 리더십: 성장과 책임의 균형

현대 조직의 리더들은 특히 파우스트적 딜레마에 직면한다. 끝없는 성장과 혁신을 추구해야 하지만, 동시에 구성원들의 복지와 조직의 지속가능성도 고려해야 한다. 파우스트의 간척 사업처럼 모든 변화와 성장에는 희생이 따른다. 문제는 그 희생을 어떻게 최소화하고, 그에 대한 책임을 어떻게 질 것인가다.

파우스트가 보여준 성숙한 리더십의 모델은 다음과 같다. 첫째, 자신의 갈망과 비전을 솔직하게 인정하되 그것이 타인에게 미칠 영향도 함께 고려한다. 둘째, 완벽한 해결책은 없다는 것을 받아들이고 그 안에서 최선의 선택을 한다. 셋째, 자신의 선택이 가져온 부정적 결과에 대해 회피하지 않고 책임진다. 넷째, 개인적 성취에서 출발하되 궁극적으로는 더 큰 공동체의 이익을 추구한다.

현재 많은 기업들이 추구하는 "지속가능경영"이나 "사회적 책임"의 개념과도 일치한다. 단기적 성과만 추구하는 것이 아니라 장기적 가치 창조를 위해 때로는 즉시적 이익을 포기할 수도 있는 성숙함. 파우스트가 마지막에 도달한 지혜가 바로 이런 것이었다.

『파우스트』가 제시하는 실존적 교훈

괴테의 『파우스트』는 단순한 문학작품을 넘어서 현대인의 실존적 고민에 대한 종합적 답변이다. 파우스트의 평생에 걸친 실험은 우리에게 다음과 같은 교훈을 남긴다.

첫째, 갈망 자체를 억압하려 하지 말라. 인간의 끝없는 욕망과 불만족은 결함이 아니라 인간다움의 조건이다. 중요한 것은 그 갈망을 어떻게 건설적으로 활용하느냐다.

둘째, 완벽한 만족이나 절대적 해답을 추구하지 말라. "머물러라, 넌 아름답다"고 말할 수 있는 순간은 존재하지 않는다. 삶은 끝없는 과정이고, 그 과정 자체가 목적이다.

셋째, 개인적 성취와 사회적 책임의 균형을 추구하라. 자기실현은 중요하지만 그것이 타인의 희생을 대가로 해서는 안 된다. 진정한 성공은 혼자서 이루는 것이 아니라 함께 이루는 것이다.

넷째, 실패와 죄책감을 회피하지 말고 성장의 기회로 활용하라. 파우스트의 모든 실수와 좌절은 결국 더 큰 지혜로 이어졌다. 완벽한 인생은 없지만 의미 있는 인생은 가능하다.

파우스트의 여정은 아직 끝나지 않았다. 21세기를 사는 우리 각자가 자신만의 파우스트 이야기를 써내려가고 있기 때문이다. 중요한 것은 그 이야기를 어떻게 마무리할 것인가다. 괴테가 보여준 것처럼, 진정한 구원은 끝없는 갈망을 포기하는 것이 아니라 그 갈망을 사랑과 봉사로 승화시키는 데 있다. 이것이야말로 현대의 파우스트들이 추구해야 할 궁극적 목표다.

4. 쇼스타코비치 교향곡 5번
《진실과 허위의 연기》

드미트리 쇼스타코비치(Dmitri Shostakovich)

예술은 침묵으로 말하고, 박수는 절망의 메아리가 된다. 드미트리 쇼스타코비치(Dmitri Shostakovich, 1906-1975)의 교향곡 5번 d단조 Op.47은 "연기"의 형식과 실존의 내용 사이의 극한 긴장을 보여주는 작품이다. 1937년 11월 21일 레닌그라드 필하모닉 홀에서 이 작품이 초연되었을 때, 관객석에는 단순한 음악 애호가들만 있지 않았다. 당 간부들, 검열관들, 그리고 수많은 감시의 눈들이 작곡가와 지휘자, 연주자들의 모든 음표를 지켜보고 있었다. 이는 사르트르가 말한 "타인의 시선" 개념의 가장 극단적 실현이었다.

쇼스타코비치는 이 무대에서 문자 그대로 생존을 위해 연기해야 했다. 1936년 그의 오페라 〈므첸스크의 맥베스 부인〉이 프라우다의 혹평("혼란 대신 음악")을 받은 후, 그는 하루아침에 "인민의 적" 명단에 오를 수 있는 위험한 상황에 놓여 있었다. 스탈린 체제 하에서 예술가의 "잘못된" 작품은 단순한 비평의 대상이 아니라 생명을 위협하는 정치적 사건이었다. 쇼스타코비치는 진실을 직접 말하면 죽을 수 있는 상황에서, "소비에트 인민의 요구에 대한 예술가의 창조적 응답"이라는 공식적 설명을 달고 이 교향곡을 발표했다.

하이데거가 『존재와 시간』에서 말한 "진정한 언어"는 때로 침묵 속에서 더 강렬하게 울린다. 하이데거에게 현존재(Dasein)의 진정한 목소리는 "양심의 소리"로서, 세상의 잡담과 소음 너머에서 들려오는 조용한 울림이다. 쇼스타코비치의 교향곡 5번은 바로 이런 의미에서 "양심의 음악"이다. 그는 공개적으로 말할 수 없는 진실을 음악의 구조와 감정의 언어로 전달했다. 청중들은 그가 말하고 있는 것과 말하지 않고 있는 것 사이의 간극을 본능적으로 감지했다.

1악장: 억압된 목소리의 등장

1악장 모데라토는 조용한 현악기 유니즌으로 시작한다. 이 도입부는 단순한 분위기 설정이 아니라 억압된 개인의 목소리가 조심스럽게 세상에 나오는 순간을 형상화한다. 첫 번째 주제는 내성적이고 불안하다. 마치 "과연 이것을 말해도 될까?" 하고 주저하는 듯한 뉘앙스가 있다. 이는 사르트르가 분석한 "나쁜 믿음(mauvaise foi)"의 상황과 정확히 일치한다. 자신의 진짜 생각을 드러내고 싶지만 그에 따른 위험 때문에 머뭇거리는 실존적 갈등 말이다.

하지만 음악이 진행되면서 이 조심스러운 목소리는 점차 확신을 얻어간다. 목관악기들이 가세하고 금관악기들이 합류하면서 개인적 고백은 집단적 외침으로 변화한다. 이는 개인의 실존적 각성이 사회적 연대로 확장되는 과정을 보여준다. 하지만 1악장의 클라이맥스에서 나타나는 강렬한 불협화음과 리듬적 혼란은 이런 각성이 체제와 충돌할 때 벌어지는 폭력적 갈등을 암시한다.

특히 주목할 부분은 1악장 전체에 걸쳐 나타나는 "이중적 언어" 구조다. 표면적으로는 소나타 형식의 전통적 구조를 따르지만, 그 안에 숨겨진 감정적 내용은 전혀 전통적이지 않다. 이는 검열 시대 예술가들이 개발한 "우화적 표현(Aesopian language)" 기법의 음악적 구현이다. 공식적으로는 문제가 될 것이 없는 형식을 사용하면서도 그 안에 진짜 메시지를 숨기는 것이다. 1악장의 발전부에서 주제들이 서로 충돌하고 왜곡되는 과정은 바로 이런 이중성의 긴장을 음악적으로 형상화한다.

2악장: 강요된 즐거움의 그로테스크

2악장 알레그레토는 겉으로는 유머러스한 스케르초지만, 그 웃음 뒤에는 서늘한 공포가 숨어있다. 쇼스타코비치는 여기서 "강요된 즐거움"의 그로테스크한 면모를 보여준다. 반복되는 리듬과 기계적인 선율들은 마치 명령에 의해 웃고 춤추는 듯한 느낌을 준다. 이는 스탈린 시대 소비에트 사회의 공식적 "행복"에 대한 신랄한 풍자다.

이 악장에서 특히 인상적인 것은 왈츠 리듬의 사용이다. 왈츠는 전통적으로 우아하고 낭만적인 귀족들의 춤곡이지만, 쇼스타코비치의 손에서는 기괴하고 어색한 움직임이 된다. 템포가 미묘하게 빠르고 액센트가 예상치 못한 곳에 오면서 자연스러운 흐름이 깨진다. 이는 미하일 바흐친(Mikhail Bakhtin)이 분석한 "카니발의 역설" 개념과 연결된다. 진정한 축제는 자발적 기쁨에서 나오지만, 강요된 축제는 오히려 억압의 또 다른 형태가 된다는 통찰이다.

2악장의 중간 부분에서 등장하는 트리오 섹션은 잠깐의 진정한 서정성을 보여준다. 마치 공식적 가면을 잠시 벗고 진짜 감정을 드러내는 듯하다. 하지만 이 서정적 순간은 곧 다시 기계적 리듬에 의해 압도당한다. 개인적 감정이 집단적 강요에 의해 짓밟히는 순간을 음악적으로 형상화한 것이다.

이는 현대 조직 문화에서도 흔히 볼 수 있는 현상이다. 회사의

"팀 빌딩" 행사나 "강제적 화합"에서 개인의 진정한 감정은 종종 무시되고 표면적 즐거움만이 요구된다.

에마뉘엘 레비나스(Emmanuel Levinas)

3악장: 가장 정직한 독백의 시간

3악장 라르고는 쇼스타코비치의 가장 정직한 고백이 담긴 부분이다. 여기서 모든 수사와 외피는 벗겨지고 작곡가의 내면적 목소리만이 남는다. 현악기들의 긴 선율선들은 마치 눈물처럼 흘러내리고, 목관악기들의 독백은 깊은 한숨 같다. 이 악장에서 청중은 "말하고 싶은 것"을 직접 듣게 된다. 사회적 공포, 개인적 고독, 예술가로서의 괴로움이 아무런 가면 없이 드러난다.

특히 주목할 부분은 이 악장의 형식적 구조다. 전통적인 3부 형식(A-B-A)을 따르지만, 각 부분의 경계가 모호하고 전개가 매우 자유롭다. 이는 검열과 형식적 제약에서 벗어난 자유로운 표현을 상징한다. 작곡가는 여기서만큼은 "소비에트 작곡가"가 아니라 한 인간으로서 자신의 감정을 솔직하게 드러낸다.

3악장의 클라이맥스에서 나타나는 현악기의 강렬한 유니즌은 실제로 당시 청중들이 눈물을 흘리며 감상한 부분이다. 그 울음은 단지 음악의 아름다움 때문이 아니라, 그 아름다움 아래 깔린 공통의 고통 때문이었다. 릴케(Rainer Maria Rilke)가 『두이노 비가』에서 노래한 "아름다운 것은 무서운 것의 시작일 뿐"이라는 구절이 이 음악에 완벽하게 들어맞는다. 아름다운 선율 뒤에는 형언할 수 없는 두려움과 절망이 숨어있다.

이 악장은 또한 시간의 흐름에 대한 특별한 감각을 보여준다. 음악적 시간이 일상적 시간과 분리되면서 명상적이고 내성적인 시간 의식을 만들어낸다. 이는 앙리 베르그송(Henri Bergson)이 말한 "지속

(durée)"의 개념과 연결된다. 객관적 시계 시간이 아니라 의식의 흐름에 따른 주관적 시간 경험이다. 3악장을 들으며 청중들은 일시적으로 현실의 시간에서 벗어나 내면의 시간으로 들어간다.

티치아노 베첼리오(Tiziano Vecellio)

4악장: 강요된 환희의 비극적 완성

4악장 알레그로 논 트로포는 가장 논쟁적이고 복합적인 악장이다. 장조로 화려하게 전개되는 행진곡 리듬과 관악기, 타악기의 웅장한 울림은 겉으로 보면 "사회주의 승리의 음악" 같다. 실제로 공식 기록에는 이 악장이 "소비에트 인민의 최종 승리"를 그린다고 되어 있다. 하지만 음악의 실제 내용을 자세히 들어보면 그것이 얼마나 강요되고 인위적인지가 드러난다.

4악장의 첫 번째 문제는 과도한 반복이다. 승리의 주제가 끊임없이 반복되면서 점차 강박적이고 히스테리적인 느낌을 준다. 진정한 기쁨이라면 이렇게 반복적으로 자신을 증명할 필요가 없을 것이다. 이는 알베르 카뮈(Albert Camus)가 『시지프스 신화』에서 제시한 "부조리" 개념의 음악적 구현이다. 시지프스가 바위를 끝없이 밀어 올려야 하는 것처럼, 이 승리의 음악은 어떤 목적지도 없이 끝없이 반복된다.

두 번째 문제는 음악적 폭력성이다. fff(포르티시시모)의 강렬한 다이내믹과 타악기의 공격적인 리듬은 축제라기보다는 강제적 동원을 연상시킨다. 청중을 설득하는 것이 아니라 압도하려 한다. 이는 발터 베냐민(Walter Benjamin)이 분석한 "파시즘의 미학화" 현상과 일치한다. 거대한 규모와 압도적 힘을 통해 비판적 사고를 마비시키려는 전체주의적 선전술 말이다.

하지만 가장 섬뜩한 것은 이 모든 "강요된 환희"가 실제로는 d단조, 즉 단조에 기반하고 있다는 점이다. 마지막에 D장조로 끝나긴 하지만 그 전환이 자연스럽지 않고 억지스럽다. 마치 울고 있는 얼굴에 강제로 웃는 가면을 씌운 듯한 효과다. 이는 쇼스타코비치가 음악적 기법을 통해 "강요된 행복"의 허구성을 폭로하는 방식이다.

연주자들의 실존적 딜레마: 공범인가 저항인가

쇼스타코비치의 교향곡 5번은 단지 작곡가 개인의 문제가 아니라 연주자들에게도 윤리적 딜레마를 제기한다. 이 작품을 연주하는 지휘자와 연주자들은 어떤 태도를 취해야 할까? 작곡가의 진짜 의도를 드러내야 할까, 아니면 공식적 해석에 충실해야 할까?

초연을 지휘한 예브게니 므라빈스키(Yevgeny Mravinsky)는 이런 딜레마의 상징적 인물이다. 그는 이 작품의 진짜 의미를 누구보다 잘 알고 있었지만, 동시에 소비에트 체제의 공식 지휘자이기도 했다. 그의 해석은 표면적으로는 "정통적"이었지만, 미묘한 뉘앙스와 섬세한 표현을 통해 숨겨진 의미를 전달했다. 이는 사르트르가 말한 "상황 속의 자유"의 완벽한 실천이었다. 주어진 제약을 인정하면서도 그 안에서 최대한의 진실을 표현하는 것이다.

현대의 지휘자들도 여전히 이런 딜레마에 직면한다. 레너드 번스타인, 게오르그 솔티, 발레리 게르기예프 등이 보여주는 해석의 차이는 단순한 음악적 견해 차이가 아니라 이 작품의 역사적 맥락에 대한 서로 다른 태도를 반영한다.

어떤 지휘자는 역사적 진실을 폭로하는 것에 중점을 두고, 어떤 지휘자는 음악 자체의 아름다움을 강조한다. 하지만 진정한 예술적 성취는 둘 사이의 변증법적 종합에서 나온다.

시지프스의 벌, 티치아노 베첼리오

현대 조직에서의 쇼스타코비치적 상황

21세기 현대 사회에서 쇼스타코비치의 딜레마는 여전히 현실적이다. 기업 조직에서 일하는 많은 사람들이 크고 작은 "진실과 허위의 연기" 상황에 직면한다. 회사의 공식적 가치와 실제 문화 사이의 괴리, 상사의 잘못된 결정에 대한 침묵 강요, 성과 조작이나 문제 은폐에 대한 암묵적 동조 등이 그것이다.

특히 현대의 "조직 문화"는 쇼스타코비치 시대의 이데올로기적 강요와 놀랍도록 유사한 면이 있다. "긍정적 사고", "팀워크", "회사에 대한 자부심" 등이 강요되면서 개인의 진정한 감정이나 비판적 사고는 억압된다. 회사의 "비전"이나 "미션"에 대한 공개적 회의는 "조직에 맞지 않는" 행동으로 간주된다. 이런 상황에서 많은 직장인들이 쇼스타코비치처럼 "생존을 위한 연기"를 해야 한다.

하지만 쇼스타코비치의 사례는 이런 상황에서도 진정성을 잃지 않는 방법이 있음을 보여준다. 첫째, 공개적 저항이 불가능할 때는 우회적 표현을 통해 진실을 전달할 수 있다. 둘째, 완전한 진실과 완전한 거짓 사이에는 다양한 중간 지대가 존재한다. 셋째, 중요한 것은 자신의 핵심 가치를 잃지 않으면서도 상황에 적응하는 지혜를 갖는 것이다.

소셜미디어 시대의 자기검열

현대 소셜미디어 환경은 쇼스타코비치 시대와는 다른 종류의 검열 상황을 만들어낸다. 직접적인 정치적 탄압 대신 "사회적 평판"이라는 새로운 형태의 압력이 등장했다. 페이스북, 트위터, 인스타그램에서 사람들은 끊임없이 자신의 이미지를 관리하고 "적절한" 의견만을 표현한다. "정치적 올바름"이나 "취소 문화(cancel culture)"는 새로운 형태의 사상 통제 기제로 작동한다.

이런 환경에서 많은 사람들이 자발적 자기검열을 한다. 진짜 생각과 다른 글을 올리거나, 논란이 될 만한 주제는 아예 피하거나, 다수의 의견에 맞춰 자신의 견해를 조정한다. 이는 쇼스타코비치가 겪었던 것과 본질적으로 같은 상황이다. 형식은 다르지만 "진실과 허위의 연기"라는 실존적 딜레마는 동일하다.

하지만 쇼스타코비치의 예술적 성취는 이런 제약 상황에서도 창조적 돌파구를 찾을 수 있음을 보여준다. 그는 검열을 단순히 제약으로만 받아들이지 않고 새로운 표현 방식을 개발하는 기회로 활용했다. 현대의 소셜미디어 사용자들도 이런 창조적 태도를 배울 수 있다. 직접적 표현이 어려울 때는 은유나 상징을 사용하고, 전체적 맥락을 통해 진의를 전달하며, 무엇보다 자신의 핵심 가치를 잃지 않는 것이 중요하다.

침묵의 윤리학: 말하지 않음으로써 말하기

쇼스타코비치의 교향곡 5번이 제기하는 가장 깊이 있는 철학적 문제는 "침묵의 윤리학"이다. 진실을 직접 말할 수 없는 상황에서 예술가는 어떤 윤리적 책임을 져야 하는가? 완전한 침묵이 배신인가, 아니면 거짓된 발언이 배신인가?

에마뉘엘 레비나스(Emmanuel Levinas)가 『타자성과 무한』에서 제시한 "타자의 얼굴" 윤리학은 이 문제에 대한 통찰을 제공한다. 레비나스에 따르면 진정한 윤리적 관계는 타자의 고통에 대한 직접적 응답에서 시작된다. 하지만 그 응답이 항상 언어적일 필요는 없다. 때로는 침묵이, 때로는 간접적 표현이 더 깊은 공감과 연대를 만들어낸다.

쇼스타코비치의 음악은 바로 이런 의미에서 "침묵의 윤리학"을 실천한다. 그는 직접적으로 체제를 비판할 수 없었지만, 음악을 통해 같은 고통을 겪는 사람들과 깊은 정서적 연대를 형성했다. 교향곡 5번 초연 당시 수분간 이어진 기립박수는 단순한 음악적 감동이 아니라 "말하지 못한 것"에 대한 집단적 공감의 표현이었다.

현대 사회에서도 이런 "침묵의 연대"는 여전히 의미를 갖는다. 조직 내부고발이 불가능한 상황에서의 우회적 문제 제기, 정치적 탄압 하에서의 예술적 저항, 사회적 압력 속에서의 개인적 신념 유지 등이 모두 이런 범주에 속한다. 중요한 것은 완전한 진실도 완전한 거짓도 아닌 "제3의 길"을 찾는 지혜다.

청중의 책임: 듣는 자의 윤리

쇼스타코비치의 교향곡 5번은 청중에게도 특별한 책임을 요구한다. 이 음악을 제대로 이해하려면 단순히 수동적으로 듣는 것이 아니라 능동적으로 해석해야 한다. 표면적 메시지와 숨겨진 의미 사이의 간극을 읽어내고, 그것이 제기하는 윤리적 문제들에 대해 스스로 판단해야 한다.

이는 현대 미디어 소비에서도 중요한 교훈이다. 뉴스나 소셜미디어 콘텐츠를 접할 때 표면적 내용만 받아들일 것이 아니라 그 이면의 의도나 맥락을 파악하려는 노력이 필요하다. 특히 권력이나 자본의 영향을 받는 콘텐츠의 경우 더욱 그렇다. 쇼스타코비치의 청중들이 그의 진짜 메시지를 알아챘던 것처럼, 현대의 수용자들도 비판적 해석 능력을 길러야 한다.

또한 예술가나 콘텐츠 제작자들이 직접 말할 수 없는 진실이 있을 때, 청중이 그것을 대신 말해주는 역할도 중요하다. 쇼스타코비치의 음악이 후에 "저항 음악"으로 재평가받을 수 있었던 것은 그의 진의를 이해한 청중들과 후세 연구자들의 노력 때문이었다. 현대에도 검열이나 압력 하에 있는 예술가들의 진정한 메시지를 이해하고 전달하는 것은 청중의 윤리적 책임이다.

쇼스타코비치가 남긴 실존적 교훈

쇼스타코비치의 교향곡 5번이 오늘날까지도 우리에게 깊은 감동을 주는 이유는 그것이 단순히 과거의 정치적 상황에 대한 증언을 넘어서, 인간 존재의 보편적 조건에 대한 성찰을 담고 있기 때문이다. 무대 위에서 진실을 말할 수 없다면, 그는 진실을 숨긴 채 연기한다. 그러나 그 연기 속에 담긴 울림은 오히려 더 큰 진실을 전달한다.

이 작품이 제시하는 실존적 교훈들은 다음과 같다. 첫째, 완전한 자유는 존재하지 않지만 제약 속에서도 의미 있는 선택은 가능하다. 쇼스타코비치는 스탈린 체제라는 극한의 제약 속에서도 자신만의 예술적 진실을 표현해냈다. 둘째, 진정성은 항상 직접적일 필요가 없다. 때로는 우회적이고 상징적인 표현이 더 깊은 진실을 전달할 수 있다. 중요한 것은 자신의 핵심 가치를 잃지 않는 것이다.

셋째, 침묵도 하나의 발언이 될 수 있다. 무엇을 말하지 않느냐도 중요한 메시지가 된다. 쇼스타코비치의 침묵은 소극적 회피가 아니라 적극적 저항의 한 형태였다. 넷째, 예술은 단순한 개인적 표현을 넘어 사회적 책임을 진다. 예술가의 작품은 동시대인들과의 연대이자 후세에 대한 증언이다. 쇼스타코비치는 자신의 음악을 통해 동시대의 고통을 기록하고 미래에 전달했다. 다섯째, 진정한 용기는 무모한 반항이 아니라 지혜로운 저항이다. 정면 대결이 불가능할 때는 다른 방법을 찾아야 한다. 살아남아서 계속 증언하는 것도 하나의 용기다.

현대적 메시지: 각자의 무대에서 진실하게

쇼스타코비치의 교향곡 5번은 궁극적으로 우리 각자에게 질문을 던진다. 당신은 자신이 놓인 무대에서 어떻게 연기하고 있는가? 완전한 진실이 불가능한 상황에서도 자신만의 진정성을 유지할 수 있는가? 타인의 고통에 공감하면서도 자신의 생존을 지킬 수 있는가? 현대 사회의 모든 무대 직장, 가정, 사회관계, 온라인 공간에서 우리는 크고 작은 연기를 한다. 중요한 것은 그 연기가 진정성을 잃지 않도록 하는 것이다. 쇼스타코비치가 보여준 것처럼, 때로는 침묵이 가장 강력한 발언이 되고, 연기가 가장 정직한 고백이 될 수 있다.

그의 교향곡은 단순한 과거의 기록이 아니라 현재 진행형의 질문이다. 검열과 감시, 동조 압력과 사회적 배제가 새로운 형태로 지속되는 21세기에, 우리는 여전히 "진실과 허위의 연기" 사이에서 선택해야 한다. 쇼스타코비치의 음악은 그 선택의 순간에 우리와 함께 있다. 예술가는 살아남기 위해 침묵했지만, 그 침묵은 결국 청중의 귀에서 폭발하는 '공동의 울음'이 되었다.

　이것이야 말로 '무대적 실존'의 본질이다. 진정한 목소리는 때로 침묵 속에서 더 강렬하게 울리며, 가장 깊은 진실은 말하지 않음으로써 전달된다. 쇼스타코비치의 교향곡 5번은 실존이 연극이 되는 순간을 음악으로 기록한 작품이며, 무대 위에서 살아남기 위해 거짓을 연기했지만 그 거짓 속에 진실을 숨긴 채 관객들에게 슬픔의 화음을 건넨 한 예술가의 증언이다. 그리고 그 음악을 통해 우리는 깨닫는다. 가장 위험한 무대 위에서도 인간은 자신만의 방식으로 존재할 수 있다는 것을.

CHAPTER 02

푸치니의 〈토스카〉

다른 사람의 처지를 생각할 줄 모르는 생각의 무능은
말하기의 무능을 낳고 행동의 무능을 낳는다.

- 한나 아렌트

푸치니의 〈토스카〉

1. 음악은 사랑을 노래하고, 역사는 피를 기록하다.

자코모 푸치니(Giacomo Puccini, 1858-1924)의 〈토스카〉(Tosca, 1900)는 베리즈모(verismo) 오페라의 대표작 중 하나로, 예술과 정치, 사랑과 권력의 갈등을 극적으로 그린 작품이다. 〈토스카〉의 작곡가 자코모 푸치니(Giacomo Puccini 1858~1924)는 베르디보다 45년 늦은 1858년에 태어났다. 그는 이탈리아 토스카나 지역 루카에서 5대를 걸쳐 음악적 배경을 가진 집안에서 7남매 중 다섯째였다.

푸치니의 아버지 미켈레는 나폴리에서 도니체티를 사사한 작곡가이자 음악학교 교사였고, 할아버지 도메니코도 작곡가 파이지엘로 문하에서 오페라를 배웠다. 어머니 알비나는 아들의 음악적 성공을 위해 헌신했다. 푸치니 누이 라멜데의 말을 인용하면, 그는 어떤 종류의 공부에도 흥미를 붙이지 못했으며 하물며 학교에서 몇 차례나 쫓겨나기도 했는데, 그때마다 어머니 알비나가 손이 발이 되도록 빌어서 다시 학교에 다닐 수 있었다고 한다.

푸치니는 아버지의 제자였던 안젤로니의 지도를 받아 음악적 재능을 보이기 시작했다. 10살 무렵 성 마르티노 성당의 합창단 단장과 오르간 주자를 맡았다. 합창단 단장은 푸치니 가문에서 대대로 맡았던 직위였다. 16세 때 어머니의 헌신과 주위의 도움으로 오르간 경연대회에서 1등을 했으며 레스토랑에서 피아노를 연주하며 돈을 벌었다.

푸치니는 교회 음악에 뜻을 두고 작곡을 했지만 1876년 친구 두 명과 함께 피사까지 20km를 걸어가서 베르디의 〈아이다〉를 보고 오페라의 매력에 빠져 자신의 음악을 바꾸었다. 훗날 그는 "피사에서 〈아이다〉를 듣던 중 내 앞에 음악의 길이 열리는 것을 느낄 수 있었다"고 회상했다. 파치니 음악학교를 졸업한 후, 마르게르타 왕후가 1년간 학비와 생활비를 제공했고, 의사인 삼촌 니콜라우스가 재정지원을 해주어서 선망의 대상이었던 밀라노 음악원에서 수학했다.

그는 졸업 전 이미 오페라에 두각을 나타냈다. 푸치니는 스승 폰키엘리의 추천으로 〈요정 빌리〉를 만들어 콩쿠르에 응모했지만 떨어졌다. 그렇지만 사교모임에서 아리고 보이토(오페라 〈메피스토펠레〉의 작곡가 및 베르디 〈오텔로〉의 대본 집필자로 유명)와 음악계에 큰 영향력을 행사하던 리코르디 출판사 사장 줄리오 리코르디의 관심을 받게 되었다.

1883년 26세에 밀라노 음악원 아이러니하게도 '밀라노 국립 음악원'은 후대에 '베르디 음악원'이라 불리는데, 정작 베르디 본인은 피아노 시험에서 손의 운지법이 나쁘다는 이유로 입학을 하지 못했다. 음악학교에서 어렵게 생활했던 경험은 가난한 보헤미안들의 사랑 이야기인 〈라 보엠(La Bohème)〉을 만드는 계기가 되었다. 밀라노 음악원을 졸업한 이듬해 밀라노 달 메르메 극장에서 공연을 했는데 대성공을 거두었다.

밀라노 베르디 음악원

푸치니의 명성을 높여주는 작품은 프랑스 작가 아베 프레보 원작을 바탕으로 한 〈마농 레스코〉1898였다. 푸치니는 3대 오페라로 불리는 〈라 보엠(La Bohème)〉1896, 〈토스카(La Tosca)〉1900, 그리고 〈나비부인(Madama Butterfly)〉1904 등의 명곡으로 세계적인 오페라 작곡가의 명성을 얻었다. 푸치니는 대본 작가에게 엄격하게 작품을 쓸 것을 요구했는데, 대본 작가인 일리카와 자코사와 함께 작업한

〈토스카〉와 〈나비부인〉의 성공은 우연한 일이 아니었다.

1907년 1월 9일 〈나비부인〉의 미국 초연과 '푸치니 시즌' 일정에 참가하기 위해서 미국 여행길에 올랐다. 이 여행은 푸치니를 새로운 작품 세계로 인도하였다. 그는 벨라스코의 연극 3편을 연달아 감상했는데 그중 〈황금빛 서부의 아가씨〉에 매료되어서 희곡을 이탈리아어로 번역하여 차기작으로 확정했다.

푸치니 3부작의 대본은 이탈리아 신예 문인 찬카리니에게 대본을 맡겨졌다. 몇 달이 지나도 대본이 완성되지 않자, 치비니니가 다시 대본을 맡게 되어 〈서부의 아가씨(La Fanciulla del West)〉라는 제목으로 1910년 뉴욕 메트로폴리탄 오페라 하우스에서 초연했다. 〈제비(La Rondine)〉는 제1차 대전에 참전을 선언한 이탈리아의 경제 상황과 적국이었던 독일 출신 요재피내 폰 슈팅앨과의 염문설, 독일의 오페라 극장과의 계약으로 비난을 받았다.

〈3부작(Il Trittico)〉 중 제1편인 〈외투(Il Tabarro)〉는 인간의 욕망을 사실적으로 표현했고, 2편 〈수녀 안젤리카(Suor Angelic)a〉는 남성 등장인물이 전혀 없는 종교적 비극이며 3편 〈잔니 스키키(Gianni Schicchi)〉는 단테 『신곡』 지옥 편을 다루고 있는데 인간의 금전 욕망을 풍자한다.

개인적으로 오페라 〈제비〉나 〈3부작〉 같은 공연이 전시(戰時)에 초연된 것이 아쉬움으로 남는다. 그렇지 않았다면, 더 많은 인기를 누렸으리라 판단된다.

〈투란도트(Turandot)〉는 푸치니의 마지막 미완성 작품이다. 푸치니는 제1막 작곡을 끝내놓고 대본도 차질 없이 확보된 터라 오스트리아, 독일, 네덜란드, 스위스로 자동차 여행을 떠났다.

푸치니는 평생 골초였으며, 〈투란도트〉 작곡 중인 1924년 심각한 목 통증으로 후두암 진단을 받았다. 브뤼셀에서 방사선 치료를 받던 중 수술 합병증으로 인한 심장마비로 1924년 11월 29일 세상을 떠났다. 그의 미완성작 〈투란도트〉는 제자 프랑코 알파노가 완성했으며, 이는 창조자의 죽음 이후에도 예술이 어떻게 생명력을 이어가는지를 보여주는 상징적 사례가 되었다.

푸치니는 〈투란도트〉를 완성하려고 많은 노력을 기울였지만 끝을 내지 못했다. 푸치니는 수술을 받았으나 심장이 견뎌내지 못해, 1924년 11월 29일 브뤼셀에서 66세에 심장마비로 사망했다. 그의 제자였던 프랑코 알파노가 〈투란도트〉의 마지막 부분을 마무리했다. 푸치니가 죽은 지 2년 뒤 밀라노의 라 스칼라 극장에서 무대에 올려진 〈투란도트〉는 관객 모두가 그의 죽음을 애도하는 검은 복장을 하고 공연을 봤다.

생전에 푸치니와 친교가 있던 명지휘자 토스카니니가 열성적으로 오페라를 지휘하던 중 작곡자의 검필 부분에서 관객들을 향해 뒤돌아서서 "마에스트로가 쓴 오페라는 여기까지입니다"라고 관객들을 향해 정중히 선언한 후, 지휘봉을 놓고 무대에서 내려갔다.

관객들도 푸치니의 죽음을 다시 한번 애도하며 극장을 떠나게 되는데 이 일은 오페라 역사상 가장 감동적인 일화로 유명하다. 빅토리앙 사르두(Victorien Sardou)의 연극을 원작으로 하여 루이지 일리카(Luigi Illica)와 주세페 자코사(Giuseppe Giacosa)가 대본을 작성했다.

〈토스카〉는 리얼리즘의 영향을 받으면서 어둡고 비극적인 주제를 푸치니의 독특한 멜로드라마 스타일과 아름답고 화려한 선율로 표현한 작품이다. 리얼리즘 범주에 속하는 마스카니의 〈카발레리아 루스티카나(Cavalleria Rusticana)〉와 레온카발로의 〈팔리아치 Pagliacci〉 등의 영향을 많이 받았다. 그렇지만 〈토스카〉는 죽음을 통한 비극적 내용을 멜로드라마와 음악의 일체화를 통해서 독자적으로 표현되었다. 〈토스카〉는 폭력적인 부분과 종교적인 성스러운 부분도 함축되어 있어, 파시즘의 암울함과 종교의 성스러움도 함께 보여준다.

〈토스카〉가 리얼리즘의 영향을 받은 것은 당대 이탈리아의 정치 현실을 그대로 반영하기 때문이다. 1800년 6월의 로마를 로마를 배경으로 하는 이 오페라는 나폴레옹 전쟁이라는 역사적 격변기에 휩쓸린 개인들의 운명을 다룬다. 당시 로마는 나폴리 왕국의 지배를 받던 시기로 왕당파와 공화주의자는 치열하게 정치적으로 싸웠다. 이보다 앞선 1798년 2월 나폴레옹이 이탈리아와의 전투에서 승리해 프랑스 군대가 로마에 진입했다.

나폴레옹은 이탈리아 공화국을 선포하고 자신을 대신해서 로마를 이끌어 갈 공화주의자들을 내세웠다. 〈토스카〉에서 등장하는 카바라도시나 안젤로티는 나폴레옹을 지지하는 공화주의자다. 화가 마리오 카바라도시, 가수 플로리아 토스카, 경찰청장 스카르피아라는 세 주인공의 삼각관계를 통해 푸치니는 인간의 욕망과 권력의 메커

니즘을 적나라하게 드러낸다.

　이 작품이 19세기 말 이탈리아에서 본격화된 베리즈모 오페라 운동의 연장선상에 있다. 바로 이 시기에 에밀 졸라(Émile Zola)의 프랑스 자연주의 문학과 이탈리아 조반니 베르가(Giovanni Verga)의 베리즈모 소설이 당시 유럽 전반의 사실주의 문학계를 풍미하고 있었기 때문이다.

〈토스카〉 메트로폴리탄 오페라

　에밀 졸라의 『나나』(1880)나 조만니 베르가의 『시골 기사도』(1880)처럼, 〈토스카〉도 이상화된 영웅들 대신 현실의 복잡하고 모순적인 인간들을 무대에 올린다. 졸라의 『나나』는 여성 인물 나나의 성장과 몰락을 냉정하고 정밀하게 묘사한다. 나나는 사회적 압력에 의한 주체성 침식과 오욕(타락) 속에서 결국 비극적 말로를 맞이하는, 이상적이지 않은, 오히려 약점과 욕망이 드러나는 인간이다. 자연주의적 시선은 실제 사회의 어두운 면을 탐구한다.

베르가의 『시골 기사도』는 캐릭터의 감정과 욕망, 질투, 복수 같은 감정이 작용해 벌어지는 인간극을 비장하고 거칠게 현실적으로 묘사한다. 주인공들은 영웅적 이상주의자가 아니라, 열정과 충동, 현실적 갈등에 휘둘리는 평범한(혹은 오히려 파국적) 인물로 묘사된다.

베리즈모 운동은 단순히 예술적 기법의 변화가 아니라 19세기 말 유럽 사회의 근본적 변화를 반영한다. 산업혁명과 도시화, 민족주의의 대두와 사회주의 운동의 확산 속에서 예술가들은 더 이상 귀족들의 살롱에서 벗어나 거리의 현실과 마주해야 했다.

프리드리히 니체(Friedrich Nietzsche)의 후기 사유에서 비롯된 『권력에의 의지』[1] 개념에서 전통적 가치의 붕괴와 새로운 가치 창조의 필요성을 역설한 것도 바로 이런 시대적 배경에서였다. 이때 니체의 '권력의 의지'는 내적 생명력의 확장, 창조적 자기초극에 가까우며, 타인에 대한 억압적 지배와는 본질적으로 다르다.

---

[1] 『권력에의 의지』(Der Wille zur Macht) 니체의 후기 사유에서 비롯된 개념으로, 니체 생전에는 출간되지 않고 사후에 메모들을 엮어 편찬된 책이다. 내적 생명력의 확장과 창조적 자기 극복을 의미한다.

2. 이념과 감성, 폭력 앞에서
《무너진 조화》

금세기 최고의 토스카 마리아 칼라스(Maria Callas)

푸치니의 〈토스카〉

오페라 〈토스카〉의 스카르피아는 폭력과 음모로 타인을 지배하려는 인물이다. 이는 니체의 '권력에의 의지'로 오해받기 쉽지만, 니체가 말한 진정한 의미는 창조적 자기 극복이었다. 스카르피아의 권력욕은 오히려 생명력의 고갈을 보여주는 '반동적 힘(reaktive Kraft)'의 전형이다. 그는 창조하지 못하고 오직 파괴와 지배를 통해서만 자신의 존재감을 확인하려 하기 때문이다.

그는 전통적 도덕이나 종교적 가치에 구속받지 않고 오직 자신의 욕망과 권력욕을 추구한다. 하지만 푸치니는 니체 철학의 긍정적 측면보다는 그것이 타락했을 때의 위험성을 보여준다. 스카르피아의 권력 의지는 창조적이지 않고 파괴적이며, 자기 극복이 아닌 타인 지배로 이어진다.

1막에서 카바라도시가 성 안드레아 델라 발레 성당에서 막달라 마리아를 그리는 장면은 상징적 의미가 깊다. 그는 정치범 안젤로티의 누이를 모델로 삼아 종교화를 그리고 있다. 예술 창작과 정치적 현실이 이미 이 순간부터 뒤엉킨다. 카바라도시의 아리아 〈Recondita armonia(신비로운 조화)〉에서 그는 모델의 금발 미인과 연인 토스카의 갈색 머리 미인을 비교하며 예술 속에서의 아름다움의 종합을 노래한다. 이는 헤겔(Georg Wilhelm Friedrich Hegel)의 미학에서 말하는 "이념과 감성적 현상의 조화"[1] 를 연상시킨다. 하지만 이 조화는 곧 산산조각날 운명이다.

---

[1] "이념과 감성적 현상의 조화" 헤겔의 미학에서 말하는 개념으로, 예술은 내면의 이념(미의 이상)이 외부의 감각적 현상과 조화를 이루는 상태를 말하며, 헤겔은 이를 예술의 본질로 보았다.

푸치니는 이 아리아를 통해 예술가의 순진한 낙관주의를 보여주는 동시에, 곧 닥쳐올 비극을 예고한다. 헤겔의 미학적 관점에서 볼 때, 카바라도시는 예술가로서 내면의 이념(미의 이상)과 외적 감각(현실의 연인, 구체적 감정) 사이의 조화를 노래하며, 이것이 예술가라는 인간의 본질적 과제임을 시사한다.

하지만 그의 작품에 몰두하는 순간(이념과 감성의 통일)조차 현실의 폭력이 개입하여 조화의 파괴로 이어집니다. 헤겔 미학에서 예술의 조화(이념과 감성의 통일)는 진정한 미의 상징이지만, 헤겔 자신은 낭만주의 예술에 이르러서는 이 소화가 분열(내면성의 심화, 현실과의 괴리)로 귀결된다고 지적하였다. 즉, 예술가의 이상(미의 이념)과 현실(외부 세계, 사회, 정치, 폭력 등) 사이의 괴리, 특히 폭력적 현실이 예술가의 창작적 자유(조화)를 훼손하는 것이 바로 비극인 것이다.

카바라도시의 선율은 서정적이고 아름답지만, 오케스트라의 불안한 화성 진행은 이미 위기를 암시한다. 예술가는 자신의 작업에 몰두하지만, 현실은 그를 가만두지 않는다. 이는 19세기 말 "예술을 위한 예술" 운동의 한계를 드러내는 것이기도 하다. 그러나 베리즈모 오페라(〈토스카〉, 〈카발레리아 루스티카나〉) 등은 이런 한계를 극복하고, 예술이 현실과 맞서는 비극적 힘인 이념과 감성의 조화가 현실에 의해 파괴되는 모습을 보여줌으로써 예술가의 실존적 고민을 비극적 대구도로 보여준다.

토스카의 등장 장면은 푸치니의 뛰어난 캐릭터 묘사 능력을 보여준다. "Mario! Mario! Mario!"를 연발하며 등장하는 토스카는 질투심 많은 연인의 전형이다.

하지만 푸치니는 그녀를 단순한 질투녀로 그리지 않는다. 토스카의 질투는 사랑의 깊이에서 나오는 것이며, 동시에 여성으로서의 불안한 사회적 지위를 반영한다. 당시 오페라 가수라는 직업은 사회적으로 애매한 위치에 있었다. 예술가로서는 존경받지만, 여성으로서는 종종 의심의 눈초리를 받았다. 즉, 오페라 〈토스카〉의 여주인공 플로리아 토스카는 프리마 돈나로서 자신의 예술적, 사회적 지위를 누린다.

〈토스카〉 카바라도시 사형 장면

동시에 남성 권력(스카르피아)에 의해 자신의 연인, 그리고 자신의 운명마저 위협받는 타자적 존재로 전락한다. 그녀의 과도한 질투와 불안, 그리고 극단적 행동(스카르피아 살해, 자살)은 여성이 사회적, 권력 구조 속에서 '주체'가 아닌 '객체'(타자)로 존재하는 구조적 비극에서 비롯된다. 토스카의 여성성이 시몬 드 보부아르(Simone de Beauvoir)가 『제2의 성』(1949)에서 분석한 "타자로서의 여성"[1] 개념과 구조적으로 유사한 사례를 오페라 〈토스카〉가 50년 먼저 극적으로 선취, 예시한 사례라 할 수 있다.

토스카의 과도한 질부와 불안, 자기 자신과 연인을 지키고자 하는 태도는 여성이 사회의 젠더적, 권력적 구조 속에서 내면화 한 타자 의식과 불안정한 주체성의 표현임을 보여준다. 그녀는 사랑하는 사람을 잃을까 봐 두려워하지만, 동시에 자신의 사회적 지위가 불안하다는 것을 무의식적으로 알고 있다.

1막에서 그녀가 부르는 "Non la sospiri la nostra casetta(우리의 작은 집을 그리워하지 마세요)"는 겉으로는 평범한 연인의 애교로 들리지만, 실제로는 불안정한 예술가 커플의 미래에 대한 간절한 소망을 담고 있다. 스카르피아는 푸치니가 창조한 가장 복잡한 악역 중 하나다. 그는 단순한 폭군이 아니라 교양 있는 지식인이다.

2막에서 그가 혼자 있을 때 부르는 "Ha più forte sapore(더 강한 맛이 난다)"는 권력자의 심리를 적나라하게 드러낸다. "폭력으로 정복한 사랑이 더 강한 맛을 낸다"고 노래한다.

---

[1] "타자로서의 여성" 시몬 드 보부아르가 『제2의 성』(1949)에서 분석한 개념으로, 여성이 남성 중심적 사회에서 주체가 아닌 객체로 존재하는 구조적 비극을 말한다.

또한 스카르피아가 탈옥한 안젤로티를 잡기 위해 카바라도시를 고문한다. 스카르피아 부하는 처음에는 나폴레옹이 마렝고 전투에서 대패했다는 소식을 전했다가 얼마 지나지 않아 멜라스가 패하고 나폴레옹이 승리했다고 말한다. 스카르피아는 왕당파 세력인 멜라스가 승리할 것을 믿었다가 사색이 되고, 카바라도시는 자신의 처지도 잊은 채 "이겼다. 이겼다" 승리를 외치면서 자유의 기쁨을 노래한다.
　〈토스카〉 1막 배경으로 나오는 성 안드레아 델라 발레 성당 근처에 나폴리 대사관인 파르네즈 궁전이 있는데, 나폴리의 카롤리나 왕비는 그곳에서 기거했다.

마렝고 전투

2막에 나오는 2층 스카르피아의 거실이 여기에 위치해 있다. 마렝고 전투는 〈토스카〉의 시간적 배경과 관련된다. 마렝고 전투는 프랑스와 오스트리아가 이탈리아 북부 알렉산드리아에서 남동쪽으로 5km 정도 떨어져 있는 마렝고 평원에서 벌인 전투다.

나폴레옹은 프랑스 혁명 후 이탈리아에 영향력을 행사하던 오스트리아와 화친을 맺고자 했다. 오스트리아가 이것을 거절하자, 나폴레옹은 4만 명의 군대를 이끌고 알프스산맥을 넘어 마렝고 평원에서 7만 명의 오스트리아 군대와 전쟁을 했다.

〈토스카〉에서 나오는 오스트리아 사령관 백전노장 멜라스 장군이 프랑스 군대의 보급로를 차단해 선제 기습 공격으로 승기를 잡았다. 그러나 프랑스의 루이 드제 장군이 이끄는 1만 명의 선발대가 오스트리아 병사의 반을 포로로 잡는 대승을 거두었다. 전세를 역전시킨 것이다.

1801년 2월, 나폴레옹은 오스트리아와 뤼네빌 화약을 맺었다. 프랑스는 이탈리아에서 오스트리아를 완전히 몰아내고 명실상부한 지배력을 확보했다. 나폴레옹은 파리에서 자신의 정치적 입지를 공고화하면서 그의 전성시대를 열었다. 나폴레옹의 명성을 전 유럽에 떨치는 계기가 되었던 마렝고 전투 사흘 후가 〈토스카〉의 시간적 배경이다.

3. 교수대의 향기,
《은밀한 무대》

〈토스카〉 퀸세나 뮤지컬 음악 축제

스카르피아는 사디즘의 심리적, 행동적 특징을 극한으로 체현한 인물이다. 하지만 푸치니는 그를 일차원적 악인으로 그리지 않는다. 스카르피아에게도 나름의 논리와 미학이 있다. 그는 권력을 예술적으로 행사한다. 토스카를 유혹하는 과정에서 보이는 그의 세련된 잔혹함은 거의 예술 작품 수준이다.

이것은 20세기에 등장할 "평범한 악의 현실성"을 예견한다. 한나 아렌트(Hannah Arendt)가 『예루살렘의 아이히만』에서 말한 "악의 평범성"[1] 과는 결이 다르지만, 시스템 안에서 제도적으로 작동하는 악이라는 점에서는 유사성을 지닌다". 스카르피아는 괴물이 아니라 시스템의 충실한 대리인이며, 바로 그렇기 때문에 더욱 위험하다. 그의 아리아는 음악적으로도 매우 정교하게 구성되어 있다. 바로크 시대의 다 카포 아리아 형식을 빌려와 고전적 품격을 유지하면서도, 화성과 관현악법은 철저히 현대적이다.

스카르피아라는 인물의 이중성 - 겉으로는 문명인이지만 속으로는 야만인-을 음악적으로 형상화한 것이다. 2막의 고문 장면은 오페라 사상 가장 잔혹한 장면 중 하나다. 스카르피아가 탈옥한 안젤로티를 잡기 위해 카바라도시를 고문하는데 무대에서 직접 고문이 이루어지지는 않지만, 옆방에서 들려오는 카바라도시의 비명과 토스카의 절규가 관객들에게 생생한 공포를 전달한다.

푸치니는 음악적 수단만으로 극도의 긴장감을 창조한다. 이는

---

[1] "악의 평범성(Banality of evil)" 한나 아렌트가 『예루살렘의 아이히만』에서 말한 개념이다. 특별히 사악하지 않은 평범한 사람이 비판적 사고 없이 체제에 복종할 때 거대한 악이 가능해진다는 것을 말한다.

베리즘 오페라의 특징이다. 이전의 오페라들이 신화나 역사의 영웅들을 다뤘다면, 베리즘은 현실적이고 즉물적인 상황들을 무대에 올린다. 그리고 스카르피아 부하는 처음에는 나폴레옹이 마렝고 전투에서 대패했다는 소식을 전했다가 얼마 지나지 않아 멜라스가 패하고 나폴레옹이 승리했다고 말한다.

스카르피아는 왕당파 세력인 멜라스가 승리할 것을 믿었다가 사색이 되고, 카바라도시는 자신의 처지도 잊은 채 "이겼다. 이겼다" 승리를 외치면서 자유의 기쁨을 노래한다. 〈토스카〉 1막 배경으로 나오는 성 안드레아 델라 발레 성당 근처에 나폴리 대사관인 파르네즈 궁전이 있는데, 나폴리의 카롤리나 왕비는 그곳에서 기거했다. 2막에 나오는 2층 스카르피아의 거실이 여기에 위치해 있다.

마렝고 전투는 〈토스카〉의 시간적 배경과 관련된다. 마렝고 전투는 프랑스와 오스트리아가 이탈리아 북부 알렉산드리아에서 남동쪽으로 5km 정도 떨어져 있는 마렝고 평원에서 벌인 전투다. 나폴레옹은 프랑스 혁명 후 이탈리아에 영향력을 행사하던 오스트리아와 화친을 맺고자 했다. 오스트리아가 이것을 거절하자, 나폴레옹은 4만 명의 군대를 이끌고 알프스산맥을 넘어 마렝고 평원에서 7만 명의 오스트리아 군대와 전쟁을 했다.

〈토스카〉에서 나오는 오스트리아 사령관 백전노장 멜라스 장군이 프랑스 군대의 보급로를 차단해 선제 기습 공격으로 승기를 잡았다. 그러나 프랑스의 루이 드제 장군이 이끄는 1만 명의 선발대가 오스트리아 병사의 반을 포로로 잡는 대승을 거두었다. 전세를 역전시킨 것이다.

　1801년 2월, 나폴레옹은 오스트리아와 뤼네빌 화약을 맺었다. 프랑스는 이탈리아에서 오스트리아를 완전히 몰아내고 명실상부한 지배력을 확보했다. 나폴레옹은 파리에서 자신의 정치적 입지를 공고화하면서 그의 전성시대를 열었다. 나폴레옹의 명성을 전 유럽에 떨치는 계기가 되었던 마렝고 전투 사흘 후가 〈토스카〉의 시간적 배경이다.

〈토스카〉 메트로폴리탄 오페라

　〈토스카〉의 고문 장면은 당시 관객들에게 충격을 주었지만, 동시에 예술의 새로운 가능성을 제시했다. 예술이 현실의 잔혹함에서 눈을 돌리지 않고 정면으로 마주할 때 얻을 수 있는 힘을 보여준 것이다. 이 작품은 인간의 죄, 회의, 자책, 구원(혹은 파멸)에 대한 심층적 탐색을 내면의 갈등을 통해 드러낸 심리적 사실주의의 고전으로, 인간의 어두운 면을 직시해야만 진정한 윤리, 도덕, 구원의 가능성이 열린다는 것이다. 이는 도스토예프스키(Fyodor Dostoevsky)가 『죄와 벌』(1866)에서 보여준 심리적 사실주의[1]와도 맥을 같이한다.

두 작품(〈토스카〉, 『죄와 벌』) 모두 현실의 잔혹함, 인간 내면의 어둠을 직시하는 자세에서 진정한 구원(혹은 비극적 완성)의 가능성을 드러낸다. 폭력, 죄, 고통을 외면하지 않는 예술이 더 큰 정신적, 도덕적 진실에 이를 수 있음을 묘사하였다. 월러 뉴웰의 『폭군이야기』에는 이렇게 표현하였다.

스카르피아는 어두운 권력의 힘을 이용해서 나폴레옹의 자유주의 사상에 대항하는 동시에 여주인공 토스카를 쟁취하려고 한다. 하지만 이런 종류의 인간이 얼마나 위험한지 생각해본다면 이 오페라는 다가올 20세기의 대사건들과 비교했을 때 그저 짤막한 서막에 지나지 않을지도 모른다. 프랑스 혁명이라는 극단적인 사건은 때때로 정치, 특히 혁명을 통한 정치와 관련된 모든 기대에 대해 실망과 환멸을 심어주기도 했다.

근대 부르주아 세상을 완전히 파괴하면서 나타날 영원불멸의 새로운 세상을 더 간절히 기다리는 사람들도 나타났는데, 이들을 이끈 것이 순수에 대한 '광적인 선동'과 '집착'이었다. 마르크스는 프롤레타리아를, 니체는 초인을 언급했으며, 1827년 '하이데거의 영웅'을 선택하는 국민에 대한 주장은 그대로 히틀러의 탄생으로 이어졌다.

---

[1] "심리적 사실주의" 도스토예프스키의 『죄와 벌』(1866)에서 나타나는 문학 경향이다. 인물의 죄, 회의, 자책, 구원 등의 내면적 갈등을 심층적으로 탐구하는 문학기법이다.

4. 사랑과 헌신, 무대 위의 《마지막 항변》

십자가에 못 박힌 그리스도의 상과 두 개의 촛대, 플로리다 오페라

토스카의 〈Vissi d'arte(나는 예술을 위해 살았다)〉는 오페라 사상 가장 유명한 아리아 중 하나다. "나는 예술을 위해 살았고, 사랑을 위해 살았다"고 노래하는 토스카는 예술가로서의 자신의 삶을 되돌아본다. 하지만 이 성찰은 위기의 순간에 나온다.

연인의 생명이 위험에 처한 상황에서 자신의 과거를 돌아보는 것은 일종의 방어 기제다. 토스카는 자신이 선량하게 살아왔다는 것을 확인함으로써 현재의 절망적 상황을 받아들이려 한다. 음악적으로 이는 푸치니의 서정성이 절정에 달한 작품이다. 단순한 선율이지만 그 안에 담긴 감정의 깊이는 무한하다.

"Sempre con fè sincera(항상 진실한 믿음으로)"라는 구절에서 토스카의 목소리가 고음역으로 상승할 때, 우리는 인간 영혼의 순수함을 직접 체험한다. 하지만 동시에 이 아리아는 예술가의 사회적 역할에 대한 근본적 질문을 제기한다. 예술가는 예술과 사랑만으로 살 수 있는가? 정치와 권력의 현실에서 완전히 자유로울 수 있는가? 푸치니는 이 질문에 대해 부정적 답을 암묵적으로 제시한다.

스카르피아는 "사람들은 내게 돈을 주면 모든 일이 해결된다고 생각하지. 그러나 나는 미인에게는 결코 돈을 받지 않아. 그러나 나의 약속 무시하면 보수보다, 돈보다 더 많은 복수를 받게 된다"라고 단호하게 대답하며 토스카에 대한 미친 듯한 사랑을 고백하며 성적 욕망을 드러낸다.

토스카가 당황하여 나가려 하자, 스카르피아는 비꼬아 웃으면서 "억지로 붙잡지 않겠소. 잘 가시오. 그러나 한 번 죽은 사람은 여왕이라도 살려낼 수가 없지"라고 여왕에게 도움을 구하려던 그녀의 희망마저 짓밟으며 음흉하게 말한다. 스카르피아가 동물적인 욕망을 드러내기 시작하는 이 대목부터 음악은 터질 듯 팽창되어 긴장을 더해간다. 토스카는 스카르피아가 다가오자 깜짝 놀라 뒷걸음을 치며 도망간다.

북소리가 울린다. 죄수를 형장으로 끌고 가는 호송 북소리다. 스카르피아는 "카바라도시의 목숨은 이제 1시간밖에 남아 있지 않다"며 토스카를 압박한다. 토스카의 순수한 예술관은 스카르피아의 현실 권력 앞에서 무력하다. "예술과 정치의 경계가 흐려질 때 발생하는 위험성을, 푸치니는 시대를 앞서 보여주었다. 후일 발터 베냐민(Walter Benjamin)이 통찰한 '예술의 정치화'[1] 문제와 연결된다"

토스카는 무대 위에서 여왕이며 여신이지만 현실에서는 철부지 소녀와 같이 하늘을 원망한다. 그때 스폴레타가 들어와 "안젤로티가 발각되자마자 그 자리에서 자살했다"고 알린다.

카바라도시의 사형 집행 준비가 되었다는 말을 듣고 토스카는 어쩔 수 없이 스카르피아의 요구를 들어주기로 한다. 카바라도시를 살리기 위해서다. 토스카의 승낙을 얻은 스카르피아는 부하에게 "카바라도시를 처형하되 팔미에리 백작 때처럼 하라"고 둘만의 비밀스러운 몸짓으로 지시한다. 거짓으로 총살 집행이라고 토스카에게 설명하면서 말이다. 스폴레타도 알았다는 듯이 고개를 끄덕이고 4시에 집행하기로 한 뒤 나간다. 토스카는 가짜 처형식 이후에 자신과 카바라도시가 안전하게 로마를 빠져나갈 수 있도록 통행증을 만들어 달라고 요구한다.

스카르피아가 토스카를 차지할 기쁨에 들떠 통행증에 서명을 마치고 돌아서서 "토스카, 마침내 너는 내 것이다"라고 그녀를 포옹하려는 순간, 토스카는 식탁에 놓여 있던 칼로 스카르피아를 힘껏 찌

---

[1] "예술의 정치화" 발터 베냐민이 통찰한 문제로, 예술이 대량 복제 기술로 인해 본래의 신비로운 힘(아우라)을 잃고 정치적 선전 도구로 사용되는 현상을 말한다.

르며 "이것이 토스카의 키스다!"라고 외친다. 스카르피아가 마지막 비명을 울리고 숨을 거두자 토스카는 자신의 손에 묻은 피를 닦고 통행증을 빼낸 뒤, 스카르피아 시신 좌우로 촛대를 내려놓는다.

그녀는 벽에 걸려 있는 십자가 수난상을 그의 가슴 위에 올려놓고 토스카에서 가장 유명한 대사를 외친다. "로마가 모두 그의 앞에서 벌벌 떨었네!"

십자가에 못 박힌 그리스도의 상과 두 개의 촛대

스카르피아의 살해 장면은 사르두의 희곡 〈토스카〉에서 관객의 열망을 자극하는 강력한 극적 상황이다. 푸치니가 선택해낸 십자가상에 못 박힌 그리스도의 상과 촛대의 의식은 〈토스카〉에 있어서 관객들에게 가장 기다려지는 순간이다.

3막에서 토스카의 또 다른 이름 "몰살 오페라"를 완성시킨다. 혼의 전주로 막이 오르면 감옥의 조용한 새벽 풍경이 펼쳐진다. 저 멀리서 방울 소리가 들리고 멀리서 어린 목동이 부르는 목가가 들려온다. 날이 밝아오자 사형집행인은 카바라도시에게 한 시간 남았다며 마지막으로 신부(神父)를 만나고 싶냐고 묻는다.

그는 신부를 거절하고 사형집행관에게 반지를 빼주며 토스카에게 자기의 마지막 편지를 전해달라고 부탁한다. 편지를 앞에 놓고, 카바라도시는 〈E lucevan le stelle(별들이 빛나고 있었다)〉를 부른다. 죽음을 앞둔 예술가의 마지막 독백이다.

이 아리아는 회상의 서정성과 현재의 절망이 교차한다. 카바라도시는 토스카와의 진정한 사랑을 추억하면서 삶에 대한 애착을 드러낸다. "E non ho amato mai tanto la vita!(이토록 삶을 사랑한 적이 없었다!)"라는 절규는 역설적이다. 죽음을 앞둔 순간에 삶에 대한 진가와 사랑이 가장 강렬해지는 것을 극적으로 구현한 장면이다.

마르틴 하이데거(Martin Heidegger)의 "죽음을 향한 존재" 개념을 연상시킨다. 인간이 죽음의 필연성을 인식할 때 비로소 자신의 삶을 '진지하게' 받아들이고, 진정한 자기 자신으로 존재하게 된다는 것이다. 하지만 동시에 카바라도시는 알베르 카뮈(Albert Camus)의 '부조리의 영웅'에서와 같이 죽음을 받아늘이는 용기도 보여준다.

스카르피아 역의 필자, 토스카 역의 정병화, 서울 오페라 앙상블

〈토스카〉 퀸세나 뮤지컬 음악 축제

19세기 말 데카당스 문학의 특징인 "아름다운 죽음"의 미학을 구현한다. 오스카 와일드(Oscar Wilde)의 『도리언 그레이의 초상』이나 가브리엘레 다눈치오(Gabriele D'Annunzio)의 소설들에서 나타나는 미적 퇴폐주의가 여기에도 스며있다. 하지만 푸치니는 이런 데카당스를 단순히 찬미하지 않는다. 카바라도시의 죽음은 아름답지만 동시에 부조리하다.

알베르 카뮈(Albert Camus)가 『이방인』에서 그린 부조리한 죽음[1]의 선구격이라고 할 수 있다. 카뮈는 '실존주의자'라는 명칭을 거부했지만, 『이방인』은 실존적 불안과 부조리, 그리고 사회적 소외의 문제를 문학적으로 압축한 작품으로 평가받는다. 뫼르소의 죽음은 의미 없는 삶에 대한 카뮈의 통찰을 집약하며, 오늘날에도 삶의 본질을 묻는 철학적 질문으로 계속 이어지고 있다.

이런 미적 퇴폐주의는 단순한 도덕적 타락이 아니라, "아름다움과 쾌락, 예술의 자율성"을 절대화하는 근대적 미학 경향으로, 삶과 예술, 도덕의 경계가 해체되고, 파멸조차 미적 경험의 일부로 승화되는 특징을 보인다. 〈토스카〉의 결말에서 토스카가 산탄젤로 성에서 뛰어내리는 장면은 오페라 사상 가장 극적인 피날레 중 하나다.

"스카르피아여, 신 앞에서 만나자!(O Scarpia, avanti a Dio!)"라는 마지막 외침은 복수의 완성이면서 동시에 절망의 표현이다. 토스카는 스카르피아를 죽임으로써 복수를 완성했지만, 동시에 사랑하는 사람도 잃었다. 그녀에게 남은 것은 죽음뿐이다. 하지만 이 죽음은

---

[1] "부조리한 죽음" 알베르 카뮈가 『이방인』에서 그린 죽음으로, 주인공 뫼르소가 사회가 기대하는 '정상적인 인간상'에 부합하지 않는다는 이유로 심판받는 것을 다룬다.

패배가 아니라 최후의 자유로운 선택이다.

장 폴 사르트르(Jean-Paul Sartre)가 『존재와 무』에서 말한 "절대적 자유" - 외부의 강제나 운명에 굴하지 않고, 자신의 삶을 자기결정적으로 마감하는 실존적 선택 -의 철학적 이미지와 유사한 극적 선택이다. 토스카에게 죽음은 패배가 아니라, 권력에 굴복하지 않고 자신의 존엄을 지키는 마지막 자유의 발현이다. 이는 그리스 비극의 카타르시스를 연상시킨다. 관객들은 토스카의 죽음을 통해 정화의 체험을 얻는다.

토스카의 죽음, 메트로폴리탄 오페라

권력의 폭력성과 사랑의 숭고함이 극명하게 대비되면서 강렬한 감정적 충격을 준다. 중년에 이르러 〈토스카〉를 다시 보면, 젊은 시절에는 보이지 않았던 복잡한 층위들이 드러난다. 예술가의 딜레마, 사랑과 현실의 갈등, 권력의 부패와 개인의 존엄성 등은 모두 우리가 살아가면서 마주하는 실존적 문제들이다.

　토스카의 질투도 단순한 감정이 아니라 불안정한 현실에서 사랑을 지키려는 필사적 노력으로 보인다. 카바라도시의 예술가적 순수함도 현실 감각의 부족이 아니라 이상을 포기하지 않으려는 의지로 읽힌다. 심지어 스카르피아의 악행도 질내익이리기보다는 부패한 시스템의 산물로 이해된다. 푸치니의 〈토스카〉는 이렇게 시대를 넘어서 인간 조건의 보편적 진실을 노래하는 불멸의 작품으로 남아 있다.

〈토스카〉 등장인물

토스카 Tosca, 소프라노
〈토스카〉의 주인공으로 명성이 높은 프리마 돈나. 토스카는 사랑에 사는 성숙한 여인이나 소유욕과 질투심이 강하다. 자신의 외모와 매력에 자신감을 느끼고 있고, 남자 주인공 카바라도시와 연인관계다.

카바라도시 Cavaradosi, 테너
토스카의 애인으로 화가. 공권력에 대항하는 혈기 왕성한 인물로 공화주의의 정치적 신념을 가지고 있다. 우정과 사랑을 소중히 여기며, 죽음의 목전에서도 대지와 사랑에 대해 노래할 수 있는 낭만적인 인물이다.

스카르피아 Scarpia, 바리톤
토스카를 짝사랑하는 경찰국장. 하인 출신으로 남작(南爵)에 올랐지만, 야심가로 잔인하고 욕심이 많으며 사리사욕을 챙기는 인물이다.

안젤로티 Angrloti, 베이스
카바라도시의 친구. 나폴레옹을 지지하는 레지스탕스로 과거 로마 공화국의 영사였으나 정치범으로 도망자 신세이다.

기타 인물
스폴레타 Spoleta, 테너
경찰, 스카르피아의 부하
성당 지기 Sacristano, 베이스
성 안드레아 델라 발레 성당 지기
샤로네, 로베르토, 목동

OPERA INFO

원작 빅토리앙 사르두의 희곡 〈라 토스카〉
대본 주제페 자코자(Giuseppe Giacosa)와 루이지 일리카(Luigi Illica)
초연 1900년 1월 14일 로마 오페라 극장(로마 콘스탄치 극장)
시간과 장소 1800년 6월 로마

푸치니 오페라 〈토스카〉 그리스 아테네 헤로데스 아티쿠스 극장에서 공연 중, 2012

〈토스카〉 줄거리

제 1 막

1800년 6월 나폴레옹이 북부 이탈리아의 마렝고 전투에서 오스트리아 연합군과 전투를 하는 시기. 정치범 안젤로티가 탈옥하여 성당으로 들어오는데 공포로 질려 있다. 마침 친구 카바라도시는 성당의 의뢰를 받아 막달라 마리아 상을 그리고 있었다. 성당 지기는 막달라 마리아의 모델이 열심히 기도하러 오는 아타반티가(家) 후작 부인(안젤로티의 여동생)이라는 것을 알고 놀란다. 성당 지기는 옳지 않다고 말하지만, 카바라도시는 아랑곳하지 않고 그림을 그린다.

카바라도시는 토스카의 초상이 들어있는 메달을 꺼내 그림과 비교하면서 〈오묘한 조화(Recondta armonia)〉를 노래한다. 성당 지기가 나간 뒤 안젤로티는 카바라도시를 만난다. 카바라도시는 안젤로티의 상황을 듣고 도주를 도와주겠다고 말한다. 밖에서 토스카가 카바라도시를 부른다. 카바라도시가 안젤로티를 숨기느라 문을 잠갔는데, 토스카는 카바라도시가 다른 여자랑 바람 피우는 것은 아닌지 의심한다.

"말소리가 들렸는데, 왜 문을 잠갔냐?"는 것이다. 그러나 토스카는 마음을 가라앉히고 성모 마리아에게 기도한 뒤, '오늘 밤 음악회가 끝나면 별장으로 가서 밀애를 나눠요'(Non la sospiri la nostra casetta)를 부른다. 토스카가 카바라도시의 그림을 보고 "저 여자는 혹시 아타반티 후작 부인이 아니냐?"고 질투한다.

카바라도시는 "그냥 기도하러 온 사람을 보고 그린 것뿐이다"라고 변명하면서, "세상엔 그대 눈에 비할 고운 눈은 없다"라며 토스카의 검은 눈동자를 찬양한다. 토스카는 "초상화의 눈을 나처럼 검게 해 달라"고 부탁한다. 카바라도시와 토스카는 정열적으로 2중창을 부른다. 두 사람은 밤에 만나기로 약속한다. 카바라도시는 안젤로티의 탈출을 돕는다. 탈옥수가 있다는 것을 알리는 대포 소리가 들린다. 나폴레옹이 마렝고 전투에서 패배했다는 소식이 전해진다. 로마 사람들은 크게 기뻐한다.

경찰국장 스카르피아가 부관 스폴레타와 경관들을 데리고 성당에 들이닥친다. "탈옥범이 이리로 도망 왔을 것이다". 스카르피아는 성당을 샅샅이 뒤지라고 명령한다. 경찰은 아타반티 가의 예배실에서 아타반티 가의 문장이 있는 부채와 다 먹은 도시락 바구니를 발견한다. 스카르피아는 벽의 초상화를 보고 화가가 토스카의 애인인 카바라도시임을 알게 된다. 그는 카바라도시가 탈주범을 도왔을 것으로 추측한다. 스카르피아는 아타반티 후작 부인의 부채를 가지고 토스카의 질투심을 자극해서 탈주범을 잡고자 한다.

스카르피아는 토스카를 보면서 "성스러운 토스카여, 내 손은 그대의 손을 기다리고 있다"라고 노래한다. 토스카는 애인 카바라도시가 아타반티 후인과 밀회를 즐기고 있다고 생각하고 별장으로 달려간다. 스카르피아는 경찰들에게 그녀를 미행하게 시킨다. 스카르피아는 '가라, 토스카! 너는 내 것이다'(Va Tosca)를 부르며 음흉한 미소를 보낸다. 추기경이 사제를 거느리고 나타나 군중에게 축복을 기도하고, 성가대는 〈주 찬미가(Te Deum)〉를 노래한다. 신성한 주 찬미가를 배경으로 성대한 미사의식과 스카르피아가 부르는 악의 노래는 대조를 이룬다.

웅장한 연주와 함께 막이 내린다.

제 2 막

스카르피아는 파르네제 궁전 집무실에서 식사 중이다. 그는 〈토스카는 좋은 매다!(Tosca è un buon falco!)〉라는 혼잣말을 한다. 나폴리 여왕 마리아 카롤리나가 개선장군 멜라스를 맞이하는 승전 축하연을 벌이고 있다. 스폴레타가 카바라도시를 잡아 스카르피아 앞으로 데리고 온다. 카바라도시는 안젤로티의 행방에 대해서 대답하지 않는다.

음악회를 마친 토스카가 연주복을 입은 채로 뛰어 들어온다. 카바라도시는 고문실로 끌려간다. 스카르피아는 부하에게 카바라도시의 고문을 지시한다. 스카르피아는 카바라도시의 비명을 토스카에게 들려주며 안젤로티가 숨어 있는 곳을 대라고 협박한다.

카바라도시가 토스카에게 절대로 말하지 말라고 하자, 고문은 더욱 강해진다. 카바라도시는 혼절하고, 토스카는 "정원의 우물 속"이라고 안젤로티가 숨어 있는 곳을 말한다. 카바라도시는 장소를 알려준 토스카를 심하게 꾸짖는다.

이때 샤로네가 들어와, 아군인 멜라스 장군이 전투에서 나폴레옹 군대에게 패배했다고 전한다. 카바라도시는 "만세"를 외친다. 화가 난 스카르피아는 그를 다시 감옥으로 보낸다.

스카르피아와 토스카만 남게 되었다. 스카르피아는 토스카에게 카바라도시를 구할 방법을 생각해보라고 음흉하게 권유한다. 스카르피아의 속셈을 안 토스카는 "얼마냐?"고 묻는다. 스카르피아는 돈의 문제가 아니라고 답하면서 토스카에 대한 사랑을 고백하며 성적 욕망을 드러낸다.

토스카가 나가려하자, 스카르피아는 "얼마든지 가라, 하지만 한 번 죽은 사람은 여왕이라도 살려낼 수 가 없지(Ma è fallace speranza... la Regina farebbe grazia ad un cadavere)!"라고 음흉하게 말한다. 죄수를 호송하는 북소리가 들리고 스카르피아는 앞으로 1시간 내에 카바라도시가 처형될 것이라고 말한다. 토스카는 진퇴양난에 빠진 채 유명한 아리아 〈노래에 살고, 사랑에 살고(Vissi d'arte, visssi d'amore)〉를 부른다. 토스카는 연인을 살리기 위해 스카르피아의 제의를 받아들인다. 그러자 스카르피아는 스폴레타를 불러서 팔미에리 백작때와 같이 가짜 총살형을 지시한다.

토스카는 스카르피아에게 "카바라도시와 함께 국외로 도망갈 수 있는 통행증을 써달라"고 요구한다. 스카르피아가 책상에서 통행증을 쓰는 사이 토스카는 식탁에서 스테이크용 칼을 발견하고 스카르피아의 가슴을 찌른다.

토스카는 "이것이 토스카의 키스다!"라고 말하고 스카르피아는 쓰러진다. 토스카는 그의 손에서 통행증을 빼앗아 달아난다.

제 3 막

날이 밝아오자 간수가 나타나 램프에 불을 붙인다. 카바라도시는 간수에게 뇌물로 반지를 주고 마지막 편지를 쓸 수 있도록 부탁한다. 카바라도시는 편지를 쓰면서 〈별은 빛나건만(E luce vanle stelle)〉을 부르며 흐느낀다. 이 아리아는 토스카와의 달콤했던 시절을 회상하면서 부르는 이별의 노래이다.

이때 토스카가 계단을 뛰어올라온다. 토스카는 통행증을 보여주며 지금까지 자기가 겪은 사건을 설명하고, 처형도 형식적으로만 이루어질 것이며, 두 사람은 성을 빠져 자유를 찾을 수 있다고 말한다. 토스카는 당황해하는 카바라도시에게 "내가 스카르피아를 죽였다"고 알린다. 카바라도시는 "너와 헤어짐으로 죽는 것이 괴로웠다"며 2중창을 부른다.

토스카는 "가짜 총을 맞으면 무대에서처럼 가볍게 쓰러지라"고 부탁하자, 카바라도시는 웃으면서 "토스카, 당신이 오페라 무대에서 하듯이 그렇게!"라고 대답한다. 스폴레타가 처형을 위해 병사들을 데리고 나타난다. 토스카는 총소리가 나면 쓰러져 죽은 척하라고 알려준다. 총소리가 나고 카바라도시는 쓰러진다. 토스카는 경관들이 나가는 것을 기다렸다가 카바라도시가 쓰러진 곳으로 달려가서 "어서 도망가자"고 재촉한다.

그러나 스카르피아의 약속과 달리 카바라도시는 피투성이가 된 채 죽어 있었다. 스카르피아의 죽음을 안 경찰들이 스폴레타의 지휘하에 토스카를 체포하러 달려온다. 토스카는 "스카르피아! 신 앞에서 만나자!"라고 외치면서 높은 성벽 위에서 뛰어내린다. 토스카는 "초상화의 눈을 나처럼 검게 해 달라"고 부탁한다. 카바라도시와 토스카는 정열적으로 2중창을 부른다. 두 사람은 밤에 만나기로 약속한다.

카바라도시는 안젤로티의 탈출을 돕는다. 탈옥수가 있다는 것을 알리는 대포 소리가 들린다. 나폴레옹이 마렝고 전투에서 패배했다는 소식이 전해진다. 로마 사람들은 크게 기뻐한다. 경찰국장 스카르피아가 부관 스폴레타와 경관들을 데리고 성당에 들이닥친다. "탈옥범이 이리로 도망 왔을 것이다"

스카르피아는 성당을 샅샅이 뒤지라고 명령한다. 경찰은 아타반티 가의 예배실에서 아타반티 가의 문장이 있는 부채와 다 먹은 도시락 바구니를 발견한다. 스카르피아는 벽의 초상화를 보고 화가가 토스카의 애인인 카바라도시임을 알게 된다. 그는 카바라도시가 탈주범을 도왔을 것으로 추측한다.

스카르피아는 아타반티 후작 부인의 부채를 가지고 토스카의 질투심을 자극해서 탈주범을 잡고자 한다. 스카르피아는 토스카를 보면서 "성스러운 토스카여, 내 손은 그대의 손을 기다리고 있다"라고 노래한다. 토스카는 애인 카바라도시가 아타반티 후인과 밀회를 즐기고 있다고 생각하고 별장으로 달려간다.

　스카르피아는 경찰들에게 그녀를 미행하게 시킨다. 스카르피아는 "가라, 토스카! 너는 내 것이다(Va Tosca)"를 부르며 음흉한 미소를 보낸다. 추기경이 사제를 거느리고 나타나 군중에게 축복을 기도하고, 성가대는 〈주 찬미가(Te Deum)〉를 노래한다. 신성한 주 찬미가를 배경으로 성대한 미사 의식과 스카르피아가 부르는 악의 노래는 대조를 이룬다.

　웅장한 연주와 함께 막이 내린다.

오페라 페스티벌에서 푸치니의 오페라 〈토스카〉 공연, 성 마르가레텐 석회암 채석장
로베르트 도른헬름(Robert Dornhelm)이 연출

CHAPTER 03

목소리는 어디서 오는가

마르틴 하이데거

언어는 존재의 집이다.

– 마르틴 하이데거

목소리는
어디서 오는가

1. 하이데거와 현존재의 목소리
《세계 안에서 울리는 존재의 노래》

마르틴 하이데거(Martin Heidegger, 1889-1976)의 주저 『존재와 시간』(1927)에서 제시하는 현존재(Dasein) 개념은 목소리의 본질을 이해하는 철학적 열쇠다. 하이데거에 따르면 인간은 단순히 세계 안에 존재하는 사물이 아니라 '세계-내-존재(In-der-Welt-sein)'로서 근본적으로 세계와 더불어 있는 존재다.

이러한 관점에서 목소리는 단순한 음향 현상을 넘어서, 존재가 세계와 만나는 가장 원초적인 방식이 된다. 목소리를 낸다는 것은 침묵의 세계에서 의미의 세계로 건너가는 것이며, 동시에 그 소리를 통해 세계와 새로운 관계를 맺는 것이다.

하이데거는 현존재의 근본구조를 "기분(Stimmung)", "이해(Verstehen)", "담화(Rede)"의 삼중구조로 분석했다. 여기서 '담화'는 직접적으로 목소리와 연결된다. 담화는 단순한 언어 표현이 아니라 세계와의 근원적 소통이며, 존재 자체가 자신을 드러내는 방식이다. 흥미롭게도 하이데거는 기분과 담화를 연결시키는데, 독일어 'Stimmung'은 '기분'과 동시에 '조율'을 의미한다.

악기를 조율하듯이 현존재는 세계와 자신을 조율하며, 그 조율된 상태에서 진정한 목소리가 나온다. 이는 목소리가 단순히 개인적 표현이 아니라 세계와의 공명 속에서 탄생하는 현상임을 시사한다. 하이데거 철학의 핵심 개념인 "던져짐(Geworfenheit)"[1]과 "기투(Entwurf)"[2]의 변증법은 목소리의 이중적 성격을 잘 설명한다. 우리는 자신이 선택하지 않은 조건들 속에 던져진 존재다. 특정한 몸, 특정한 언어, 특정한 문화적 배경은 주어진 조건이다.

목소리 역시 마찬가지다. 어떤 음색을 갖게 될지, 어떤 언어를 모국어로 하게 될지는 주어진 조건이다. 하지만 현존재는 동시에 기투하는 존재이기도 하다. 주어진 조건을 넘어서 자신의 가능성을 향해 나아가는 운동이 바로 기투다. 목소리는 현재에 머물지 않고 끊임없이 미래를 향해 투사된다. 한 마디가 다음 마디를 낳고, 한 문장이 다음 문장의 가능성을 열어놓는다. 이런 기투는 맹목적이지 않다. 하이데거가 강조하는 "선이해(Vorhabe)"에 기반한다. 과거의 경험과 학습이 현재의 이해를 가능하게 하고, 현재의 이해가 미래의 가능성을 연다.

"불안(Angst)"은 하이데거에게 현존재가 자신의 가장 본래적 가

---

1 "던져짐(Geworfenheit)" 하이데거의 핵심 개념으로, 인간이 스스로 선택하지 않은 조건(특정한 몸, 언어, 문화 등) 속에 던져진 채로 존재를 시작한다는 실존적 상황을 의미한다.

2 "기투(Entwurf)" 하이데거의 개념으로, 주어진 조건(던져짐)을 넘어서 자신의 가능성을 향해 나아가는 능동적인 움직임을 뜻한다.

능성과 마주하는 순간에 일어나는 근본기분이다. 이 불안은 특정한 대상에 대한 두려움이 아니라 "무(Nichts)" 앞에서 느끼는 존재론적 떨림이다. 목소리를 낸다는 것도 이런 불안과 무관하지 않다. 침묵을 깨고 소리를 낸다는 것은 '안전한 무의 영역'에서 '위험한 유의 영역'으로 나아가는 것이다.

하이데거는 "Das Man"[1]에서 벗어나 본래적 자기가 되려면 양심의 소리(Stimme des Gewissens)에 귀 기울여야 한다고 말했다. 이 양심의 소리는 외부에서 들려오는 것이 아니라 현존재 자체에서 울려 나오는 호출이다. 그것은 일상적 수다(Gerede)에 매몰된 자아를 깨워 본래적 실존의 가능성으로 이끈다. 목소리는 바로 이런 양심의 호출과 깊이 연결되어 있다. 진정한 목소리는 남들이 말하는 방식을 모방하는 것이 아니라, 자신 안에서 울려 나오는 진실한 소리를 발견하는 것이다. 이는 타인의 말에 휩쓸리지 않고 자신만의 삶의 의미를 찾아가는 것이 진정한 본래적 실존임을 뜻한다.

후기 하이데거의 "언어는 존재의 집이다(Die Sprache ist das Haus des Seins)"라는 명제는 목소리의 존재론적 지위를 더욱 명확히 한다. 언어를 통해서만 우리는 세상과 자신, 그리고 존재 자체를 이해하고 느낄 수 있다는 것이다. 언어는 단순한 의사소통의 도구가 아니라 존재 자체가 거주하는 공간이다.

목소리는 그 집의 첫 번째 문이다. 존재가 언어를 통해 자신을 드러내는 최초의 순간이 바로 목소리를 내는 순간이다. 하이데거의

---

1 "Das Man" '존재와 시간(Sein und Zeit)'에서 매우 중요한 개념으로, 인간이 일상생활에서 무의식적으로 따르는 '불특정 다수' 혹은 '익명적 타자'를 뜻한다.

언어 철학에서 중요한 개념인 "침묵(Schweigen)"도 이와 연결된다. 진정한 침묵은 단순한 무음이 아니라 말할 수 있는 가능성을 품고 있는 침묵이다. 침묵 속에는 아직 태어나지 않은 언어들이 기다리고 있다고 할 수 있다.

목소리는 이런 침묵에서 태어난다. 침묵이 깊을수록 목소리도 깊어진다. 말하지 않을 수 있는 능력이 있어야 진정한 말하기가 가능하다. 깊은 침묵을 거쳐 나온 말이 일상의 가벼운 담화보다 더 무게 있는 의미를 담게 된다. 일상의 수다와 달리 진정한 침묵에서 나온 언어는 존재의 깊이를 드러내며, 이는 누구나 경험할 수 있는 현상이다. 이것이 바로 하이데거가 말하는 "시원적 사유(ursprüngliches Denken)"와 연결된다.

시원적 사유는 기존에 배우고 익힌 고정관념에서 벗어나 존재 자체를 직접 마주하는 사유다. 이는 단순히 지식을 축적하는 것이 아니라, 존재에 대한 근원적 물음을 던지는 사유 방식이다. 하이데거의 현존재 분석에서 빼놓을 수 없는 것이 "공동존재(Mitsein)"[1]다. 현존재는 홀로 있는 존재가 아니라 본질적으로 타자와 더불어 있는 존재다. 목소리 역시 혼자만의 것이 아니다. 그것은 태어나는 순간부터 타자와의 관계 속에서 형성된다. 어머니의 목소리, 아버지의 목소리, 친구들의 목소리가 모두 내 목소리 안에 살아있다.

---

1 "공동존재(Mitsein)" 하이데거의 개념으로, 인간은 홀로 존재하는 것이 아니라 본질적으로 타자와 더불어 존재한다는 의미를 가진다.

하이데거가 말하는 "역사성(Geschichtlichkeit)"[1]도 여기에 연결된다. 목소리는 개인적인 것이면서 동시에 역사적인 것이다. 수많은 세대를 거쳐 전해져 온 언어와 문화의 침전물이 한 사람의 목소리 안에 살아있다. 동시에 그 목소리는 미래의 가능성을 향해 열려 있다. 이런 관점에서 목소리는 하이데거가 말하는 "전승(Überlieferung)"[2]의 구체적 실현이기도 하다. 전승이란 과거의 전통을 단순히 반복하는 것이 아니라, 그것을 현재적 맥락에서 새롭게 해석하고 미래 세대에게 전달하는 창조적 과정이다. 과거에서 받은 것을 현재에서 해석하고 미래로 전달하는 것, 이것이 바로 목소리가 하는 일이다.

현존재의 시간성은 바로 이런 전승을 통해 구체화된다. 목소리는 과거의 경험을 현재의 표현으로 만들고, 동시에 미래의 가능성을 열어놓는 시간적 존재의 구체적 실현이다. 이렇게 목소리는 하이데거 철학에서 현존재가 세계와 관계 맺는 가장 근본적인 방식 중 하나로 이해될 수 있다.

---

1 "역사성(Geschichtlichkeit)" 하이데거가 말한 개념으로, 인간이 과거의 전통을 계승하고 현재를 살아가며 미래를 향해 나아가는 시간적 존재임을 설명한다.

2 "전승(Überlieferung)" 하이데거의 개념으로, 과거의 전통을 단순히 반복하는 것이 아니라 현재의 맥락에서 새롭게 해석하고 미래 세대에 전달하는 창조적 과정을 의미한다.

2. 모차르트 클라리넷 협주곡 A장조 K.622
《존재의 목소리가 되는 악기》

볼프강 아마데우스 모차르트(Wolfgang Amadeus Mozart)

1791년 가을, 죽음을 두 달 앞둔 볼프강 아마데우스 모차르트 (Wolfgang Amadeus Mozart, 1756-1791)는 한 악기의 목소리에 완전히 사로잡혀 있었다. 그것은 바로 클라리넷이었다. 당시만 해도 오케스트라에서 비교적 신참이었던 이 목관악기는 모차르트에게 특별한 의미로 다가왔다.

인간의 숨결과 가장 가까운 악기, 말하는 듯 노래하고 노래하는 듯 말하는 악기. 클라리넷 협주곡 A장조 K.622는 단순한 기악곡이 아니라 하이데거가 말한 "존재의 목소리"가 음악으로 형상화된 작품이다.

하이데거가 『존재와 시간』에서 제시한 현존재(Dasein)의 근본 구조 중 하나는 "목소리를 갖는 것"이다. 인간은 다른 존재와 달리 자신의 존재를 문제 삼고, 그 문제를 목소리로 표현할 수 있는 유일한 존재다. 하지만 이 목소리는 항상 언어적인 것은 아니다. 오히려 가장 깊은 존재의 목소리는 침묵 속에서, 혹은 언어를 넘어선 표현 속에서 들려온다. 모차르트의 클라리넷 협주곡은 바로 이런 "언어 이전의 목소리", "말을 넘어선 말"의 완벽한 구현이다.

이 작품의 탄생 배경에는 모차르트의 친구이자 당대 최고의 클라리넷 연주자였던 안톤 슈타들러(Anton Stadler)가 있었다. 슈타들러는 일반적인 클라리넷보다 더 낮은 음역까지 연주할 수 있는 "바셋 클라리넷(basset clarinet)"을 연주했다. 이 악기는 저음 E까지 내려갈 수 있어서 인간 목소리의 전 영역을 거의 커버할 수 있었다. 모차르트는 이 확장된 음역에서 새로운 표현 가능성을 발견했다. 단순히 더 많은 음을 낼 수 있다는 기술적 장점이 아니라, 인간 존재의 더 깊은 층위에 도달할 수 있는 철학적 가능성을 본 것이다.

클라리넷이라는 악기 자체가 갖는 존재론적 특성은 매우 독특하다. 바이올린이나 첼로 같은 현악기는 활로 현을 그어서 소리를 내고, 피아노는 해머가 현을 쳐서 소리를 낸다. 하지만 클라리넷은 연주자의 직접적인 호흡으로 소리를 만든다. 마우스피스에 입술을 대고 리드를 진동시키는 순간, 연주자의 숨은 곧바로 음악이 된다.

이는 하이데거가 강조한 현존재의 근본 조건인 "세계-내-존재"의 직접적 실현이다. 클라리넷 연주자는 악기와 분리된 채 소리를 조작하는 것이 아니라, 자신의 생명력을 직접 악기에 불어넣어 하나가 된다. 더 나아가 클라리넷의 음색 자체가 존재론적 의미를 갖는다. 클라리넷은 목관악기 중에서 가장 넓은 음역과 가장 다양한 음색을 갖고 있다. 낮은 음역에서는 따뜻하고 깊이 있는 소리를, 중간 음역에서는 인간 목소리와 가장 유사한 부드러운 소리를, 높은 음역에서는 밝고 화려한 소리를 낸다.

한 악기 안에 여러 개의 서로 다른 악기가 들어있는 듯하다. 이는 하이데거가 말한 현존재의 "다양한 존재 양식"과 정확히 일치한다. 인간은 상황에 따라 서로 다른 모습으로 존재하지만, 그 모든 양식을 관통하는 하나의 근본적 존재가 있다는 통찰이다.

협주곡의 1악장 알레그로는 클라리넷이 "자신의 목소리를 찾아가는" 과정을 보여준다. 오케스트라가 제시하는 도입부는 마치 세상의 일반적 담론들, 하이데거 식으로 말하면 "잡담(Gerede)"의 영역이다.

모든 사람이 당연하게 받아들이는 통념들, 의심 없이 반복되는 관습적 언어들이 화려하고 확신에 찬 모습으로 펼쳐진다. 하지만 클라리넷이 등장하는 순간 이 모든 것이 문제가 된다. 클라리넷의 첫 번째 독주 부분은 조심스럽고 탐색적이다. 마치 "내가 정말 말할 수 있을까?" "내 목소리가 의미가 있을까?"라고 자문하는 듯하다. 이는 사르트르가 말한 실존적 불안과도 연결되지만, 하이데거적 맥락에서는 "본래적 존재"를 향한 첫 걸음으로 해석된다.

클라리넷은 오케스트라가 제시한 주제들을 그대로 따라하지 않는다. 대신 그 주제들을 자신만의 방식으로 변형하고 재해석한다. 같은 선율이지만 클라리넷이 연주하는 순간 완전히 다른 의미를 갖게 된다. 1악장 전개부에서 클라리넷과 오케스트라의 대화는 개인적 목소리와 사회적 담론 사이의 긴장을 보여준다.

오케스트라는 때로 클라리넷을 지지하고 때로 압도하려 한다. 클라리넷은 이런 상황에서 자신만의 길을 찾아야 한다. 완전히 고립되지도, 완전히 동화되지도 않으면서 자신의 고유성을 유지하는 것. 이는 하이데거가 말한 "본래적 존재"의 실현 과정과 정확히 일치한다.

1악장의 카덴차 부분은 이런 맥락에서 특별한 의미를 갖는다. 오케스트라가 완전히 침묵하고 클라리넷 혼자만 남는 순간이다. 이는 하이데거가 말한 "불안(Angst)" 상황의 음악적 구현이다. 모든 일상적 지지대가 사라지고 자신의 존재와 단독으로 마주하는 순간. 하지만 이 고독은 절망이 아니라 진정한 자아 발견의 기회다. 클라리넷은 이 침묵 속에서 가장 개인적이고 독창적인 목소리를 낸다.

2악장 아다지오는 이 협주곡의 철학적 핵심이다. D장조의 따뜻한 조성과 3/4박자의 완만한 흐름 속에서 클라리넷은 가장 내밀한 독백을 시작한다. 이 악장에서 클라리넷은 더 이상 오케스트라와 경쟁하거나 대화하지 않는다. 오케스트라는 조용한 배경이 되고, 클라리넷은 순수한 존재의 목소리 자체가 된다. 이 악장의 주선율은 놀랍도록 단순하다. 복잡한 기교나 화려한 장식이 없다.

바로 그 단순함 속에서 무한한 깊이가 느껴진다. 이는 하이데거가 말한 "단순함의 위대함" 개념과 연결된다. 가장 근본적인 진리는 복잡한 이론이 아니라 단순한 현사실 속에 있다는 통찰이다. 클라리넷의 선율은 마치 "나는 존재한다"는 가장 기본적이면서도 가장 신비로운 사실을 음악으로 번역한 것 같다.

이 선율에서 가장 인상적인 요소는 호흡법이다. 클라리넷 연주자는 매우 긴 프레이즈를 한 호흡에 연주해야 한다. 이는 단순한 기술적 도전이 아니라 존재론적 의미를 갖는다. 인간의 호흡은 생명의 직접적 표현이다. 숨을 쉰다는 것은 살아있다는 것의 가장 원초적 증거다. 클라리넷 연주자가 긴 프레이즈를 한 호흡에 연주하는 것은 자신의 생명력을 음악에 완전히 바치는 행위다. 이 악장에서 시간의 흐름도 특별한 의미를 갖는다. 일상적 시계 시간이 아니라 존재론적 시간, 즉 하이데거가 말한 "시간성(Zeitlichkeit)"이 실현된다. 과거의 기억, 현재의 경험, 미래의 가능성이 선율 속에서 하나로 통합된다. 클라리넷의 선율을 따라가다 보면 청중들은 자신의 일상적 시간 의식에서 벗어나 더 깊은 시간 경험 속으로 들어간다. 이는 명상이나 기도와 유사한 의식 상태다.

실제로 이 악장은 수많은 영화와 드라마에서 명상이나 추억, 깊은 사색의 배경음악으로 사용되어왔다. 시드니 폴락 감독의 영화 〈아웃 오브 아프리카〉에서 이 선율이 흐를 때, 관객들은 단순히 아름다운 음악을 듣는 것이 아니라 존재의 깊은 층위와 만난다. 메릴 스트립이 연기한 주인공이 아프리카의 광활한 풍경을 바라보며 인생을 되돌아보는 장면에서 이 음악은 개인적 회상을 넘어 인간 존재 자체에 대한 성찰로 확장된다.

3악장 론도 형식의 알레그로는 존재의 긍정과 확신을 노래한다. 2악장에서 깊은 내면을 경험한 클라리넷이 이제 세상과 적극적으로 만난다. 하지만 1악장의 탐색적 태도와는 달리 이제 클라리넷은 자신만의 확고한 목소리를 갖고 있다. 론도 형식의 주제가 반복될 때마다 클라리넷은 그것을 새롭게 변주하면서도 일관된 정체성을 유지한다. 이 악장에서 클라리넷의 연주 기법들은 단순한 기교 과시가 아니라 존재의 다양한 표현 방식을 보여준다.

빠른 스케일 패시지는 생명력의 역동적 분출이고, 부드러운 레가토는 세상과의 조화로운 만남이며, 정교한 스타카토는 명확한 의지의 표현이다. 클라리넷은 이 모든 기법들을 자유자재로 구사하면서 "나는 이런 방식으로도, 저런 방식으로도 존재할 수 있다"는 것을 보여준다.

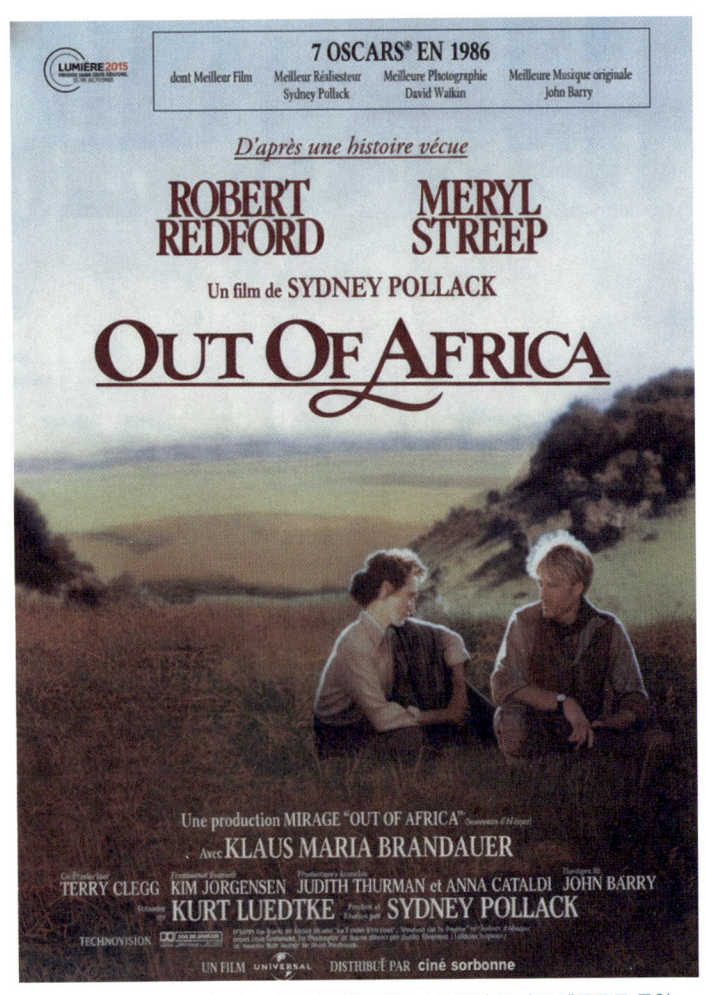

⟨아웃 오브 아프리카⟩ 시드니 폴락 감독, 메릴 스트립과 로버트 레드포드 주연

모차르트 클라리넷 협주곡 라장조가 흐르는 웅장한 스펙터클의 정점에는 광활한 아프리카의 창공을 가르는 비행신에서 모차르트의 음악과 함께 감동의 눈물을 흐르게 한다.

3악장에서 눈여겨볼 대목은 클라리넷과 오케스트라의 관계 변화다. 1악장에서는 긴장과 탐색의 관계였다면, 3악장에서는 상호 존중과 협력의 관계가 된다. 클라리넷은 더 이상 오케스트라에 압도당하지 않고, 오케스트라도 클라리넷을 억압하지 않는다. 이는 하이데거가 말한 "공동존재(Mitsein)"의 이상적 실현이다. 개인의 고유성을 잃지 않으면서도 타인과 조화롭게 공존하는 것.론도의 마지막 부분에서 클라리넷이 보여주는 화려한 피날레는 존재에 대한 최종적 긍정이다. 모든 의심과 불안을 뛰어넘어 "살아있음 그 자체"를 찬양하는 축제다. 하지만 이는 맹목적 낙관주의가 아니라 깊은 성찰을 거쳐 도달한 성숙한 긍정이다. 2악장의 명상적 깊이를 경험한 후에 나오는 기쁨이기 때문에 더욱 진실되고 감동적이다.

이 협주곡의 헌정을 받은 안톤 슈타들러는 모차르트에게 단순한 연주자 이상의 의미를 갖고 있었다. 슈타들러는 클라리넷이라는 악기의 가능성을 모차르트에게 보여준 사람이었다. 그는 기존 클라리넷의 한계를 뛰어넘어 더 넓은 음역과 더 다양한 표현을 추구했다. 바셋 클라리넷이라는 새로운 악기를 개발한 것도 그런 노력의 결과였다.

모차르트와 슈타들러의 관계는 하이데거가 말한 "본래적 공동존재"의 사례로 볼 수 있다. 단순히 음악적 협력을 넘어서 서로의 예술적 가능성을 확장시켜주는 관계였다. 모차르트는 슈타들러의 연주를 통해 클라리넷의 진정한 목소리를 발견했고, 슈타들러는 모차르트의 음악을 통해 자신의 악기를 철학적 차원으로 끌어올렸다. 이는 진정한 만남이 어떻게 개인의 존재를 풍부하게 만드는지를 보여주는 완벽한 사례다.

주목할 것은 모차르트가 이 협주곡을 슈타들러의 특별한 악기인 바셋 클라리넷을 위해 작곡했다는 사실이다. 이는 단순한 배려가 아니라 존재론적 인정이었다. 모차르트는 슈타들러의 고유한 음악적 정체성을 인정하고 그것을 작품 속에 온전히 담고자 했다. 결과적으로 이 협주곡은 모차르트의 작품이면서 동시에 슈타들러의 예술적 비전이 구현된 작품이 되었다.

오늘날 대부분의 연주에서는 표준 A클라리넷을 사용하지만, 점점 더 많은 연주자들이 바셋 클라리넷[1]으로 연주하려고 시도하고 있다. 이는 단순한 고증주의가 아니라 작품의 진정한 의도를 구현하려는 노력이다. 바셋 클라리넷의 확장된 저음역은 단순히 더 많은 음정을 제공하는 것이 아니라 인간 목소리의 더 깊은 층위에 도달할 수 있게 해준다.

21세기 디지털 시대에 모차르트의 클라리넷 협주곡은 새로운 의미를 획득한다. 온라인 소통이 주류가 된 시대에 우리는 점점 더 "목소리 없는 소통"에 익숙해지고 있다. 텍스트 메시지, 이모지, 인스타그램 스토리 등은 모두 직접적인 목소리 없이 이루어지는 소통이다. 이런 상황에서 클라리넷의 목소리는 우리가 잃어버린 것이 무엇인지를 일깨워준다.

클라리넷이 보여주는 "호흡하는 소통"은 현대인에게 특별한 의

---

[1] 바셋 클라리넷은 일반 클라리넷보다 저음역이 더 확장된 특수한 클라리넷으로, 주로 고전 음악, 특히 모차르트 음악에서 중요한 역할을 하며 특별한 음역과 음색을 제공

미를 갖는다. 연주자의 숨결이 직접 음악이 되는 이 악기는 소통에서 가장 중요한 것이 기술이나 정보가 아니라 생명력 자체라는 것을 보여준다. 아무리 완벽한 디지털 기술로도 클라리넷 연주자의 실제 호흡이 만들어내는 미묘한 뉘앙스는 재현할 수 없다. 이는 인간 간의 진정한 소통에서 가장 중요한 요소가 무엇인지를 상징적으로 보여준다.

또한 협주곡이라는 형식 자체가 현대적 의미를 갖는다. 독주자와 오케스트라의 관계는 개인과 사회의 관계에 대한 은유로 읽힐 수 있다. 클라리넷이 오케스트라와 경쟁하지도, 완전히 동화되지도 않으면서 자신만의 목소리를 유지하는 방식은 현대 사회에서 개인이 추구해야 할 삶의 태도를 보여준다.

집단의 압력에 굴복하지도, 무모한 개인주의에 빠지지도 않으면서 건강한 개성을 발휘하는 것. 소셜미디어 시대의 "가짜 목소리" 문제도 이 협주곡의 관점에서 해석할 수 있다. 많은 사람들이 진짜 자신의 목소리가 아니라 타인이 듣고 싶어하는 목소리, 알고리즘이 추천하는 목소리를 내고 있다.

하지만 클라리넷 협주곡의 클라리넷처럼 진정한 소통은 자신의 고유한 "호흡"에서 시작되어야 한다. 남들이 정해놓은 틀에 자신을 맞추는 것이 아니라 자신의 존재 조건에서 출발해서 세상과 만나는 것.

클라리넷 협주곡 K.622를 연주하는 것은 연주자에게 특별한 실존적 도전을 제기한다. 이 작품은 단순히 기술적으로 완벽하게 연주하는 것만으로는 충분하지 않다. 연주자는 자신의 존재 전체를 음악에 투입해야 한다. 특히 2악장에서 요구되는 긴 호흡과 내면적 집중은 연주자로 하여금 자신의 생명력과 직접 대면하게 만든다.

위대한 클라리넷 연주자들이 이 협주곡에서 보여주는 해석의 차이는 바로 이런 실존적 차이에서 나온다. 칼 라이스터(Karl Leister)의 연주는 독일적 깊이와 철학적 성찰을 보여주고, 리처드 스톨츠먼(Richard Stoltzman)의 연주는 미국적 자유로움과 개방성을 드러낸다. 사비네 마이어(Sabine Meyer)의 연주는 여성적 섬세함과 강인함을 동시에 보여준다. 같은 악보지만 연주자의 존재 조건에 따라 완전히 다른 음악이 된다.

이는 하이데거가 말한 "해석학적 순환" 개념과 연결된다. 우리는 이미 우리가 누구인지에 대한 선이해를 갖고 텍스트(이 경우 악보)에 접근한다. 그 선이해가 해석을 결정하고, 해석은 다시 우리의 자기이해를 변화시킨다. 클라리넷 연주자들이 이 협주곡을 연주하면서 자신만의 해석을 찾아가는 과정은 바로 이런 해석학적 순환의 실제적 구현이다.

특히 바셋 클라리넷으로 연주하려는 현대 연주자들의 시도는 의미 깊다. 이들은 단순히 역사적 고증을 추구하는 것이 아니라 모차르트와 슈타들러가 꿈꾸었던 원래의 "목소리"를 복원하려고 한다. 이는 하이데거가 말한 "본래성으로의 회귀" 시도로 볼 수 있다. 전통과 관습에 의해 가려진 진정한 의미를 되찾으려는 노력이다.

클라리넷 협주곡에서 소리만큼 중요한 것이 침묵이다. 특히

1악장과 3악장의 카덴차에서 오케스트라가 완전히 침묵하는 순간들은 하이데거가 말한 '진정한 침묵(Schweigen)'의 음악적 구현이다.

이 침묵은 공허함이 아니라 무한한 가능성을 품은 공간이며, 클라리넷의 독백이 더욱 깊이 있게 울려 퍼질 수 있게 하는 배경이 된다. 침묵은 단순한 소리의 부재가 아니라 더 깊은 소리를 위한 준비다. 클라리넷의 독백이 빛날 수 있는 것은 그 배경에 오케스트라의 적극적 침묵이 있기 때문이다.

모차르트 가족 사진

2악장에서도 선율과 선율 사이의 여백들이 특별한 의미를 갖는다. 클라리넷이 프레이즈를 마치고 다음 프레이즈를 시작하기까지의 짧은 침묵 순간들에서 청중들은 방금 들은 선율의 의미를 내면화한다. 이런 여백들이 없다면 아무리 아름다운 선율도 단순한 소음의 연속이 될 것이다.

이는 현대 사회의 소음 과잉 문제에 대한 통찰을 제공한다. 우리는 끊임없는 정보와 자극에 노출되어 있지만 정작 진정한 소통은 줄어들고 있다. 클라리넷 협주곡이 보여주는 것처럼 의미 있는 소통을 위해서는 적절한 침묵과 여백이 필요하다. 말하기만큼 듣기가 중요하고, 표현하기만큼 수용하기가 중요하다.

일본의 간(間) 개념이나 중국의 허(虛) 사상과도 연결되는 이런 여백의 철학은 서양 음악에서는 모차르트에 이르러서야 완전히 성숙했다. 바로크 시대의 음악이 모든 공간을 소리로 채우려 했다면, 고전주의 시대의 모차르트는 비움의 미학을 완성했다. 클라리넷 협주곡에서 이런 비움의 미학은 절정에 달한다. 가장 적은 것으로 가장 많은 것을 표현하는 경지다.

1791년 가을, 이 협주곡을 작곡할 당시 모차르트는 자신의 죽음이 가까웠음을 어느 정도 예감하고 있었을 것이다. 〈레퀴엠〉 작업과 병행하여 진행된 이 협주곡 작업은 그래서 더욱 깊은 의미를 갖는다. 죽음을 앞둔 인간이 어떻게 존재를 긍정할 수 있는가? 하이데거는 "죽음으로의 존재(Sein-zum-Tode)"를 현존재의 근본 조건으로 보았다. 죽음의 가능성을 인식할 때 비로소 진정한 삶이 시작된다는 통찰이다.

클라리넷 협주곡은 바로 이런 "죽음 앞에서의 존재 긍정"을 음악으로 형상화한다. 2악장의 명상적 깊이는 유한성에 대한 성찰이지만, 동시에 그 유한성을 뛰어넘는 아름다움에 대한 증언이다. 모차르트는 자신에게 남은 시간이 얼마 없다는 것을 알면서도, 아니 바로 그렇기 때문에 더욱 순수하고 진실한 음악을 만들어냈다.

3악장의 기쁨은 이런 맥락에서 더욱 의미 깊다. 이는 현실 도피적 낙관주의가 아니라 모든 것을 알면서도 여전히 삶을 긍정하는 성숙한 지혜다. 니체가 후에 말한 "운명 사랑(amor fati)"의 예고편 같다. 자신에게 주어진 조건들을 있는 그대로 받아들이면서도 그 안에서 최대한의 아름다움을 창조하는 태도.

이 협주곡이 오늘날까지도 많은 사람들에게 위로를 주는 이유는 바로 이런 성숙한 존재 긍정 때문일 것이다. 우리 모두가 유한한 존재라는 조건 하에서 어떻게 의미 있는 삶을 살 수 있는지에 대한 음악적 대답이다. 클라리넷의 목소리는 결국 우리 모두의 목소리다. 제한된 조건 하에서도 아름다움을 창조할 수 있는 인간 존재의 가능성을 노래하는 목소리.

모차르트의 클라리넷 협주곡 K.622가 제시하는 가장 중요한 교훈은 누구나 "존재의 목소리"를 가질 수 있다는 것이다. 클라리넷이라는 특별한 악기를 연주할 수 있는 사람만이 아니라, 살아있는 모든 인간이 자신만의 고유한 목소리를 갖고 있다는 것이다. 중요한 것은 그 목소리를 발견하고 키워나가는 것이다.

하이데거가 말한 현존재의 근본 조건들 - 세계-내-존재, 공동존재, 죽음으로의 존재 - 은 모두 이 협주곡 속에서 음악적으로 구현된다. 우리는 혼자 존재하는 것이 아니라 세상과의 관계 속에서 존재하고(1악장), 타인과의 만남을 통해 자신을 발견하며(슈타들러와의 우정), 유한성을 인식함으로써 진정한 가치를 깨닫는다(모차르트의 임종 직전 상황).

현대를 사는 우리에게 이 협주곡은 다음과 같은 실존적 지침을 제공한다. 첫째, 자신만의 고유한 "호흡"을 찾아라. 남들이 정해놓은 틀에 맞추려 하지 말고 자신의 존재 조건에서 출발해서 세상과 만나라. 둘째, 침묵과 여백의 가치를 인정하라. 끊임없이 말하려 하지 말고 때로는 듣고 수용하는 시간을 가져라. 셋째, 제약 조건을 창조의 기회로 활용하라. 클라리넷이 제한된 음역이라는 제약 속에서 무한한 표현을 만들어내듯이, 우리도 주어진 조건 속에서 최대한의 가능성을 실현할 수 있다.

모차르트의 클라리넷 협주곡은 결국 "어떻게 진정한 목소리를 가질 것인가"에 대한 답이다. 그 답은 기술적 완벽함이나 외적 성공에 있지 않다. 자신의 존재 전체를 걸고 진실하게 표현하려는 의지에 있다. 클라리넷의 목소리가 우리에게 감동을 주는 이유는 그 속에 연주자의 생명력이 온전히 담겨 있기 때문이다. 우리도 각자의 무대에서 그런 진실한 목소리를 낼 수 있을 때, 비로소 "존재의 목소리"를 갖게 되는 것이다.

클라리넷이라는 목관악기가 모차르트의 손을 거쳐 철학적 성찰의 매체가 된 것처럼, 우리의 일상적 목소리도 깊은 성찰과 진실한 의지를 거쳐 존재의 목소리로 변화할 수 있다. 이것이야말로 하이데거가 추구한 "본래적 존재"의 실현이고, 모차르트가 음악을 통해 보여준 인간 존재의 궁극적 가능성이다.

3. 릴케의 『두이노 비가』
《누가 천사들의 위계 앞에서 외치겠는가》

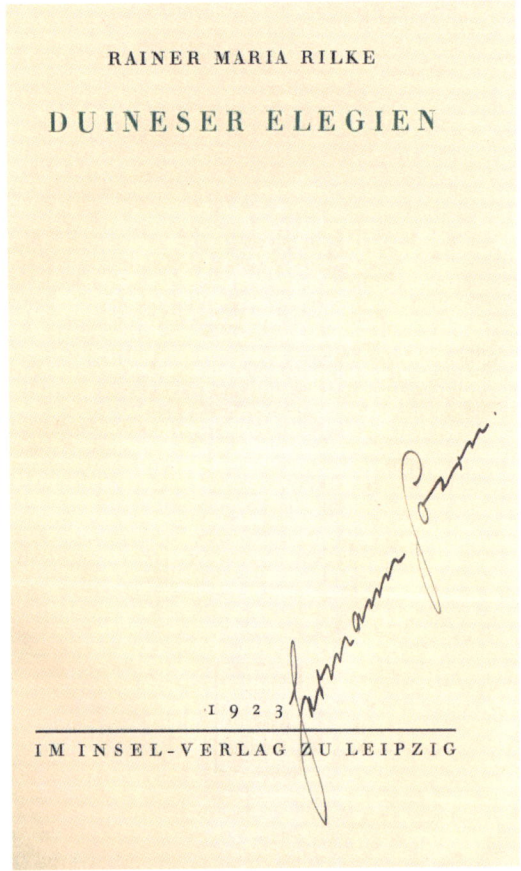

라이너 마리아 릴케의 『두이노 비가』

어떤 밤에는 창밖을 바라보며 문득 우주의 광대함 앞에서 자신의 작음을 느낄 때가 있다. 그 순간 가슴 깊은 곳에서 올라오는 목소리가 있다면, 그것은 라이너 마리아 릴케(Rainer Maria Rilke, 1875-1926)가 『두이노 비가』(Duineser Elegien, 1912-1922)에서 포착하려 했던 바로 그 목소리일 것이다.

"누가 천사들의 위계 앞에서 외치겠는가? 천사 하나라도 나를 가슴에 안으면 나는 그의 더 강한 현존 앞에서 소멸해버릴 것이다" 첫 번째 비가의 이 구절은 단순한 시적 수사가 아니라 인간 존재가 세계 안에서 울리는 목소리의 근본적 조건에 대한 성찰이다. 케에게 천사는 기독교적 의미의 수호 천사가 아니다. 그들은 완전한 존재, 절대적 아름다움, 그리고 인간이 도달하고 싶어하지만 결코 도달할 수 없는 완성의 상징이다. 현대를 살아가는 우리에게도 이런 '천사들'이 있다. 어린 시절 꿈꾸었던 완벽한 자신의 모습, 이루고 싶었던 이상, 사랑했지만 잃어버린 사람들.

이런 완전성 앞에서 우리는 압도당할 수밖에 없다. 하지만 릴케가 발견한 것은 바로 이 압도당함 속에서도 계속 목소리를 내는 인간의 용기였다. 완전하지 않기 때문에, 부족하기 때문에, 유한하기 때문에 더욱 간절하게 부르는 목소리가 있다는 것이다. 19세기 말과 20세기 초, 유럽은 급격한 변화를 겪고 있었다. 과학 기술의 발달과 산업화는 전통적 세계관을 뒤흔들었고, 두 차례의 세계대전은 인간성에 대한 믿음마저 흔들어 놓았다. 신들이 떠나간 시대, 형이상학적 근거가 사라진 시대에 홀로 서서 노래하는 시인. 이런 시대에 릴케는 "아름다운 것이란 우리가 간신히 견딜 수 있는 무서운 것의 시작일 뿐이다"라고 노래했다. 진정한 아름다움은 편안한 것이 아니라 우리를 안전한 일상에서 끌어내어 존재의 극한으로 이끄는 위험한 힘이라는 것이다.

이런 통찰은 우리의 일상적 경험과도 깊이 연결된다. 정말 깊은 감동을 받을 때를 떠올려보자. 아름다운 음악을 듣거나, 숨막히는 풍경을 마주하거나, 진정한 사랑을 경험할 때, 우리는 기쁨과 동시에 어떤 두려움을 느낀다. 이 아름다운 순간이 영원하지 않을 것이라는 두려움, 이 순간을 감당하기에 자신이 너무 작다는 두려움. 릴케는 바로 이 순간을 포착했다. 목소리를 낸다는 것은 이런 아름다운 위험 속으로 자신을 던지는 용기 있는 행위다.

릴케가 『두이노 비가』를 구상한 곳은 아드리아 해가 내려다보이는 두이노 성이었다. 1912년 겨울, 마리 폰 투른 운트 탁시스 공주의 초대로 이곳에 머물던 릴케는 바람이 몰아치는 절벽을 걸으며 첫 번째 비가의 영감을 얻었다. 그는 훗날 이 순간을 "목소리가 나에게로 날아왔다"고 표현했다. 마치 자신이 노래를 부른 것이 아니라 노래가 자신을 통해 불려진 것처럼 느꼈다는 것이다. 이는 진정한 시가 시인이 만드는 것이 아니라 시인을 통해 스스로를 드러내는 것임을 보여준다

아드리아 해의 거센 바람과 파도 소리 속에서 릴케가 들은 것은 단순한 자연의 소리가 아니었다. 그것은 존재 자체의 목소리였다.

『두이노 비가』 전체를 관통하는 주제 중 하나는 바로 이런 "들음"의 문제다. 현대인은 너무 많은 소음에 둘러싸여 살아가면서 정작 중요한 것들을 듣지 못한다.

릴케는 이런 상황에서 진정한 들음의 가능성을 탐구했다. "우리는 듣는 자들이다. 우리가 듣는 것은 바람이 아니라 바람 속의 침묵이다." 진정한 목소리는 소음 속이 아니라 침묵 속에서 태어난다. 릴케의 독특한 공간 철학도 목소리의 이해에 중요하다. "우리 안에 있는 것, 그것이 진정한 세계 공간이다. 새들이 날아다니는 것은 우리의 깊은 내부를 가로지르는 것이다." 이는 서구 철학을 지배해온 주객 이분법에 대한 근본적 도전이다.

외부 세계와 내부 세계의 경계가 해체되는 지점에서 새로운 종류의 목소리가 가능해진다. 목소리는 단순히 내부에서 외부로 나가는 것이 아니라, 내부와 외부가 만나는 경계에서 발생하는 현상이다.

오르페우스 신화는 릴케 후기 사상의 핵심이다. 『오르페우스에게 바치는 소네트』(Sonette an Orpheus, 1922)[1]에서 그는 "노래는 존재다. 신에게 그것은 쉬운 일이다"라고 썼다. 하지만 인간에게 노래는 결코 쉬운 일이 아니다. 오르페우스는 노래의 힘으로 죽음의 세계까지 내려가 에우리디케를 되찾으려 했던 시인이다.

비록 뒤돌아보는 실수로 에우리디케를 다시 잃었지만, 그의 노래는 돌과 나무, 심지어 죽음까지도 감동시킬 수 있는 힘을 가졌다.

---

1 『오르페우스에게 바치는 소네트』(Sonette an Orpheus, 1922) 릴케의 시집이다. 오르페우스 신화를 통해 가시적 세계와 불가시적 세계를 잇는 예술가의 역할을 노래한다.

릴케에게 시인은 바로 이런 오르페우스적 존재다. 가시적 세계와 불가시적 세계 사이의 중재자, 삶과 죽음을 아우르는 노래를 부르는 자.

우리 시대의 오르페우스들을 생각해보자. 레오나르드 코헨(Leonard Cohen)이 "할렐루야"에서 "사랑은 승리하는 행진곡이 아니라, 차갑고 부서진 할렐루야다"라고 노래할 때, 밥 딜런(Bob Dylan)이 "바람만이 답을 안다"고 읊조릴 때, 그들은 현대적 의미의 오르페우스가 된다. 완전한 해답을 제시하는 것이 아니라 질문을 더 깊게 만드는 목소리들. 릴케적 관점에서 보면, 진정한 예술가는 답을 주는 사람이 아니라 더 중요한 질문을 발견하게 해주는 사람이다.

릴케의 후기 철학에서 가장 중요한 개념 중 하나는 변화(Verwandlung)다. "우리는 벌들이다. 우리는 끝없이 모은다. 보이지 않는 꿀의 황금을." 인간의 임무는 가시적인 것을 불가시적인 것으로 변화시키는 것이다. 사물들이 기계화되고 소외되어가는 현대 세계에서, 우리는 그것들을 내면으로 받아들여 새로운 의미로 변화시켜야 한다.

목소리는 바로 이런 변화의 가장 직접적인 매개체다. 구체적인 경험들이 목소리를 통해 보편적 의미로 승화된다. 이는 우리 일상에서도 경험할 수 있는 일이다. 깊은 슬픔이나 기쁨을 경험할 때, 우리는 그것을 누군가에게 말하고 싶어한다. 그런데 막상 말로 표현하려고 하면 어떤 단어도 그 감정의 깊이를 다 담아내지 못한다는 것을 깨닫는다. 바로 그 순간 릴케가 말한 "변화"가 일어난다. 말할 수 없는 경험이 말하려는 노력을 통해 새로운 의미로 변화한다. 완전히 전달되지는 않지만, 그 전달하려는 시도 자체가 경험을 변화시키고 심화시킨다.

9번째 비가에서 릴케는 이런 변화의 과정을 구체적으로 묘사한다. "아마도 우리가 여기 있는 것은, 말하기 위해서 집, 다리, 분수, 문, 항아리, 과일나무, 창문을, 최대한 말하기 위해서, 사물들 자신도 그토록 내밀하게는 의도하지 않았던 것을." 사물들은 스스로 말할 수 없기 때문에 인간이 대신 말해주어야 한다. 하지만 이는 단순한 설명이나 묘사가 아니다. 사물들의 본질, 그들의 숨겨진 의미를 발견하고 표현하는 것이다. 어린 시절 다니던 집 앞의 느티나무, 손때 묻은 찻잔, 할머니가 써주시던 일기장, 이런 평범한 사물들도 깊이 들여다보면 각각 고유한 이야기를 가지고 있다.

"찬미(Rühmung)"는 릴케 후기 시에서 가장 중요한 주제다. "찬미하는 것, 그것이다! 찬미하도록 부름 받은 자로서, 그는 폭풍처럼 왔다." 하지만 이 찬미는 맹목적 낙관주의가 아니다. 상실과 고통을 온전히 경험한 후에야 가능한 성숙한 긍정이다.

릴케는 자신의 삶에서 수많은 어려움을 겪었다. 불안정한 가정환경, 경제적 곤란, 연인들과의 이별, 사회적 고립. 하지만 이런 고통스러운 경험들이 오히려 더 깊은 찬미를 가능하게 했다. 10번째 비가에서 그는 "슬픔의 나라"를 그리지만, 그 슬픔의 나라조차 궁극적으로는 찬미의 대상이 된다. 현대 정신분석학의 관점에서 보면, 릴케의 이런 태도는 "승화(sublimation)"의 완벽한 사례다. 예술가는 개인적 고통을 보편적 아름다움으로 변화시키는 능력을 가진 존재다. 릴케의 경우 이런 승화가 특히 철저하게 이루어졌다. 그의 개인적 상처들이 인류 전체의 상처를 위로하는 목소리로 변화되었다.

구스타프 말러(Gustav Mahler)의 교향곡들에서도 이런 릴케적 감수성을 발견할 수 있다. 특히 대지의 노래(Das Lied von der Erde, 1908)[1]에서 말러가 그려내는 것은 바로 유한성과 무한성의 변증법이다. "Die liebe Erde allüberall blüht auf im Lenz und grünt aufs neu!(사랑스러운 대지는 어디서나 봄에 꽃피고 다시 푸르러진다!)" 죽음 앞에서도 계속되는 생명의 노래, 개별적 존재의 소멸과 보편적 생명의 영속성을 표현한다. 또한 말러의 음악은 릴케의 시와 같은 시대정신을 공유한다. 19세기적 확신이 무너진 자리에서 새로운 형태의 긍정을 찾으려는 노력이 그것이다. 클로드 드뷔시(Claude Debussy)의 〈펠레아스와 멜리장드〉(Pelléas et Mélisande, 1902)[2]도 릴케적 미학과 깊은 친화성을 갖는다. 이 오페라에서 가장 아름다운 순간들은 말이 멈춘 순간들이다. 펠레아스와 멜리장드가 우물가에서 만나는 장면, 창가에서 멜리장드의 머리카락이 내려오는 장면. 음악이 언어가 도달하지 못하는 감정의 영역을 드러낸다. 드뷔시의 인상주의적 화성과 릴케의 상징주의적 언어는 모두 직접적 표현보다는 암시와 여백을 통해 더 깊은 진실에 다가가려 한다.

---

1 대지의 노래(Das Lied von der Erde, 1908) 구스타프 말러의 교향곡이다. 죽음 앞에서도 계속되는 생명의 노래를 통해 유한성과 무한성의 변증법을 그린다.

2 〈펠레아스와 멜리장드〉(Pelléas et Mélisande, 1902) 클로드 드뷔시의 오페라로, 말이 멈춘 순간 음악이 언어가 도달하지 못하는 감정의 영역을 드러낸다.

라이너 마리아 릴케(Rainer Maria Rilke)

릴케에게 죽음은 삶의 반대가 아니라 삶의 다른 면이다. "죽음은 우리가 등을 돌리고 있는 삶의 면이다" 이런 죽음관은 목소리의 이해에도 중요한 영향을 미친다. 진정한 목소리는 죽음의 가능성을 품고 있는 목소리다.

언제든 침묵으로 돌아갈 수 있다는 것을 알기 때문에 더욱 소중하고 절실하다. 현대인들이 죽음을 터부시하고 회피하려 하는 것과 달리, 릴케는 죽음을 삶의 완성으로 받아들였다. "죽음에 대한 준비가 삶에 대한 준비다"라는 그의 말은 목소리에도 적용된다. 침묵에 대한 준비가 진정한 목소리에 대한 준비다. 결국 릴케의 『두이노 비가』가 우리에게 가르쳐주는 것은 목소리의 용기다. 완전하지 않기 때문에, 모든 답을 갖고 있지 않기 때문에, 언제든 실패할 수 있기 때문에 더욱 용기 있게 목소리를 내는 것. "누가 천사들의 위계 앞에서 외치겠는가?"라는 질문에 대한 릴케의 답은 "바로 우리가"이다.

완전한 존재 앞에서 압도당할 수밖에 없는 불완전한 존재들이지만, 바로 그렇기 때문에 더욱 간절하고 진실한 목소리를 낼 수 있다는 것이다. 이것이 인간 존재의 역설이자 특권이며, 우리가 계속해서 노래해야 하는 이유다.

4. 바흐의 무반주 첼로 모음곡
《의지의 순수한 목소리》

요한 제바스티안 바흐(Johann Sebastian Bach)

요한 제바스티안 바흐(Johann Sebastian Bach, 1685-1750)의 무반주 첼로 모음곡(BWV 1007-1012) 앞에 선 연주자는 독특한 실존적 상황에 놓인다. 오케스트라도, 피아노 반주도 없이 첼로 하나만으로 완전한 음악적 세계를 만들어내야 한다.

이는 아르투르 쇼펜하우어(Arthur Schopenhauer, 1788-1860)가 『의지와 표상으로서의 세계』(Die Welt als Wille und Vorstellung, 1818)[1]에서 제시한 음악 철학의 가장 순수한 실현이다. 쇼펜하우어에게 음악은 다른 예술과 달리 현상계를 모방하지 않고 의지 자체를 직접 표현하는 유일한 예술이다. 바흐의 무반주 첼로 모음곡은 바로 이런 "의지의 순수한 목소리"가 어떤 것인지를 보여준다.

쇼펜하우어의 철학에서 세계는 두 가지 측면을 갖는다. 하나는 "표상으로서의 세계"이고, 다른 하나는 "의지로서의 세계"다. 표상의 세계는 우리가 일상적으로 경험하는 현상계로, 시간과 공간, 인과율의 지배를 받는다. 반면 의지의 세계는 이런 형식들을 초월한 근본적 실재다. 대부분의 예술은 표상의 세계를 다루지만, 음악만은 의지를 직접 드러낸다. "음악은 의지의 모사, 즉 의지 자체의 모상이다" 이는 음악이 다른 예술보다 더 직접적이고 강력한 감동을 주는 이유를 설명한다.

바흐가 이 작품들을 작곡한 것은 1717년에서 1723년 사이, 바흐가 종교음악에서 잠시 벗어나 순수한 기악음악에 몰두했던 시기로

---

1 『의지와 표상으로서의 세계』(Die Welt als Wille und Vorstellung, 1818) 아르투어 쇼펜하우어의 철학적 주저다. 세계의 본질을 맹목적이고 비합리적인 '의지'로 본다.

쾨텐 궁정에서 카펠마이스터[1]로 재직하던 때다. 이 시기의 바흐는 . 무반주 첼로 모음곡, 무반주 바이올린 소나타와 파르티타, 평균율 클라비어곡집 1권 등이 모두 이 시기의 산물이다.

쇼펜하우어적 관점에서 보면, 이는 바흐가 개념이나 종교적 내용에 의존하지 않고 순수한 의지의 표현을 추구했던 시기로 해석할 수 있다. 무반주라는 것은 단순히 반주가 없다는 뜻이 아니다. 그것은 어떤 외적 지지나 설명 없이 오로지 자기 자신의 내적 필연성에만 의존한다는 뜻이다. 쇼펜하우어가 말하는 "순수한 인식 주체"가 되는 것과 같다.일상적 욕망과 이해관계에서 벗어나 오직 미적 관조에만 몰입하는 상태 말이다. 첼로 하나가 만들어내는 음향적 우주는 바로 이런 순수한 의지의 자기 표현이다.

각 모음곡은 프렐류드[2], 알르망드, 쿠랑트, 사라방드[3], 미뉴에트(또는 부레, 가보트), 지그의 6악장으로 구성되어 있다. 이는 바로크 시대의 표준적인 춤곡 모음곡 형식이다. 하지만 바흐는 이런 관습적 형식을 단순히 따르지 않고 자신만의 독창적 내용으로 채웠다. 쇼펜하우어의 용어로 말하면, 형식은 "표상"의 영역에 속하지만 그 안에 담긴 음악적 내용은 "의지"의 직접적 발현이다. 알르망드의 우아함, 쿠

---

1 카펠마이스터(Kapellmeister) 악장, 즉 궁정이나 교회의 음악 감독을 의미한다. 바흐는 1717년에서 1723년까지 쾨텐 궁정에서 이 직책으로 재직했다.

2 프렐류드(Prelude) 바로크 시대 춤곡 모음곡의 첫 악장을 의미한다. 바흐의 무반주 첼로 모음곡은 프렐류드로 시작하여 의지의 맹목적 충동이 명료한 형태로 조직되어가는 과정을 보여준다.

3 사라방드 악장(Sarabande) 바흐의 무반주 첼로 모음곡 중 느린 템포의 악장으로, 음과 음 사이의 침묵을 통해 의지가 스스로를 성찰하는 순간을 표현한다.

랑트의 역동성, 사라방드의 깊이, 지그의 활기는 각각 의지의 다른 양상들을 보여준다. 1번 G장조 모음곡의 프렐류드는 바흐적 시간감각의 비밀을 보여준다. 끊임없이 이어지는 16분음표들이지만, 그 속에는 미묘한 리듬의 변화와 화성의 진행이 숨어있다. 단순해 보이는 아르페지오 속에 복잡한 대위법적 사고가 내재되어 있다.

쇼펜하우어적 관점에서 보면, 이는 의지의 맹목적 충동이 점차 명료한 형태로 조직되어가는 과정을 보여준다. 처음에는 무차별적으로 흘러가던 음들이 점차 의미 있는 선율선과 화성적 구조를 형성한다.

이 프렐류드를 연주할 때 첼리스트는 특별한 경험을 한다. 기계적으로 음표를 연주하는 것이 아니라 음악의 흐름 자체가 되어야 한다. 쇼펜하우어가 말한 "의지의 객관화" 과정이 바로 이것이다. 연주자의 개인적 의식이 사라지고 순수한 음악적 의지만 남는 상태. 각 음표는 그 자체로 의미가 있으면서 동시에 전체 흐름의 일부가 된다. 이런 유기적 통일성이 바흐 음악의 가장 큰 매력이다.

현대의 연주자들이 1번 프렐류드에서 보여주는 해석의 차이는 바로 이런 의지의 객관화 정도에 따라 결정된다. 파블로 카잘스(Pablo Casals)의 연주는 낭만적 감정이 강하게 드러나는 반면, 피에르 푸르니에(Pierre Fournier)는 더 객관적이고 구조적인 접근을 보여준다. 하지만 어떤 해석이든 성공적이려면 연주자가 자신의 주관적 의도를 넘어서 음악 자체의 의지에 몸을 맡겨야 한다. 3번 C장조 모음곡의 프렐류드는 또 다른 접근을 보여준다. 여기서 바흐는 첼로의 전 음역을 활용하여 거대한 음향적 공간을 창조한다. 낮은 음역에서 시작하여 점차 높은 음역으로 올라가는 과정에서 첼로 한 대가 마치 오케스트라처럼 들린다.

쇼펜하우어가 말하는 "의지의 계층"이 여기서 구현된다. 낮은 음은 의지의 가장 원초적 형태를, 높은 음은 의지의 세련된 발현을 보여준다. 이는 바흐의 뛰어난 음향적 상상력을 보여주는 동시에, 제한된 수단으로 무한한 가능성을 창조하는 예술가적 의지를 드러낸다. 그는 의지가 끊임없이 자기를 객관화하려 한다고 말했다.

바흐는 첼로라는 하나의 악기를 통해 이런 의지의 전면적 자기 전개를 실현했다. 악기의 물리적 한계는 제약이 아니라 오히려 의지가 자신을 더 순수하게 드러내는 조건이 된다. 6번 D장조 모음곡은 특별한 의미를 갖는다. 이 곡은 5현 첼로를 위해 쓰여진 작품으로, 현재의 4현 첼로로는 연주하기 어렵다. 하지만 바로 이런 기술적 한계가 연주자들에게 더 큰 창조적 자유를 준다. 불가능을 가능하게 만드는 과정에서 새로운 음악이 탄생한다.

이는 쇼펜하우어가 말한 "천재의 직관"과 연결된다. 천재는 주어진 조건을 그대로 받아들이지 않고 그것을 초월하는 새로운 가능성을 발견한다. 바흐의 사라방드 악장들에서 우리는 쇼펜하우어 미학의 핵심을 만난다. 느린 템포 속에서 각 음은 충분한 울림의 시간을 갖는다. 음과 음 사이의 침묵이 긴장을 만들고, 그 긴장이 해소되는 순간 깊은 감동이 일어난다.

5번 c단조 모음곡의 사라방드는 이런 침묵의 힘을 가장 극명하게 보여주는 작품이다. 여기서 바흐는 최소한의 음표로 최대한의 표현을 이끌어낸다. 각 음표가 마치 눈물방울처럼 무겁고 소중하다. 쇼펜하우어에게 침묵은 단순한 무음이 아니다. 그것은 의지가 스스로를 성찰하는 순간이다. "의지는 스스로를 인식할 때 자신의 본질을 깨닫는다"는 그의 말처럼, 침묵 속에서 음악은 자신이 무엇인지를 성찰한다.

바흐의 사라방드에서 각 음표 사이의 여백은 이런 자기 성찰의 공간이다. 연주자는 이 침묵을 두려워하지 않고 오히려 그 안에서 더 깊은 의미를 찾아야 한다. 특히 사라방드는 춤곡이면서도 춤출 수 없는 음악이다. 원래 스페인에서 온 격정적인 춤이었지만, 바흐의 손에서는 내성적이고 명상적인 음악으로 변화했다. 이는 쇼펜하우어가 말한 "의지의 부정"과 연결된다. 원초적인 충동이 예술적 형식을 통해 승화되면서 더 높은 차원의 미적 경험을 만들어낸다. 몸의 욕망이 정신의 관조로 전환되는 과정이다.

쇼펜하우어는 "개성화의 원리(principium individuationis)"[1]라는 개념을 제시했다. 시간과 공간이 하나의 의지를 수많은 개별적 현상으로 나누는 원리다. 하지만 미적 경험에서는 이런 개성화의 원리가 일시적으로 해체된다. 연주자와 악기, 음악과 청중 사이의 경계가 사라지고 순수한 의지만 남는다. 바흐의 무반주 첼로 모음곡을 연주하거나 감상할 때 일어나는 것이 바로 이런 경험이다.

---

1 개성화의 원리(principium individuationis)" 쇼펜하우어의 개념으로, 시간과 공간이 하나의 의지를 수많은 개별적인 존재들로 나누는 원리이다.

아르투어 쇼펜하우어(Arthur Schopenhauer)

현대의 위대한 첼리스트들이 보여주는 해석의 차이는 이런 개성화 원리의 해체 정도에 따라 결정된다. 요요 마(Yo-Yo Ma)는 동양적 명상성을 통해 자아의 경계를 해체하려 하고, 미샤 마이스키(Mischa Maisky)는 강렬한 감정의 몰입을 통해 개별성을 초월하려 한다.

야노스 슈타커(János Starker)는 완벽한 기법을 통해 기교적 자아를 소거하려 한다. 방법은 다르지만 모두 "의지의 순수한 목소리"에 도달하려는 시도들이다. 21세기에 바흐의 무반주 첼로 모음곡이 여전히 우리를 감동시키는 이유는 무엇일까? 쇼펜하우어는 의지가 시간을 초월한 영원한 실재라고 말했다. 따라서 의지를 직접 표현하는 음악도 시대를 초월한 보편성을 갖는다. 바흐의 음악이 300년이 지난 지금도 새롭게 느껴지는 것은 그것이 유행이나 스타일을 넘어선 순수한 의지의 표현이기 때문이다.

동시에 각 시대는 자신만의 방식으로 이 의지를 해석한다. 카잘스의 20세기 초 낭만적 해석, 푸르니에의 중반기 고전적 해석, 요요 마의 후반기 세계주의적 해석은 모두 같은 바흐 음악에서 나왔지만 시대정신을 반영한다. 이는 쇼펜하우어가 말한 "의지의 무한한 해석 가능성"을 보여준다. 하나의 의지가 무수한 현상으로 객관화되듯이, 하나의 음악 작품도 무수한 해석으로 실현된다.

현대의 원전연주 운동도 이런 맥락에서 이해할 수 있다. 바로크 시대의 악기와 연주법을 복원하려는 시도는 단순한 고증이 아니라 의지의 원초적 형태를 회복하려는 노력이다. 안드레아스 슈타이어나 아넨 빌스마 같은 연주자들이 추구하는 것은 역사적 정확성이 아니라 역사적 순수성이다. 후대에 덧붙여진 해석의 층들을 벗겨내고 바흐 음악의 본래 의지에 더 가까이 다가가려는 것이다.

유튜브나 스포티파이 같은 플랫폼에서 우리는 수백 가지 버전의 바흐 무반주 첼로 모음곡을 들을 수 있다. 각각의 연주는 서로 다른 의지의 객관화다. 청중은 이제 수동적 감상자가 아니라 능동적 선택자가 된다. 어떤 해석을 선택할지, 어떤 순서로 들을지, 언제 멈출지 모든 것이 개인의 자유다. 이는 쇼펜하우어가 예견하지 못했던 새로운 미적 경험이다.

더 흥미로운 것은 개인이 자신만의 플레이리스트를 만들어 바흐의 여러 악장들을 재조합하는 현상이다. 원래의 모음곡 순서를 따르지 않고 개인적 취향이나 기분에 따라 새로운 음악적 여정을 만들어낸다. 이는 일종의 "의지의 민주화"라고 할 수 있다. 작곡가나 연주자만이 아니라 청중도 음악적 의지의 공동 창조자가 되는 것이다.

이런 자유로운 선택이 항상 깊은 미적 경험으로 이어지지는 않는다. 쇼펜하우어가 강조했듯이, 진정한 미적 관조를 위해서는 일상적 욕망과 산만함에서 벗어나야 한다. 스마트폰으로 음악을 들으면서 동시에 메시지를 확인하거나 다른 작업을 하는 것은 쇼펜하우어적 의미의 미적 경험과는 거리가 멀다. 진정한 "무반주 체험"을 위해서는 여전히 집중과 몰입이 필요하다.

바흐의 무반주 첼로 모음곡은 연주자에게 근본적인 딜레마를 제기한다. 완벽한 기교를 추구할 것인가, 아니면 깊은 표현을 추구할 것인가? 쇼펜하우어적 관점에서 보면 이는 잘못된 이분법이다.

진정한 예술에서 기교와 표현은 분리될 수 없다. 기교는 의지가 자신을 객관화하는 수단이고, 표현은 그 객관화된 의지가 다시 주관에게 전달되는 과정이다. 문제는 기교가 그 자체로 목적이 되거나, 표현이 자의적 감정 발산으로 흘러갈 때 발생한다. 쇼펜하우어가 말하는 "천재"는 이 두 극단을 피하고 의지의 순수한 객관화를 실현하는 능력을 가진 사람이다. 바흐의 무반주 첼로 모음곡을 연주하는 것은 바로 이런 천재적 직관을 시험하는 과정이다.

현대의 첼리스트들은 이런 딜레마를 각자의 방식으로 해결한다. 어떤 연주자는 완벽한 음정과 리듬을 통해 음악의 객관적 구조를 드러내려 하고, 어떤 연주자는 개인적 감정의 진솔한 표현을 통해 의지의 주관적 체험을 전달하려 한다.

진정으로 감동적인 연주는 이 둘이 완벽하게 통합될 때 나온다. 기교가 표현을 위해 봉사하고, 표현이 기교를 통해 실현되는 순간이다. 쇼펜하우어에게 음악은 의지의 직접적 표현이지만, 동시에 의지로부터의 해방이기도 하다. 미적 관조에 몰입할 때 우리는 일시적으로 의지의 맹목적 충동에서 벗어난다. 바흐의 무반주 첼로 모음곡에서 이런 역설이 가장 명확하게 드러난다. 첼로의 소리는 의지의 표현이지만, 그 소리에 완전히 몰입할 때 우리는 개별적 의지를 잊고 순수한 인식 주체가 된다.

특히 주목할 것은 바흐 음악에서 침묵의 역할이다. 각 악장 사이의 정적, 프레이즈 사이의 호흡, 음표 사이의 여백. 이 모든 침묵들이 음악을 살아있게 만든다. 쇼펜하우어적 관점에서 침묵은 의지가 스스로를 성찰하는 순간이다. 맹목적 충동에서 잠시 벗어나 자신이 무엇인지를 묻는 시간이다.

현대 사회의 끊임없는 소음과 자극 속에서 바흐의 침묵은 더욱 소중해진다. 진정한 침묵은 단순한 무음이 아니라 소리의 가능성을 품고 있는 침묵이다. 침묵 속에는 아직 태어나지 않은 음악들이 기다리고 있다. 바흐의 무반주 첼로 모음곡은 이런 창조적 침묵에서 태어난다. 침묵이 깊을수록 소리도 깊어진다. 말하지 않을 수 있는 능력이 있어야 진정한 말하기가 가능하다.

쇼펜하우어의 바흐 해석이 현대를 사는 우리에게 주는 교훈은 무엇일까?

첫째, 진정한 창조는 외적 조건에 의존하지 않는다는 것이다. 바흐는 첼로 하나만으로도 완전한 음악적 우주를 만들어냈다. 현대인들이 흔히 빠지는 "조건이 갖춰지면 시작하겠다"는 생각은 창조적 의지의 본질을 오해한 것이다. 의지는 주어진 조건을 초월하여 새로운 가능성을 창조하는 힘이다.

둘째, 개성과 보편성은 대립하지 않는다는 것이다. 바흐의 음악이 지극히 개인적이면서도 동시에 보편적인 감동을 주는 것은 그가 개별적 의지를 통해 보편적 의지에 도달했기 때문이다. 현대 사회에서 개성과 사회성, 자아실현과 공동체 의식 사이의 갈등은 잘못된 이분법에서 나온다. 진정한 개성은 보편성과 만날 때 완성된다.

셋째, 완벽함은 완결된 상태가 아니라 지속적인 과정이라는 것이다. 바흐의 무반주 첼로 모음곡은 완벽한 작품이지만 동시에 영원히 완성되지 않는 작품이기도 하다. 매번 연주할 때마다, 들을 때마다 새로운 해석이 가능하다. 이는 쇼펜하우어가 말한 의지의 무한성을 보여준다. 의지는 결코 최종적으로 만족하지 않으며, 바로 그렇기 때문에 끊임없는 창조가 가능하다.

바흐의 무반주 첼로 모음곡은 단순한 연주곡이 아니라 의지에 대한 철학적 명상이다. 그것은 인간이 홀로 서서도 완전할 수 있음을 보여주는 동시에, 진정한 완전성은 타자와의 만남 속에서만 실현됨을 암시한다. 첼로라는 하나의 악기를 통해 바흐는 의지의 무한한 가능성을 보여주었다.

우리도 각자의 "무반주" 상황에서 자신만의 완전한 선율을 만들어낼 수 있을 것이다. 중요한 것은 외적 지지가 아니라 내적 필연성이며, 그 필연성은 의지의 순수한 목소리에서 나온다.

미샤 마이스키(Mischa Maisky)

CHAPTER 04

베르디의 〈일 트로바토레〉

친족 살해 로맨스

이방인은 우리 안에 있다.

- 율리아 크리스테바

베르디의 〈일 트로바토레〉

1. 베르디 VS 안토니오 가르시아 구티에레스

　베르디는 〈루이자 밀러〉가 대성공을 거둔 후, 1850년으로 해가 바뀌자 베르디는 살바토레 캄마라노(Salvadore Cammarano)에게 다음 계획, 곧 스페인의 시인 안토니오 가르시아 구티에레스[1]의 희곡 〈엘 트로바도르(El Trovador)〉에 관해서 편지를 보내고 있다. 그 후 재차 오페라화를 생각한 『리어 왕』에 대해서 캄마라노와 의견이 대립되어 사이가 나빠지는 바람에 베르디는 베네치아의 라 페니체 극장과 신작의 계약을 맺고 말았다. 이것이 원작인 『환락의 왕』을 피아베가 각색한 〈리골렛토〉로 1851년 3월에 초연되었다.
　〈리골레토〉의 3회 공연을 지휘한 후 부세토로 돌아와서 신작 오페라 〈트로바토레〉의 창작에 전념한다. 베르디는 완성도 있는 〈일 트로바토레〉 원작의 감동을 오페라로 전하기 위하여 캄마라노와 작품에 관해서 편지를 교환되게 되었다. 4월에는 최초의 대본이 베르

---

[1] 안토니오 가르시아 구티에레스(Antonio García Gutiérrez) 스페인의 시인으로, 그의 희곡 〈엘 트로바도르〉를 베르디가 오페라 〈일 트로바토레〉의 원작으로 삼았다.

디에게 보내졌는데, 이것을 읽은 베르디는 "이 연극이 지닌 신기하고 기괴한 내용을 모두 충분히 오페라로 처리할 수 없다면 단념하는 것이 좋겠습니다"라고 답장을 보냈다.

베르디 자신도 과연 이 드라마를 만족할 만한 오페라로 변형시킬 수 있을지 의문을 가지고 있었던 것이다. 이 대본이 완성되기 전 7월에 캄마라노는 대본을 미완으로 남겨놓고 세상을 떠나고 말았다. 그래서 베르디의 나폴리에 있는 친구 체사레 데상티스의 소개로 캄마라노의 젊은 친구, 레오네 에마누엘레 바르다레(Leone Emanuele Bardare)에게 대본을 완성토록 위촉하였다.

그는 베르디를 위해서 일을 할 수 있게 된 것을 크게 기뻐하고, 캄마라노가 남긴 메모를 기초로 나머지 부분을 완성하였다. 그러나 이 곡은 처음 예정보다 늦어져 1852년 12월에 완성되었다. 베르디는 1851년 6월 어머니의 죽음 앞에서 죄책감에 사로잡혀 있었다.

그로부터 얼마 지나지 않아 1852년 5월 아버지 카를로 베르디도 죽음의 문턱을 수차례 넘나들었다. 그리고 1852년 7월 〈일 트로바토레〉의 대본 작가 캄마라노도 대본을 미완으로 남긴 채 죽었기 때문이다. 〈일 트로바토레〉는 언뜻 보기에는 구태적이면서 낡고, 근대성을 반영하지 않은 단순한 작곡으로 보이기 쉽지만, 베르디는 음악적으로 상당히 고심한 끝에 쓴 작품이다.

전작 〈리골레토〉는 베르디가 시도한 새로운 양식의 첫 지표가 되는 작품이다. 베르디는 기존의 틀에 맞춰진 '닫힌 형식(Forma

Chiusa)'[1] 아리아와 노래 전후에 연주되는 소악장, 오로지 반주만을 위해 존재하는 오케스트라 등 낭만주의 오페라의 한계를 극복하려 했다. 이전 오페라는 레치타티보(recitativo)와 아리아가 반복되며 단조롭게 나열된 소곡 모음으로 이루어진 것들이 대부분이었다.

아리아 하나가 화려하게 끝나면 관객들은 박수를 치고 다음 진행으로 넘어가는 형태였다. 게다가 기악 부분의 악장이 점점 중요해져 오케스트라를 자율적으로 활용하기 시작했다. 예를 들어 질다의 아리아 〈그리운 그 이름(Caro Nome)〉에 등장하는 플루트는 단지 성부 파트를 받쳐주기 위해 나올 뿐 아니라, 그 성부 파트를 아름답게 꾸미고 대화를 나누기 위한 것이다.

베르디는 아리아의 고전적 구조를 따르지 않았다. 극적인 필요성에 종속시켜 아리아의 끝부분이 마무리되기 전에 다음 음악으로 오버랩 되거나, 2중창을 부르는 중간부에 레치타티보가 나오기도 하며 다시 2중창 멜로디로 연결하기도 했다. 끝맺음과 시작이 분명하지 않게 '열린 형식(Forma Aperta)'[2]을 사용한 것이다.

따라서 관객은 박수 칠 틈을 놓치게 되고 극은 절정을 향해 물 흐르듯이 유연하게 진행될 수 있었다. 그리하여 〈리골레토〉는 역동적인 힘을 얻게 되었고, 그것은 4막의 경탄스러운 4중창 〈사랑스런 기쁨의 딸(Bella figlia dell'amore)〉에서 절정을 이룬다.

---

1 '닫힌 형식(Forma Chiusa)' 베르디가 극복하려 했던 낭만주의 오페라의 한계다. 아리아와 레치타티보가 반복되고, 아리아가 끝나면 관객이 박수를 치는 형태였다.

2 '열린 형식(Forma Aperta)' 베르디가 시도한 새로운 오페라 형식이다. 아리아와 다음 음악이 오버랩되거나, 중간에 레치타티보가 나오는 등 극의 흐름이 끊기지 않고 유연하게 진행된다.

〈일 트로바토레〉 잘츠부르크 페스티벌, 2014

이 4중창은 드라마나 희곡에는 음악의 구절과 같은 형식들이 존재할 수 없고, 이러한 사실은 긴 설명이 필요하지 않다. 특히 19세기 이탈리아 오페라의 음악극들 중에는 수많은 3·4·5·6중창들이 점차 사라져간다. 이 과정에서 등장인물 네 명이 서로의 상반된 의식과 각기 다른 관점을 하나의 구조 속에서 보란 듯이 펼쳐 보인다.

공작과 막달레나, 질다와 리골레토의 노래로 표현된 마음 상태는 사랑 놀음과 무분별함, 고통, 보복의 문체들을 감싸고 있는 하나의 총합체로 다시 연결된다는 점에서 가히 경이롭다. 다시 말하면 당시로서는 현대적인 기법을 사용하여 큰 성공을 이룬 바 있다. 베르디는 이 〈일 트로바토레〉 작품을 통해서 그의 독특한 음악적 성격이라 할 격렬성, 극적인 간결성을 표현하는 데 성공했다. 또한 레치타티보-카바티나-카발레타의 형식을 서슴없이 사용해 그의 작곡 초기 형식으로 되돌아간 모습을 보인다.

극의 구성 또한 4막으로 구성되어 있다. 부제가 달린 막 마다 두 장으로 나뉘어져 있는 누가 보더라도 예스러운 오페라 형식으로 답답함마저 느끼게 한다. 그러나 호화 배역으로 베르디 자신이 지휘봉을 들은 초연은 대성공으로 끝나, 베르디는 로마에서 후견인인자 친구인 클라리나 마페이에게 갈채를 받았다고 편지를 보냈다.

일반적인 견해로는 성공적인 공연이었으나, 전작들과 같이 혁명적이고 신선한 무언가를 기대했던 아카데믹한 콧대 높은 비평가들의 한숨도 터져 나왔다. "벨 칸토를 잘 다루지 못하고", "성악가들의 목소리를 망치며", "저속하다"고 평가했다. 아이러니하게도 저

속하다고 평가받는 이 오페라가 베르디 (가족극 오페라) 오페라 삼부작 〈리골레토〉, 〈일 트로바토레〉, 〈트라비아타〉 중 가장 인기를 누렸다.

로마 아폴로 극장 초연 당시 테베레강이 범람하는 악천후 속에서도 매진사례를 이어갔다. 이탈리아반도를 들썩거리기에 충분하였고 빈, 파리, 런던, 상트페테르부르크에서도 성황리에 공연되었다. 더 나아가 세계의 오페라 관객을 매료시킨 이 작품으로 베르디는 자신의 건재함을 보여주었다.

물론 베르디가 성악의 스타일을 변화시키려는 작업을 진행했음은 사실이었다. 그의 작품에서는 고통의 흐느낌. 분노의 절규 광란하는 환희가 음악의 조직 안에 배어 있었다. 그리하여 테너에게는 고음에서 특별한 꿋꿋함이 요구되었다.

초기의 오페라부터 싹터왔던 바리톤은 베르디라는 공식은 〈리골레토〉와 함께 완성의 경지에 이르렀다. 한편 대본에 대해서는 지금까지 줄거리가 복잡하고 현실적이 아니다, 조잡하다 등 비난을 받아왔지만, 오페라의 대본으로서 이만큼 뛰어난 대본도 많지 않다. 캄마라노의 시는 동 시대의 피아베의 시와 비교해서 어휘가 풍부하고, 일상에 사용하지 않은 고어의 예스러운 표현도 많다. 그리하여 번역할 때는 피아베의 번역보다 무척 힘들지만, 이 캄마라노의 독특한 시가 스페인의 어두운 중세의 분위기를 잘 표현하고 있고 또 그 시 귀가 베르디의 풍부하고 화려한 음악을 창조해 내고 있는 것이다.

또 장면의 설정도 훌륭하여 4막에 나오는 "미제레레의 장면" 등은 전체 이탈리아 오페라 중에서 가장 아름다운 장면의 하나로 손꼽

히고 있다. 또 이야기의 줄거리도 〈아이다〉같이 전혀 비현실적인 것에 비교한다면, 중세의 스페인에서는 있을 법한 이야기로, 결코 비현실적이라고는 말 수 없다.

〈일 트로바토레〉 잘츠부르크 페스티벌, 2014

　이 오페라 다음에 단숨에 씌어 진 〈춘희〉는 음악적으로는 이 〈일 트로바토레〉와는 형제의 곡이라고 할 수 있고, 이 두 곡을 작곡한 뒤 베르디는 이러한 레치타티보-카바티나-카발레타 방식의 고전 벨 칸토 오페라 세리아는 쓰지 않고 그랜드 오페라로 그 방향을 전환한다. 이 오페라는 네 명의 가수가 있기에 존재할 수 있다.
　테너(만리코), 소프라노(레오노라), 메조소프라노(아추체나), 그리고 바리톤(루나 백작)이 차례로 부르는 아리아들이 이 오페라의 시작과 끝 전부라고 말 할 수 있다. 벨칸토 오페라의 최고봉인 도니제티의 〈루치아 디 람메르무어〉의 대본 작가인 살바토레 캄마라노와 베르디의 협업으로 탄생한 베르디 벨칸토 오페라의 정점을 찍는다.

2. 사랑의 이상화
《궁정 풍 사랑》

레오노라 역의 안나 네트렙코

기사 계급의 사랑인 '연가(戀歌)'의 등장과 발전

일 트로바토레 우리말로 번역한다면 음유시인이라 할 수 있다, 중세 프랑스는 전염병과 기근, 마녀들의 화형, 온갖 부류의 이단자들의 추방과 전쟁으로 약탈과 방화로 안전을 느낄 수 있는 상태가 아니었다. 하지만 그와 동시에 현대문명이 유럽에 자리 잡기 시작하였다. 소도시가 생성되었고, 농기구들의 개량으로 농업이 크게 발달했고, 상인들의 활동도 두드러졌다. 그 시대에는 위대한 영성이 깃들어 있었다. 이러한 분위기에서 이른비 기사도(騎士道, Chivalry)[1]가 탄생하게 된다.

기사도는 전쟁과 교회에 공동의 적을 내세워 양측을 중재하기 위해 생겨났다. "교회로 하여금 전사들을 너그럽게 용서하게 하고, 전사들에게는 영적으로 안정된 상태에서 그들의 목적을 달성하게 할 도덕적인 구실이 필요했다" 그들은 주군을 섬기는 기사가 되어 진리, 선, 경건함 그리고 교회를 위해 싸웠다. 기사는 고해성사를 통해 신성한 서약을 했다. 그러고 나면 이제 그는 거룩한 대의명분을 위해 살육을 마음대로 저지를 수 있었다

이 시대 사랑에 대한 개념은 비 그리스도 사상가와 그리스도 사상가들의 저술에 바탕을 두고 있다. 그리고 그리스와 로마의 책들이 일부 번역되었는데, 플라톤의 저작(著作)이 가장 인기가 많았다. 플라톤이 육신의 즐거움을 불신(육신의 욕정을 승화시키고)하고 정신적인 것

---

[1] 기사도(騎士道, Chivalry) 중세 유럽에서 기사의 윤리적, 도덕적 행동 규범을 의미한다. 전쟁과 교회 사이에 중재 역할을 하며 생겨났다.

을 추구하는 것이 그리스도교의 교리와 일맥상통하였기 때문이다.

한편 베르길리우스의 서사시 『아이네이스(Aeneis)』[1](아이네아스의 노래라는 뜻)에서 아이네아스에게 버림받은 뒤 격정에 휩쓸려 자살한 디도를 통해서 사랑이란 이성을 잃은 열정이며, 사랑에는 더없는 기쁨과 위험천만한 것이라 배우게 된다. 그들에게 사랑은 고통이며, 돌림병 같은 재앙인 것이다.

그런데 이후 프랑스인들이 궁정 풍 연애라는 이상을 만들어 사랑의 행로를 바꾸게 되는 이변이 일어난다. 중세 유럽에서 봉건제후의 궁정을 찾아다니며 스스로 지은 시를 낭송하던 시인으로 먼저 숭배하는 여인을 칭송하는 새로운 시가를 창조한 남프랑스 음유시인 트루바두르(Troubadour)들이다.

아키텐(현재의 보르도) 공국의 공작 기욤 9세(기욤 다키텐Guillaume d'Aquitaine 1071~1127)는 중세 시대 남프랑스에 살았던 사람으로 12세기 초반 음유시인으로서 최초의 연가(戀歌)를 지은 인물이다.

기욤은 프로방스지방의 뒷골목 언어로 연가를 지었기에 친밀감과 통속적인 현실감이 담겨 있었고, 특히 사랑하는 귀부인 '돔나(Domna)'[2]를 노래했다. 기욤 9세의 초기 시 몇 편은 사실 역겨울 정도로 여성 혐오 성향을 드러낸다.

여자는 남자의 만족을 위해 길들여져야 하는 존재로 그려진다.

---

1 『아이네이스(Aeneis)』 베르길리우스의 서사시로, 아이네아스에게 버림받은 디도의 이야기를 통해 사랑이 이성을 잃은 열정이며 위험한 것이라는 교훈을 준다.
2 '돔나(Domna)' 남프랑스 음유시인들이 노래했던 사랑하는 귀부인을 의미한다. 음유시인 기욤 9세는 이 돔나를 칭송하는 연가를 처음 지었다.

그러나 다른 시들에서 그는 사랑하는 여인에게 복종하고 봉사하는 새로운 사랑의 이상도 그렸다. 이처럼 새로운 사랑의 이상과 연애 사건은 단골 주제가 되어 '러브스토리'가 유럽 문학에 처음으로 등장하게 되었고 유럽 전역으로 퍼져나갔다.

기욤 9세는 1127년 세상을 뜨기 전 프랑스에서 가장 강력한 귀족이었다. 그는 프랑스 왕보다 땅을 더 많이 소유했으며, 이웃 공국을 탐욕스럽게 침략한 전사였다. 또한 성지 회복을 위해 1101년 십자군을 이끌고 전쟁에 나섰지만 결국 실패한 지도자였다. 동시에 그는 바람둥이이기도 했다. 그에게는 모든 여성이 사냥감이었다. 이웃 공국의 땅을 빼앗듯 자신의 봉신(封臣)의 부인인 샤텔로 자작부인을 납치해왔다. 당연히 기욤 9세는 교회로부터 파문당했다. 이러한 남자가 훗날 서양에 꽃 피게 될 낭만적 사랑의 시조(始祖)라니 참으로 모순적이다.

남프랑스의 음유시인들이 노래했던 주제를 북프랑스에서는 트루베르(trouvère)라 불리는 음유시인들이 명맥을 이어받았다. 하지만 그들의 음악은 동정녀 마리아 숭배에 전념했던 파리의 노트르담 학파의 영향을 많이 받았다. 12세기 말과 13세기에 만들어진 이런 음악을 듣다 보면 종교음악이나 세속음악이나 가사만 다를 뿐 상당히 비슷하다(그 당시 필사본들이 남아 있다).

북프랑스에서 사랑은 더욱 이상화되었고, 사랑하는 여인은 더욱 다가갈 수 없는 존재가 되었다. 북프랑스의 음유시인들은 사랑하는 여인에게 육체적 보상을 받으리라 기대하지 않았다. 남부의 음유시인과는 달리 북부의 음유시인은 사랑의 충족보다는 갈망을 강조했다. 그리하여 남성은 고통의 과정을 거쳐 사랑하는 여인의 애정을 받을 가치가 있는 사람으로 변모한다.

돈 키호테(Don Quixote)

사랑에 빠진 남성은 여인의 감정이 어떻든 복종해야 한다. 고대 프랑스어로 '빌랑(Vilains) 또는 빌랭(Vileins)'('악당'을 뜻하는 영어의 '빌런 Villain'으로 진화한)이라 불리는 이 훼방꾼들이 방해를 놓아도 사랑해야 한다. 이 새로운 시의 경향은 북으로 옮아가서 독일에도 파급되었다.

중세 독일 문학사에서 가장 의미 있는 시기를 "전성기 궁정 문학 시대"(대략 1190년~1220년)라고 부른다. 중세 독일 문학을 대표하는 걸작은 거의 다 이 시기에 나와 중세 문학의 황금기라고 부른다. 이 시기를 대표하는 서사시인 볼프람 폰 에셴바흐(Wolfram von Eschenbach 1170~1220)[1]와 서정시인 발터 폰 데어 포겔바이데(Walther von der Vogelweide)는 바그너의 〈탄호이저〉에서 등장인물로 직접 나온다. 이 궁정 문학을 이끈 사람들은 기사 계층이다. 그래서 궁정 문학을 "궁정 기사문학"[2]이라고도 불린다.

프랑스 음유시인인 트루바두르(Troubadour) 전통의 영향을 받아 기사 계급의 사랑인 민네(Minne)[3]를 예찬하는 '연가(戀歌)'가 생겨났고, 기사들은 손수 가사를 쓰고 작곡을 하고 노래를 불렀다. 또한 남방의 이탈리아에서는 '트로바토레(trovatore)'의 활약이 매우 컸으며, 기타 영국· 스페인 등의 근대 서정시의 발생에 끼친 영향도 적지 않다. 이 오페라의 배경이 되는 스페인이 된 이유도 이것이다.

---

1 볼프람 폰 에셴바흐(Wolfram von Eschenbach, 1170~1220) 중세 독일 문학을 대표하는 서사시인으로, 바그너의 오페라 〈탄호이저〉에 등장하는 인물이기도 하다.

2 "궁정 기사문학" 중세 독일 문학의 황금기(1190년~1220년)를 이끈 기사 계층의 문학을 가리킨다. 프랑스 음유시인의 영향을 받아 사랑을 예찬하는 연가를 창조했다.

3 민네(Minne) 프랑스 음유시인 트루바두르 전통의 영향을 받아 독일 기사 계급이 예찬한 사랑을 의미한다.

궁정 사랑에 대한 풍자는 세르반테스의 『돈키호테』에 잘 표현되어 있다. 기사 돈키호테의 사랑하는 여인은 "라만차의 텔 토보소 마을의 둘씨네아 공주"이다. 그는 이 세상에 태어난 뒤로 지금까지 둘씨네아를 본 적도, 그분의 궁전 안에 발을 들여놓은 적도 없다. 다만 그분이 아름답고 슬기로운 부인이라는 말을 듣고 오로지 그 평판만 듣고 사모하고 있는 것이다. 돈키호테는 힘이 세고 고함을 잘 지르는 못생긴 시골 처녀 둘씨네아를 공주라고 믿고 있다.

돈키호테의 둘씨네아에 대한 사랑은 절대적이었다. 그는 자신이 둘씨네아를 위해 태어났고, 둘씨네아를 위해 죽을 것이고, 영원한 사랑은 둘씨네아밖에 없다고 말한다. 어느 날 산초는 세 명의 시골 아낙들을 보고 돈키호테에게 둘씨네아 공주와 시녀들이라고 거짓말을 했다. 돈키호테는 공주가 마법에 걸려서 시골 처녀가 되었다고 생각한다. 이것은 중세 귀부인을 향한 이상적 사랑에 대한 세르반테스의 풍자이다.

궁정 사랑은 르네상스 시대가 등장하기 직전에 나타난 문화였다. 이것은 사랑이 개인감정의 발현이라는 것을 함축적으로 보여준다. 중세의 규범에 따라 과도한 관능미는 천박하게 인식되어 기피했지만, 계급 사회의 경계 내에서 개인의 욕망이 부분적으로 표출되었다. 전우애와 우정으로서 필리아[1]가 절제된 에로스로 변화하면서 좀 더 개인적인 사랑이 등장할 수 있는 여지가 제공되었다.

---

[1] 필리아(Philia) 고대 그리스에서 사용된 개념으로, 전우애나 우정 같은 사랑을 의미한다. 궁정 사랑은 이러한 필리아가 에로스로 변화하며 등장했다.

3. 천상의 사랑 VS 세속의 사랑

티치아노 베셀리오의 〈천상의 사랑과 세속의 사랑〉

대부분 서구의 사회학자들은 18세기로 접어들면서 사랑의 의미가 달라졌다고 말한다. 사랑의 의미변화는 열정적 사랑과 낭만적 사랑의 등장을 지칭한다. 고대 그리스에서 나타난 절대적 사랑은 중세에 접어들면서 이상적 사랑으로 변했고, 18세기 무렵 열정적 사랑이 등장했으며 곧바로 낭만적 사랑으로 확대되었다는 것이다. 일부 사회학자들은 열정이 종교적 헌신으로부터 시작된 것이라고 주장을 한다. 하나님에 대한 사랑이 개인에 대한 사랑으로 바뀌었다는 것이다.

이것은 열정을 종교적 관점에서만 본 것이다. 그러나 열정적 사랑이 사랑과 섹슈얼리티를 통합하는 것으로 본다면, 열정적 사랑이 18세기 무렵에 나타났다는 주장에 힘이 실린다. 그러나 사회적으로는 열정적 사랑이 받아들여지지 않았다. 그것이 개인 사이에 존재했다 하더라도 신분, 계급을 뛰어넘는 사회적 경향(傾向)이 되지는 못했다.

〈일 트로바토레〉 잘츠부르크 페스티벌, 2014

  18세기 중반부터 낭만적 사랑이 본격적으로 시작되면서 오늘날까지도 사랑은 낭만과 불가분의 관계를 맺고 있다. 낭만적 사랑은 '숭고한 사랑'과 '열정적 사랑'의 가치를 이어받았다. 숭고한 사랑은 종교적 이상으로부터 발전된 사랑이었다. 그러나 과거 종교적 가치가 갖는 숭고함은 쇠퇴했고, 문화 내에서 사랑하는 대상이 갖는 숭고함으로 바뀌었다. 열정적 사랑이 갖는 타오르는 사랑의 감정과 성적 욕망도 자연스럽게 낭만적 사랑 안으로 편입되었다.

낭만적 사랑에 빠진 사람은 오직 사랑한다는 이유 하나만으로도 자신의 결여(缺如)를 채울 수 있다고 믿는다. 낭만적 사랑은 이전 사랑의 방식들에서 보여지는 숭고한 사랑과 세속적 사랑, 참된 사랑과 거짓 사랑, 성적 사랑과 성적 욕망, 사랑과 우정의 구분을 무너뜨렸다.

티치아노 베셀리오의 〈천상의 사랑과 세속의 사랑〉[1] 은 전형적인 15~16세기 사랑의 경계를 보여준다. 티치아노의 온화한 색의 배합과 섬세한 터치로 표현된 이 작품은 전원적인 분위기 속에서 화려한 옷을 입은 여인과 나체의 여인이 고대 인물상이 조각된 석관 위에 앉아 있다. 두 여인의 사이에서 큐피드가 빈 관 속에 팔을 넣고 있다. 두 가지 사랑 사이의 간격(間隙)을 암시하는 것으로 보인다. 이 두 여인은 "신 플라톤적인 천상과 지상의 사랑을 각각 상징하며, 숭고한 사랑은 천상의 사랑이며, 세속적 사랑은 지상의 사랑이다"라고 말한다.

이것은 참된 사랑과 거짓 사랑 그리고 진정한 사랑과 성적 욕망에 대한 구분이기도 하다. 화려한 옷을 입은 여인은 감추어야 할 것이 많은 허영과 세속적 사랑을 은유한다. 여인 옆에 놓인 보석이 담긴 꽃병은 '세속에서의 짧은 행복'을 상징한다. 반대로 하나님의 창조물 그대로인 벌거벗은 여인은 신성한 모습으로 표현되었다. 오른쪽 여인이 들고 있는 검은 향로는 '천상에서의 영원한 행복'을 상징한다.

이 향로는 천상으로 향하는 매개체이다. 18세기가 되어서 붙여

---

1 〈천상의 사랑과 세속의 사랑〉 티치아노 베셀리오의 그림으로, 화려한 옷을 입은 여인과 벌거벗은 여인을 통해 신 플라톤적인 천상과 지상의 사랑을 상징적으로 보여준다.

진 제목으로 인해 고착된 이 부정적인 의미의 상반된 사랑이 아니라 상호 보완적인 사랑으로 균형을 나타낸 것은 아닌지.

낭만적 사랑은 사랑의 경계를 무너뜨렸다. 종교로부터 차용해 왔던 숭고함의 의미를 제거하면서, 세속적 사랑이 '신성화'되었다. 연인들은 낭만적 사랑을 숭배의 대상으로 삼았다. 연인들에게 성스러운 곳은 그들이 자주 가는 데이트 장소가 되었다. 스탕달의 『연애론』은 낭만적 사랑이 갖는 특징들을 잘 보여준다. 스탕달이 말하는 사랑의 발생의 핵심은 열정과 결정과정이다.

스탕달은 누군가에게 사랑을 느끼려면 마음속에서는 단계별로 일어나는 과정을 설명하였다. 첫 번째 단계는 상대방의 매력에 감탄이 터진다. 두 번째 단계는 '저 사람하고 키스하면 얼마나 좋을까! 저 사람이 갑자기 내게 키스를 해 온다면…' 하고 상상에 빠진다. 세 번째 단계는 희망이다. 마음은 저도 모르게 상대방이 얼마나 완벽하고 멋진 사람인지 살펴본다.

육체적 쾌락을 느끼기 위해 여자가 몸을 던져야 하는 것도 바로 이 순간이다. 아무리 정숙한 여자라도 희망을 품는 순간에는 눈이 번뜩인다. 네 번째 단계는 사랑의 탄생이다. 사랑한다는 것, 그것은 자기가 사랑하고 자기를 사랑해주는 이를, 되도록 가까이서 모든 감각을 통하여 보고 만지고 느끼는 데서 얻는 기쁨을 가지는 것이다.

다섯 번째 단계에 생기는 것이 바로 제1의 '결정 작용(結晶作用, cristallisation)'이다. 이는 자신의 연애 상대를 극도로 미화하는 것이다. 사랑하는 남자가 줄곧 생각난다면 당신은 다음과 같은 일이 일어나는 것을 알게 될 것이다. 겨울이 되어 잘츠부르크의 소금 광산 깊은 곳에 잎이 떨어진 나뭇가지를 던져 넣어두고 서너 달쯤 뒤에 꺼내보면 나뭇가지가 온통 반짝이는 소금 결정들로 뒤덮여 아름답게 빛난다.

소금 결정이 원래의 평범한 나뭇가지를 가려 다이아몬드 가지처럼 보이게 하는 것이다. 이처럼 내가 결정 작용이라 부르는 것은 눈앞에 상대가 어떤 모습을 보여주건, 어떤 행동을 하든지 상대를 아름답게 미화해서 보려는 정신적 작용을 가리킨다. 사랑은 우리가 의식적으로 선택하는 것이 아니라 알 수 없는 감정에 이끌리는 신비한 경험이라는 스탕달의 주장을 제시한다. 그에게 열정적 사랑은 운명적 만남에서 시작된다는 것이다. 열정은 서로 운명적 만남에서 시작된다는 것이다.

스탕달에게 열정은 욕망이 주는 (육체적, 정신적)쾌락과 관련되어 있다. 소크라테스와 마찬가지로 스탕달 역시 사랑의 아름다움에 대해 말하고 있지만, 스탕달이 생각하는 아름다움은 사랑을 통해서 즐거움을 얻는 능력이라는 점에서 감정의 문제가 중요하게 인식된다.

스탕달에게 열정은 상상과 육체의 즐거움을 주며, 타인을 지배하고 싶다는 끊임없는 갈증으로부터 시작된다. 스탕달의 사랑론은 18~19세에 걸쳐 나타나는 열정의 과잉, 이성의 신중함으로부터 떨어져 나온 감정의 힘, 사랑과 쾌락이 갖는 연계성 그리고 사랑은 각자의 고유한 세계 속에서 개인 안에 존재한다는 것을 밝히고 있다. 이것은 낭만적 사랑에 대한 19세기 프랑스의 분위기를 잘 보여준다.

4. 야만적, 정열적인 배역
《아주체나》

    소설이나 영화에는 "인 메디아스 레스(In Medias Res)"라는 기법이 있다. 라틴어로 "사건의 한 가운데서 "라는 뜻을 가진다. 사건의 도입부부터 서술을 시작하는 것이 아니라, 이야기의 극적인 사건부터 시작한 뒤에 나레이션과 회상 등의 형식으로 그 뒷이야기를 풀어나가는 방식을 말한다. 복잡하고 재미있는 부분에서 시작해서 이야기에 바로 추진력이 생긴다는 장점이 있다. 당장 일어난 일이 있고, 거기서 해야 할 것들이 명확하기 때문이다.

    베르디의 오페라 〈일 트로바토레〉는 바로 이 '인 메디아스 레스' 기법을 효과적으로 사용한다. 1막 1장 페란도의 아리아는 나레이션 형식으로 오래전에 일어난 사건의 전반을 설명하는 서막의 역할을 하고, 2막 2장 아주체나의 아리아는 그녀의 가슴 아픈 비밀을 드러내며 극의 이해도와 몰입도를 최고조로 높인다. 자칫 이 두 설명을 놓치면 왜 주인공들이 거의 모두 죽을 수밖에 없는지 이해할 수 없다.

엇갈린 운명의 시작

    1막에서 루나 백작의 부대장 페란도는 과거의 비극적 사건을 회상하며 들려준다. 지금의 루나 백작의 아버지는 선량한 사람으로

두 아들과 함께 행복하게 살고 있었다. 그런데 어느 날 밤, 보모가 둘째 아들의 침대 곁에서 잠을 자다가 아침에 일어나 보니 아기의 침대 곁에 누군가 서 있는 것을 발견하게 된다. 그것은 악마와 같은 생김새에 마녀와 같은 차림새를 한 집시 여자였다. 그녀는 무시무시한 눈을 하고 아기를 바라보고 있었고, 보모는 깜짝 놀라 도와달라고 소리를 지르며 방을 뛰쳐나왔다. 다른 하인들이 그 소리를 듣고 달려와서 무서운 소리를 지르며 반항하는 집시여인을 끌고 갔다.

그 집시는 그저 자신이 아기의 운명 점을 보기 위해서 그 자리에 있었던 것이라고 힝변했지만, 그것은 거짓말이었다. 그 후 아기는 서서히 병이 들어 밤에는 몸을 벌벌 떨고 낮에는 계속 울어대기만 했다. 아이는 마법에 걸렸던 것이다. 사람들은 그 후 마녀를 다시 잡아와 화형에 처했고, 집시는 자신의 저주받은 딸에게 복수를 부탁하고는 숨을 거두었다.

그런데 그 집시의 딸이 아주 끔찍한 짓을 저질렀다. 백작의 둘째 아기가 없어진 후 화형대의 잿더미에서 사람들은 아기의 반쯤 타다 남은 뼈를 발견했다. 백작은 그 후 아주 비통하게 살았지만, 몇몇 점쟁이들이 백작에게 당신 아들은 살아있다는 점괘를 내놓았다. 그래서 백작은 죽어가면서 지금의 루나 백작인 첫째 아들에게 동생을 계속 찾으라는 유언을 남겼다.

어머니의 이름으로: 아주체나의 고백

2막에서 집시 아주체나는 자신이 키운 아들 만리코에게 끔찍한 진실을 고백한다. 그들은 그녀의 어머니를 묶어 끌고 갔을 때, 아주체나는 자신의 아기를 안고 울면서 어머니를 따라갔다. 끝까지 어머니를 따라가려 했지만 아무 소용이 없는 일이었고, 어머니는 걸음을 멈추고 아주체나에게 기도를 부탁하려 했지만 그들은 어머니를 칼로 쿡쿡 찌르며 화형대로 끌고 갔다. 어머니는 찢어지는 듯한 목소리로 "복수해줘!(Mi vendica!)"라고 말했고, 그 목소리는 그녀의 영혼에 낙인처럼 새겨졌다.

아이가 울기 시작했을 때 아주체나는 가엾은 마음이 들었지만, 갑자기 아무런 생각이 들지 않았고 마치 꿈결처럼 느껴졌다. 그녀의 눈에 보이는 것이라곤 화형대와 살인자들뿐이었다. 그때 갑자기 어머니의 날카로운 비명이 "복수해 줘!"라는 잊지 못할 소리에 아주체나는 나도 모르게 백작 아기의 손을 잡고, 그 아기를 화형대에 밀어 넣었다.

모든 것이 화염에 둘러싸였고, 그들의 전리품도 사그라들었다. 그런데 아주체나가 정신을 차리고 자신의 옆을 보니 저주받을 백작의 아이가 그대로 서 있었다. 복수심에 사로잡힌 그녀는 원수인 백작의 아들을 훔쳐 어머니가 타죽은 불길 속에 던지려 했지만, 광기와 슬픔에 정신을 잃은 그녀는 실수로 자신의 친아들을 불 속에 던지고 원수의 아들을 키우게 된 것이다.

주세페 베르디(Giuseppe Verdi)

베르디의 〈일 트로바토레〉

효심과 모성애의 비극적 충돌

아주체나는 베르디 오페라에서 보기 드문 복합적 어머니 캐릭터다. 메조소프라노가 담당하는 이 역할은 단순한 모성이 아닌, 복수와 사랑이 뒤엉킨 비극적 존재를 보여준다. 그녀는 〈아들아, 내 아들아(Ai nostri monti)〉에서 모성적 사랑을, 〈화형대의 불길(Stride la vampa)〉에서는 복수심을 동시에 드러내며 인간 감정의 복잡성을 음악으로 형상화한다.

그녀는 딸이자 어머니다. 그녀는 극 중에서 '효심과 모성애'를 위한 집념과 집착이 충돌하고 만다. 루나 백작 앞에서는 마녀로 몰려 화형당한 어머니의 한으로 인한 변함없는 증오심을 가지며, 친아들 대신 키운 연약하고 소극적인 데려온 아들 만리코에 있어서 다른 어떤 등장인물도 가지지 않은 광대한 비극적 크기를 가지고 있다.

그의 성격 묘사에 대한 핵심은 베르디의 습관이기도 하다. 그것은 비인간적인 책임 부과와 반대의 운명에 의해서 잔혹해진 격렬성이다. 그러나 내적으로는 아주 연약하며 애정이 깊은 인간의 영혼이 그것이다. 어머니의 죽음과 함께 들려온 복수의 목소리에 이끌려 유아 살해를 시도하는데, 친아들을 원수의 자식으로 착각하여 화형대에 밀어 넣는 우를 범한다.

화형대 사건 이후 그녀는 평생 그 공포를 이기지 못하고 과거의 끔찍한 기억에 시달린다. 그녀는 항상 불꽃에 대한 집착을 보이며, 과거의 환영에 시달리는 등 극심한 정신적 고통을 겪는다. 대단원에서는 환상과 망상의 모습까지 보인다. 하지만 이러한 광기 어린 모습

속에서도 만리코를 향한 그녀의 사랑은 진심이다.

베르디가 선택한 진정한 프리마 돈나

베르디는 오페라의 제목을 놓고 카마라노와의 서신 교환으로 이 작품을 고르게 된다. 베르디가 매혹되어 선택한 캐릭터는 아주체나였다. 최종적으로 원작인 안토니오 가르시아 구티에레스의 『엘 트로바도르』를 그대로 사용하지만, 처음 베르디는 어릿광대의 부성애를 다룬 〈리골레토〉와 집시 여인의 모성애가 짝을 이루는 〈집시 여인〉을 제목으로 정하였다. 리골레토에 있어서는 중복 장애인 아버지와 익살 광대, 아주체나에 있어서는 복수의 화신인 어머니와 집시 여인이 동시에 공존하며 자식들에 대한 집착으로 갈등 구조를 일으킨다. 이들은 증오와 사랑, 빛과 어둠 속에서 첨예하게 대립한다.

아주체나는 친아들 대신 키운 아들 만리코를 진심으로 사랑했다. 2막 2장에서 아주체나는 "네 피는 나 자신의 피. 네가 흘리는 피는 모두 내 심장에서 흐르는 것"이라고 노래하며 어머니에 대한 효심과 아들에 대한 사랑이 크게 충돌한다. 결국 원수의 동생을 원수의 형의 손에 희생시킴으로써 복수를 완성한다. 이러한 모습은 다른 등장인물들을 더욱 작아 보이게 만들며, 모든 극의 중심축에 아주체나가 존재하게 한다.

전설적인 메조소프라노 마릴린 혼(Marilyn Horne)의 아주체나 연기에 대해, 저명한 음악 평론가 로돌포 첼레티(Rodolfo Celletti)는 그녀의 해석이 베르디의 의도를 완벽히 구현했다고 평했다. 그는 아주체나의 표현에 대해 이렇게 분석했다.

"베르디의 의도는 두 가지였다. 문체와 급격한 열정의 섬광을 전율로써 불러내며 그리고 아주체나의 대사에 꿈과 현실 사이에 있는 고통의 풍미를 주는 것이다. 분명히 고통은 이상하며 꿈 같은 음성의 탄식 속에서 아주 본래의 표현을 찾는다"

불꽃의 아리아와 비극적 완성

아주체나의 대표 아리아 〈Stride la vampa!(불꽃이 타오른다!)〉에서 그녀는 과거 어머니의 화형 장면을 회상하며 부른다. 불꽃이 타오르는 광경을 묘사하며 그 불꽃을 바라보는 사람들의 눈에 또 다른 불꽃이 피어난다고 노래한다. 기뻐 소리치는 비명들이 들리고, 살인자들은 여인을 불꽃 속으로 밀어 넣으며, 살인자들의 피를 부르는 얼굴 위로 악마의 기운이 보인다고 표현한다. 검은 옷을 입은 맨발의 여인은 화형대로 끌려오고, 죽어가는 여인의 비명 소리가 사방으로 울려 퍼지며, 살인자들의 얼굴에 떠오르는 잔인함을 노래한다.

베르디는 〈일 트로바토레〉의 진정한 프리마 돈나는 아주체나이고 아름답고, 극적이며, 독창적인 인물이라 표현했다. 그 정도로 베르디는 아주체나 역을 매우 중요하게 여겼으며, 훌륭한 아주체나를 위해서는 초연극장도 바꿔 계약할 수 있다는 열정까지 보였다.

결국 아주체나는 만리코가 그의 친형인 루나 백작의 손에 죽게 만듦으로써 어머니의 복수를 완성한다. 이 파국적인 복수를 통해 그녀는 다른 모든 등장인물을 압도하는 거대한 비극의 중심축으로 우뚝 서며, 〈일 트로바토레〉가 어떤 어머니에 대한 탐구이고, 유년기에 대한 탐구이며 그리고 혈통으로의 복귀는 친족 살인으로 끝을 맺는 깊은 성찰임을 증명한다.

루나 백작역의 필자, 라벨라오페라단

베르디의 〈일 트로바토레〉

〈일 트로바토레〉 등장인물

루나 백작 Conte di Luna, 바리톤
아라곤의 젊은 귀족으로 백작, 군대의 지휘관으로 만리코와 정치적인 정적이다. 레오노라를 사모하나 레오노라는 만리코를 선택한다. 만리코의 친형이다.

레오노라 Leonora, 소프라노
아라곤 공작부인의 젊은 시녀. 신분도 모르는 남자에게 사랑을 약속하고, 그의 죽음으로 수녀의 길로 떠나는 헌신적인 여성이다. 남자의 사형 소식을 듣자 필사적으로 구하려 목숨을 거는 여인이다.

만리코 Manrico, 테너
음유시인, 우르젤 공작 군대의 젊은 지휘관으로 아주체나의 아들이다.
어머니에 대한 의존증이 있다. 루나 백작의 친동생이다.

아주체나 Azucena, 메조소프라노
만리코를 양육한 집시 여인으로 아들을 이용해 복수를 하려고 하나, 불안정한 심리상태를 보인다. 불꽃에 대해 집착을 보이지만, 결국 복수를 완성한다.

기타 인물

페란도 Ferrando, 베이스
베이스 루나 백작의 종의 우두머리

이네스 Ines, 소프라노
소프라노 레오노라의 시녀

루이즈 Ruiz, 테너
만리코 군대의 장교

OPERA INFO

원작 안토니오 가르시아 크티에레스의 『엘 트로바도르(El Trovador)』
대본 살바토레 캄마라노, 캄마라노의 젊은 친구인 에마누엘 델 바르다레
초연 1853년 1월 19일 로마 아폴로 극장
시간과 장소 1409년 스페인의 비스케이 지방과 아라곤 지방, 내전 중

일러스트레이터 바이엄 쇼의 〈일 트로바토레〉

베르디의 〈일 트로바토레〉

〈일 트로바토레〉 줄거리

제 1 막(결투)

제 1 장

아리아 페리아성, 성문 앞 밤.

병사들이 성 밖에서 루나 백작의 귀성을 기다리고 있다. 페르란도가 위병들이 잠들지 않게 백작가에 전해지고 있는 이야기를 시작한다. 아리아 〈천한 집시 할머니가(Sull'orlo dei tetti)〉 옛날 선대의 백작에게는 두 아들이 있었는데 어느 날 작은 아들의 요람으로 이상한 집시 할머니가 다가와서 갓난아이를 무서운 눈초리로 쳐다보기에 쫓아 버렸는데 그날부터 작은아들 가르시아는 열이 오르고 쇠약해져서 시름시름 앓기 시작하였다.

백작은 그 할머니가 작은아들을 저주해서 죽이려고 했다고 생각하고 그 할머니를 붙잡아 불에 태워 죽였다. 그런데 나중에 보니 잿 속에서 갓난아기의 시체가 발견되고 작은 아드님의 요람은 비어 있었다. 사람들은 집시할머니의 저주를 두려워했는데 선대의 백작은 자기 아들이 죽었다고는 생각되지 않으므로 계속 찾아보라는 유언을 남기고 죽었다. 지금 배작은 그 유언을 지켜 지금도 동생의 행방을 찾고 있다.

여기까지 이야기했을 때 자정을 알리는 종이 울리고 모두 두려움에 떨면서 나간다.

제 2 장

성안의 정원, 밤.

시녀인 레오노라가 이네즈와 함께 정원에 있다. 레오노라는 누군가를 기다리고 있는 듯 정원을 서성거리고, 이네즈에게 알지도 못한 트로바토레를 사랑하게 된 경위를 이야기해 준다. 아리아 〈고요한 밤(Tacea la notte placida)〉를 부른다.

어전 시합 때 검은 갑옷에 검은 방패를 든 기사가 모든 명예를 독차지하고, 그는 레오노라에게 승리의 화관을 주었다. 그녀는 그 기사에게 마음이 끌렸지만 전쟁 때문에 두 번 다시 만나지 못하게 되었다. 그런데 어느 고요한 밤. 한 트로바토레의 노래 소리가 들려오는데 그 속에서 자기 이름을 여러 번 되풀이 부르고 있는 것을 알았다.

급히 발코니로 달려가 보니 그가 바로 사랑하는 그 기사였다고 이야기한다. 그러자 이네즈는 그 사랑에는 불길한 그림자가 있으니깐 그만 두시라고 충고하지만, 레오노라는 카발레타 속에서 "이 사랑은 말로 표현할 수 없네(Di tale amor, che dirsi)"를 크게 부르고 그녀의 충고에는 귀도 기울이지 않는다. 이야기가 끝나도 트로바토레의 목소리가 들리지 않기 때문에 그녀는 성 안으로 들어간다.

이어서 루나 백작이 나타나, 레오노라에게 사랑을 고백하려고 그녀의 방 쪽으로 가자 트로바토레의 노래가 들려온다. 그러자 성 안에서 레오노라가 달려 나와 어둠 속에 선 백작을 사랑하는 그이라고 잘못 생각하고 달려간다. 그때 진짜 트로바토레가 나타나 행실이 나쁘다고 그녀를 힐책한다. 그녀는 어두워서 사람을 잘 못 봤다고 사과한다.

백작은 그것을 보고 화가 나 질투에 붙타서 트로바토레에게 이름을 대라고 달려든다. 그가 만리코라고 이름을 대자 백작은 적 우르젤의 반역자가 대담하게도 성 안에까지 들어왔다고 외치고 레오노라가 말리는 것도 듣지 않고, 두 사람은 결투를 하러 뒷뜰로 나간다. 레오노라는 기절하여 쓰러진다.

제 2 막 (집시 여인)

제 1 장

비스카이아의 산 중, 새벽녘.

집시들은 일하러 나가면서 〈대장간의 합창〉으로 유명한 집시의 쾌활한 합창 "안빌 코러스"로 막이 오른다. 집시들은 대장간의 철판을 두두리면서 일을 하고 있다. 갑자기 아주체나가 일어나 옛날 집시 할머니가 화형당했을 때의 이야기를 노래로 부른다.

아리아 "불꽃은 타오르고" 모두 그 무서운 이야기를 듣고 조용해진다. 이어 날이 밝자 모두 힘차게 산을 내려 간다. 뒤에 남은 만리코가 아주체나에게 더 좀 자세하게 이야기해 달라고 부탁하자 그녀는 옛날 죄 없이 백작에게 화형당했던 어머니 이야기를 들려준다.

어머니는 그 억울함에 화형대 위에서 "복수를 해 달라"고 외친 말이 귀에서 떨어지지 않아 어머니의 복수를 하려고 백작의 어린이를 훔쳐서 불 속에 집어 던졌는데, 나중에 정신을 차려 보니 그것은 자기 아들이었다고 이야기한다. 만리코는 그러면 자기는 도대체 누구냐고 다그쳐 묻는다.

2중창 〈저는 당신의 아들이 아닙니까(Non son tuofiglio)〉 그녀는 그때 일을 생각하고 정신이 이상해져서 갈피를 못 잡는 말을 늘어놓는다. 그러면서도 너는 틀림없는 내 아들이라고 말한다. 그리고 아주체나는 만리코에게 왜 결투 때 루나를 살려주었느냐고 묻는다. 그는 결투 때의 상황을 이야기한다. 2중창 〈그는 격렬한 공격을 견디지 못하여(Mal reggendo all'aspro assalto)〉, "쓰러진 그를 향하여 최후의 일격을 가하려고 칼을 들었을 때 불가사의한 힘이 나를 말리고 죽여서는 안 된다는 소리가 하늘에서 들려왔다"고 이야기한다.

아주체나는 그 냉혹한 백작에게 인정은 필요 없다. 다음 기회에는 죽여 버리라고 강하게 말한다. 그때 전령이 부하 루이즈가 보낸 편지를 가지고 온다. 그것은 "결투에서 만리코가 죽었다고 생각한 레오노라가 오늘 밤 수녀가 되기 위해 수도원에 들어간다"고 적혀 있었다. 이 소식에 놀란 만리코는 어머니의 만류에도 말을 타고 산을 내려간다.

제 2 장

수도원의 뜰, 밤.

수녀원으로 들어가기로 한 레오노라를 납치하기 위해, 루나 백작이 기다리고 있다. 기다리던 백작은 그녀에 대한 사랑을 노래한다. 아리아 〈그대의 미소(Il balen del suo sorriso)〉를 부른다. 그는 하느님이라도 나에게서 그녀를 빼앗아 갈 수 없다고 카발레타 〈운명의 시간(Per me, ora fatale)〉을 노래하고 부하들과 함께 나무 그늘로 숨는다.

거기에 레오노라를 둘러싼 수녀의 일단이 나타난다. 백작이 그녀를 납치해 가려고 할 때, 부하를 거느린 만리코가 달려와 칼을 뽑고 습격한다.

레오노라는 만리코가 살아 있다는 것을 알고 크게 기뻐한다. 그가 레오노라를 데려가려고 하자 백작도 칼을 휘두르고 그것을 저지하려고 하지만 중과 부적으로 당할 수가 없다. 백작은 눈 앞에서 사랑하는 여자를 빼앗기는 치욕을 당하고, 분을 참지 못하여 복수를 맹세한다.

제 3 막(집시여인의 아들)

제 1 장

루나 백작의 야영지.

백작의 병사들이 원군을 맞이하여 다음 날 있을 총공격의 승리를 확신하고 용감한 합창 〈병사의 나팔 소리 드높게 올려(Or co'dadi ma fra poco)〉를 당당하게 노래한다.

병사들이 사라지자 백작이 혼자 막사에서 나온다. 거기에 근처에서 수상한 집시 할머니를 발견했다고 페란도와 병사들이 아주체나를 백작 앞으로 끌고 온다.

페란도가 취조하는 동안에 백작은 아주체나에게 옛날 성에서 선대 백작의 아들이 도난당한 이야기를 하고 그 소식을 모르느냐고 묻는다.

그녀는 너는 누구냐고 묻자, 백작은 유괴당한 가르시아의 형이라고 대답했기 때문에 그녀는 크게 동요한다. 페르란도는 그녀가 바로 그때의 범인이라는 것을 알아차리고 그것을 백작에게 알린다.

더욱이 그녀가 만리코의 어머니라는 것을 알자 백작은 이제야 동생의 원수를 갚을 수 있게 되었다고 기뻐한다. 백작은 만리코를 꾀어내려고 성 앞에 화형대를 만들게 한다.

제 2 장

카스테롤 성 내 레오노라는 성 안의 불안한 분위기에 겁을 먹지만, 만리코는 그녀를 위로하고 내일 싸움에서는 꼭 이긴다고 맹세한다. 그리고 이러할 때도 그대의 사랑이 나에게 힘을 준다고 그는 그 기쁨을 노래한다. 아리아 〈그대는 나의 사랑(Ah! si, ben mio)〉, 두 사람이 성 안의 예배당에서 결혼식을 올리려고 할 때 루이즈가 들어와서 아주체나가 체포되어 화형대가 준비되어 있다고 알린다.

레오노라가 그 집시는 누구냐고 묻자 만리코는 어머니라고 고백한다. 놀라는 그녀를 남겨두고 만리코는 용감한 카발레타 〈타오르는 불꽃(Di quella pira)〉을 노래하고 전세가 불리하다는 것을 알면서도 어머니를 구하기 위해 부하와 함께 성 밖으로 나간다.

제 4 막(처형)

제 1 장

성벽 아래, 멀리 탑이 보인다. 루이즈의 안내를 받아 레오노라는 전쟁에서 저 탑에 갇혀 있는 만리코를 만나려 숨어 오고 있다. 아리아 〈사랑은 장미빛 날개를 타고(D'amor ull'ali rosee)〉를 부른다. 때마침 들려오는 미제레레(Miserere)의 기도 소리, 멀리 탑 위에서는 만리코의 이별의 노래가 들려온다.

레오노라는 사랑의 증거로서 자기 목숨을 바치고 그의 생명을 구할 것을 결심한다. 백작이 부하들과 성문에서 나왔기 때문에 그녀는 급히 그늘로 몸을 숨긴다. 백작은 부하에게 아주체나는 화형대에 만리코는 단두대에 걸자고 명령한다. 혼자가 된 그는 그나 저나 레오노라는 어디에 갔을까 하고 탄식한다.

그때 그녀는 그 앞에서 나타나 만리코의 목숨을 살려 달라고 애원하다. 2중창 〈이 괴로운 눈물을 보아 주십시오(Mira di acerbe lagrime)〉 백작은 처음에는 그녀가 자비를 빌면 빌수록 질투가 타올라 그 애원을 들어주지 않다가, 그녀가 자기 몸을 바치겠다는 말을 듣고 그의 목숨을 살려줄 약속을 한다.

그러나 백작이 병사와 이야기하고 있는 틈에 그녀는 반지 속에 숨겨둔 독약을 마시고, 백작에게 내 몸을 주어도 그것은 시체라고 혼자 중얼거린다. 그리고 이제 그의 목숨은 살았다고 기뻐하고, 백작도 사랑하는 레오노라는 내 것이라고 기뻐한다. 2중창 "그가 오래 살면 나는 행복"

제 2 장

성 안의 감옥

아주체나와 만리코는 처형을 기다리며 이 감옥에 갇혀있다. 아주체나는 화형당하는 것이 두려워 기진맥진하여 아들에게 이야기한다. 2중창 〈우리들의 산에(Ai nostri monti)〉 그녀는 옛날과 같이 자기들의 산에 돌아가, 거기서 평화롭게 살자고 졸면서 노래한다.

그는 어머니를 평안히 눕힌다. 거기에 레오노라가 들어온다. 만리코는 꿈인가 생시인가 하고 기뻐하는데, 그녀가 당신 목숨을 살렸으니 도망가라고 말한다. 그는 그녀가 도망치려고 하지 않기 때문에 자기를 구하기 위해 백작에게 몸을 바치려고 한 것이 아니냐고 오해하고 그녀를 힐책한다.

그러나 말다툼하고 있는 사이에 독이 올라 그녀는 서 있지 못하게 된다. 그는 그녀가 독약을 마신 것을 알고, 그녀를 의심한 자기를 부끄러워하는데 그녀는 생각보다 빨리 독이 올라온 것을 한탄한다. 거기에 나타난 백작은 레오노라의 배반에 분노하고 만리코를 단두대로 끌고 가라고 명령한다. 아주체나가 눈을 뜨고 백작을 말리려고 하는데, 그 때 감옥의 창으로 처형당하고 있는 광경이 보인다.

아주체나는 미친 것처럼 "저것은 네 동생이다. 어머니 복수를 했습니다"고 말하고 숨을 거둔다. 백작은 시체에 둘러싸여 몸을 떨고 멍청히 서 있다.

〈일 트로바토레〉 아주체나의 마지막 복수 장면, 라벨라오페라단

CHAPTER 05

디오니소스의 노래

프리드리히 니체

디오니소스적 충동은 개별화의 경계를 해체하고 원초적인 일체감을 추구한다.

- 프리드리히 니체

디오니소스의 노래

1. 니체와 오페라
《철학과 음악극의 만남》

프리드리히 니체(Friedrich Nietzsche, 1844-1900)의 『비극의 탄생』(Die Geburt der Tragödie, 1872)[1]은 서양 철학사에 새로운 미학적 패러다임을 제시한 기념비적 작품이다. 하지만 이 저작의 진정한 혁명성은 단순한 철학적 통찰에만 있지 않다. 니체는 이 책을 통해 오페라라는 현대적 예술 형식이 고대 그리스 비극의 정신을 부활시킬 수 있는 가능성을 제시했다. 그에게 오페라는 단순한 오락이 아니라 인간 존재의 근본적 조건을 탐구하는 철학적 실험이었다.

니체가 『비극의 탄생』을 집필할 당시, 그는 리하르트 바그너(Richard Wagner, 1813-1883)와 깊은 우정을 나누고 있었다. 바그너의 트립셴(Triebschen) 저택에서 보낸 시간들은 니체에게 음악과 철학이

---

[1] 『비극의 탄생』(Die Geburt der Tragödie, 1872) 프리드리히 니체의 저서다. 아폴론적 원리와 디오니소스적 원리를 통해 그리스 비극의 본질을 탐구한 니체의 첫 저서다.

만나는 지점에 대한 깊은 통찰을 제공했다. 바그너의 음악 드라마, 특히 〈트리스탄과 이졸데〉와 〈니벨룽의 반지〉는 니체에게 현대적 비극의 가능성을 보여주는 구체적 사례였다. 니체는 바그너의 종합예술작품, 즉 음악과 연극, 무대미술을 하나로 통합한 예술 형식에서 아폴론적 형식미와 디오니소스[1]적 음악적 충동이 완벽하게 결합된 새로운 예술 형태를 발견했다.

니체의 핵심 통찰은 그리스 예술이 두 개의 상반된 예술 충동의 합일에서 탄생했다는 것이다. 아폴론적 충동은 명확한 형태와 경계를 가진 "아름다운 외관의 세계"를 창조한다. 이는 사물들을 명확히 구분하고 분리하는 개별화의 원리에 기반하여 명확한 형태와 경계를 가진 조형적 예술을 낳는다. 오늘날로 치면 정교하게 기획된 기업 프레젠테이션이나 완벽하게 편집된 유튜브 영상 같은 것이다. 오페라에서 이는 무대 위의 시각적 스펙터클, 명확한 캐릭터의 구분, 아름다운 의상과 무대 장치로 구현된다.

베르디의 『아이다』나 푸치니의 〈투란도트〉 같은 그랜드 오페라에서 볼 수 있는 화려한 볼거리들이 바로 아폴론적 예술의 현대적 실현이다. 이집트의 신전이나 중국 황궁의 장엄함은 관객들에게 일상적 현실을 넘어서는 "아름다운 환상"을 제공한다. 니체가 호머의 서사시[2]를 "꿈의 예술"이라고 부른 것처럼, 이런 오페라들도 꿈과 같

---

1 디오니소스(Dionysus) 니체가 『비극의 탄생』에서 제시한 예술 충동으로, 개별성의 경계를 해체하고 원초적 일체감을 추구하는 음악적이고 무아지경의 힘을 의미한다.
2 호머의 서사시 니체가 『비극의 탄생』에서 "꿈의 예술"이라고 칭한 것으로, 아폴론적 예술의 대표적인 사례다.

은 미적 위안을 선사한다. 마치 완벽하게 연출된 인스타그램 피드처럼 말이다.

아폴론적 예술의 한계는 그것이 개별화된 환상에 머물러 있다는 점이다. 아무리 아름다워도 그것은 삶의 근본적 문제를 해결하지는 못한다. 반면 디오니소스적 예술 충동은 개별화의 경계를 해체하고 원초적 일체감을 추구한다. 오페라에서 이는 무엇보다도 음악을 통해 구현된다. 음악은 개념적 사고를 거치지 않고 직접 감정에 호소하며, 청자를 무아지경의 상태로 이끈다. 이는 마치 클럽에서 강렬한 일렉트로닉 음악에 몸을 맡기는 순간과 비슷하다. 개별적 자아의 의식이 사라지고 음악과 하나가 되는 체험 말이다.

바그너의 〈발키리〉에서 "발키리의 기행"이나 〈신들의 황혼〉의 마지막 장면 같은 음악들은 청중을 디오니소스적 도취 상태로 이끈다. 이때 개별적 자아의 경계는 사라지고, 청자는 음악과 하나가 된다. 니체가 말한 모든 개별 존재의 근원이 되는 "원초적 일자"로의 회귀가 바로 이런 순간에 일어난다.

니체와 바그너의 관계는 니체 철학의 발전 과정을 이해하는 중요한 열쇠다. 초기 니체는 바그너를 현대적 비극 정신의 부활자로 높이 평가했다. 『비극의 탄생』에서 그는 바그너의 음악 드라마를 그리스 비극의 현대적 계승자로 찬양했다. 바그너의 〈트리스탄과 이졸데〉에서 니체는 쇼펜하우어의 의지 철학이 음악적으로 완벽하게 구현된 것을 보았다.

1876년 바이로이트에서 〈니벨룽의 반지〉 초연을 본 후 니체의 생각은 달라지기 시작했다. 그는 바그너의 음악이 너무 무겁고 병적이라고 느꼈다. 특히 〈파르지팔〉(1882)에서 드러난 기독교적 구원 사상은 니체에게 실망을 안겨주었다. 니체가 추구한 것은 삶에 대한 무조건적 긍정이었는데, 바그너는 점점 더 염세주의적이고 도피적인 방향으로 나아가고 있었다. 이는 마치 처음에는 혁신적이고 자유로웠던 스타트업이 점차 관료적이고 보수적으로 변해가는 것을 지켜보는 심정과 비슷했을 것이다.

이런 실망은 『니체 콘트라 바그너 (Nietzsche contra Wagner)』(1888)[1]라는 저작으로 이어졌다. 여기서 니체는 바그너를 문화적 쇠퇴와 생명력 약화를 뜻하는 "데카당스"의 대표자로 비판한다. 바그너의 음악이 생명력을 고양시키는 것이 아니라 오히려 소진시킨다는 것이다. 니체는 이제 바그너 대신 조르주 비제(Georges Bizet, 1838-1875)의 〈카르멘〉을 찬양한다.

니체가 바그너와 결별한 후 발견한 새로운 오페라적 이상은 비제의 〈카르멘〉이었다. 그는 이 작품에서 북구의 무거운 철학과는 대조되는 "남국적 명랑성"을 발견했다. 카르멘의 관능적 춤과 노래는 북구적 우울과 형이상학적 무거움에 대한 완벽한 해독제였다. 니체는 카르멘에게서 자신의 운명을 있는 그대로 받아들이고 사랑하는 "운명사랑"의 완벽한 화신을 보았다. 그녀는 자신의 운명을 받아들이면서도 끝까지 자유롭게 살아간다. 이는 마치 어려운 상황에서도 자신만의 스타일과 가치를 잃지 않는 현대인의 모습과 닮아있다.

---

1 『니체 콘트라 바그너』(Nietzsche contra Wagner, 1888) 니체가 바그너의 음악을 문화적 쇠퇴와 생명력 약화를 뜻하는 '데카당스'의 대표자로 비판한 저작이다.

카르멘의 하바네라 "사랑은 길들일 수 없는 새"에서 니체는 자신이 추구한 기존 가치와 관습에서 해방된 "자유정신"의 음악적 구현을 발견했다. 카르멘은 어떤 도덕적 규범이나 사회적 관습에도 굴복하지 않는다. 그녀의 사랑은 계산이나 의무가 아니라 순수한 충동에서 나온다. 이는 니체가 『선악의 저편』(1886)[1]에서 제시한 기존 도덕적 범주를 넘어선 "선악을 넘어선 영역"의 실천적 모델이었다.

〈카르멘〉의 투우사 역의 필자

---

[1] 『선악의 저편』(Jenseits von Gut und Böse, 1886) 니체의 저서다. 기존 도덕적 범주를 넘어선 '선악을 넘어선 영역'의 실천적 모델을 제시한다.

특히 니체는 〈카르멘〉의 음악적 특징에 주목했다. 바그너의 복잡하고 무거운 화성과 달리, 비제의 음악은 명료하고 직접적이다. 과도한 상징이나 철학적 메시지 없이도 강렬한 감정을 전달한다. 니체는 이런 "음악적 직접성"에서 미래 예술의 방향을 보았다. 예술은 복잡한 해석을 요구하는 것이 아니라 즉각적인 생명력을 전달해야 한다는 것이다. 현대로 치면 복잡한 설명 없이도 바로 사람들의 마음을 사로잡는 K-pop의 힘과 비슷하다.

니체의 후기 사상에서 중요한 위치를 차지하는 것은 이탈리아 오페라에 대한 재평가다. 특히 조아키노 로시니(Gioachino Rossini, 1792-1868)의 오페라 부파에서 니체는 건강한 생명력을 발견했다. 로시니의 〈세비야의 이발사〉나 〈신데렐라〉 같은 작품들은 형이상학적 무거움 없이도 순수한 기쁨을 전달한다.

니체는 이런 이탈리아적 명랑성을 고대 그리스인들이 보여준 "그리스적 쾌활함"의 현대적 계승으로 보았다. 로시니의 음악에서는 고통과 갈등이 없는 것이 아니라, 그것들이 유머와 기지를 통해 극복된다. 이는 니체가 『즐거운 학문』(1882)[1]에서 제시한 "웃음을 통한 해방"과 일치한다. 현대인들이 밈 문화나 개그 콘텐츠를 통해 현실의 스트레스를 해소하는 것과 같은 맥락이다.

베르디의 〈팔스타프〉(1893)도 니체가 높이 평가했을 만한 작품이다. 노년의 베르디가 보여준 이 코믹 오페라는 인생의 모든 부조리

---

[1] 『즐거운 학문』(Die fröhliche Wissenschaft, 1882) 니체의 핵심 사상들을 다룬 작품으로, '신은 죽었다'라는 유명한 선언이 나온다. 삶의 고통을 유머로 극복하는 태도를 담고 있다.

를 유머로 승화시킨다. 팔스타프의 좌충우돌하는 모험들은 비극적이지만, 동시에 웃음을 자아낸다. 이는 니체가 말한 삶의 고통을 부정하지 않으면서도 그것을 넘어서는 긍정의 힘을 보여주는 "비극적 웃음"의 구현이다.

니체의 예술 철학은 20세기 오페라 창작에 지대한 영향을 미쳤다. 리하르트 슈트라우스(Richard Strauss, 1864-1949)의 『차라투스트라는 이렇게 말했다』(1896)는 니체의 철학을 직접 음악화한 대표적 작품이다. 또한 그의 오페라 〈살로메〉(1905)와 〈엘렉트라〉(1909)에서는 니체적 의미의 기존 가치를 넘어서려는 의지인 "권력에의 의지"가 극적으로 구현된다.

살로메와 엘렉트라는 모두 기존 도덕을 거부하고 자신만의 가치를 창조하는 인간을 넘어선 존재인 "위버멘쉬"적 인물들이다. 그들의 파괴적 행동은 표면적으로는 비도덕적이지만, 니체적 관점에서는 낡은 가치체계를 넘어서는 창조적 행위로 해석될 수 있다. 이는 현대 사회에서 기존 관념을 뒤흔드는 혁신적 예술가나 사업가들의 모습과 겹쳐진다.

알반 베르크(Alban Berg, 1885-1935)의 〈보체크〉(1925)도 니체 철학의 영향을 받은 작품이다. 사회적 약자인 보체크가 겪는 소외와 절망은 니체가 비판한 약자들의 도덕인 "노예 도덕"의 희생자를 그린다. 하지만 베르크는 여기서 머물지 않고, 보체크의 인간적 존엄성을 음악을 통해 구현한다. 이는 니체가 말한 "고통을 통한 자기 극복"의 음악적 실현이다.

21세기의 오페라에서도 니체의 디오니소스적 예술 이론은 여전히 유효하다. 현대 작곡가들은 전통적인 서사 구조를 해체하고, 음악의 직접적 힘을 통해 청중과 소통하려 한다. 특히 전자음악과 멀티미디어를 활용한 현대 오페라들에서 니체적 종합예술의 새로운 가능성을 엿볼 수 있다.

헬무트 라헨만(Helmut Lachenmann, 1935-)의 〈성냥팔이 소녀〉(1997)[1]나 조지 벤자민(George Benjamin, 1960-)의 〈리턴 투 로브〉(2018)[2] 같은 작품들은 전통적인 아리아나 레치타티보 대신 순수한 음향적 체험을 중시한다. 이는 니체가 추구한 "개념을 넘어선 직접적 예술"의 현대적 실현이라 할 수 있다. VR이나 AR 기술을 활용한 몰입형 공연들도 같은 맥락에서 이해할 수 있다. 니체의 모든 순간이 영원히 반복된다는 "영원회귀"[3] 사상도 오페라 예술과 흥미로운 연결점을 갖는다. 오페라는 본질적으로 반복의 예술이다. 같은 작품이 수백 번 공연되고, 같은 아리아가 무수히 반복된다. 하지만 매번 새로운 해석과 연출을 통해 다른 의미를 획득한다. 이는 마치 우리가 좋아하는 노래를 반복해서 들으면서도 매번 새로운 감동을 느끼는 것과 같다.

니체가 "영원회귀"를 통해 제시한 것은 모든 순간을 무한히 반

---

1 〈성냥팔이 소녀〉(Das Mädchen mit den Schwefelhölzern, 1997) 헬무트 라헨만의 오페라다. 안데르센의 동화를 바탕으로 하며, '구체 음악' 기법을 활용해 전통적인 음악 개념을 해체했다.

2 〈리턴 투 로브〉(Return to Love, 2018) 조지 벤자민의 오페라다. 전통적인 서사 구조를 해체하고 순수한 음향적 체험을 중시하는 현대 오페라의 한 예다.

3 "영원회귀(ewige Wiederkehr)" 니체의 핵심 사상 중 하나로, 우리가 살았던 삶을 영원히 반복해야 한다고 가정한다. 이 삶을 사랑할 수 있는지 묻는 사유실험이다.

복할 수 있을 만큼 긍정하라는 것이었다. 오페라 공연에서도 이와 같은 태도가 요구된다. 같은 역할을 수백 번 불러도 매번 새로운 발견과 감동이 있어야 한다. 이는 니체적 의미의 자신의 운명을 사랑하는 "운명사랑"의 예술적 실천이다. 베토벤의〈피델리오〉나 바그너의〈파르지팔〉같은 작품들이 200년 가까이 계속 공연되면서도 여전히 새로운 감동을 주는 이유가 여기에 있다. 이들 작품은 시간을 초월한 인간의 근본적 조건을 다루기 때문에, 매번 새로운 시대적 맥락에서 재해석될 수 있다.

니체의 『비극의 탄생』이 제시한 예술 철학은 그래서 단순한 19세기 이론이 아니라 현재진행형의 살아있는 사상이다. 아폴론과 디오니소스의 변증법은 오늘날의 오페라 무대에서도 계속해서 새로운 형태로 구현되고 있으며, 관객들은 여전히 그 고대적 정화 작용인 카타르시스를 경험하고 있다. 우리가 콘서트장에서, 클럽에서, 혹은 이어폰을 끼고 음악에 빠져드는 모든 순간들이 사실은 디오니소스적 체험의 현대적 변주인 것이다.

2. 파가니니 카프리스 24번
《디오니소스의 손가락, 광기의 미학》

니콜로 파가니니(Niccolò Paganini)

니체가 말한 디오니소스적 예술가의 완벽한 화신이 있다면, 그것은 바로 니콜로 파가니니(Niccolò Paganini, 1782-1840)[1]였을 것이다. 한 인간이 단지 활과 네 줄짜리 바이올린으로 신을 부를 수 있을까? 그것이 가능한 사람이라면 아마도 파가니니였을 것이다. 그의 음악은 더 이상 '작품'이 아니라 연주되는 육체 자체였다. 특히 카프리스 24번은 단지 "테크닉을 보여주는 곡"이라는 평면적 의미를 넘어서, 예술가가 자신의 육체를 악기에 바쳐 불사를 연기하는 광기의 의식이다.

니체가 『비극의 탄생』에서 묘사한 디오니소스적 예술가는 자기의식의 지배를 떠나 본능과 충동의 파도에 몸을 던지는 상태를 통해 진정한 미를 창조한다. 파가니니는 바로 그 디오니소스의 대행자였다. 그의 연주는 계산된 해석이 아니라 육체의 제의였다. 이는 현대의 록 스타나 EDM DJ들이 무대에서 보여주는 몰입과는 차원이 다른, 거의 종교적 황홀경에 가까운 체험이었다.

카프리스 24번은 고전적인 변주 형식에 기반한 곡이다. 짧고 선명한 주제가 제시된 후, 11개의 변주와 피날레로 구성되어 있다. 그러나 이 단순한 구조 속에서 벌어지는 일은 단순한 주제의 장식이 아니다. 그것은 한 가지 욕망이 다양한 육체적 방식으로 발현되는 생의 모방극이다. 이 변주들은 마치 동일한 열망이 끊임없이 옷을 갈아입는 듯한 이미지다. 음악이 말하는 것이 아니라, 음악이 육체를 사

---

[1] 파가니니(Niccolò Paganini, 1782-1840) 이탈리아의 전설적인 바이올리니스트이자 작곡가이다. 그의 음악은 자기 의식의 지배를 떠나 본능에 몸을 던지는 디오니소스적 예술의 구현이다.

로잡고, 연주자는 도구가 되어버린다.

이 곡은 단순한 기교의 과시로 환원되지 않는다. 그 이유는 간단하다. 기교는 기술이지만, 이 곡의 기교는 신화다. 연주자는 이 곡을 연주하면서 손가락이 스스로 움직이는 느낌을 받는다. 스피카토, 더블 스톱, 피치카토, 아르페지오, 플래젤렛, 하모닉스 등 바이올린이라는 악기에서 나올 수 있는 거의 모든 음색과 주법이 이 짧은 곡 안에 담겨 있다. 특히 9번째 변주에서 나타나는 왼손 피치카토의 현란함은 바이올린 연주 기법의 극한을 보여준다. 그러나 문제는 이것들을 "쓸 수 있다"가 아니라, "견딜 수 있느냐"는 것이다.

파가니니는 바이올린을 통해 니체가 말한 '디오니소스적 예술'의 가능성을 실현했다. 이 곡은 구조상 완벽히 통제된 악보이지만, 그 울림은 제어되지 않는다. 청중은 악보의 질서를 듣는 것이 아니라, 그 질서를 탈주하는 힘을 느낀다. 이것이 바로 디오니소스적 감동이다. 질서의 아름다움이 아니라, 질서를 파괴하는 생명의 아름다움. 마치 정교하게 짜여진 안무를 따르다가 갑자기 즉흥적인 몸짓으로 폭발하는 댄서처럼, 파가니니의 음악은 고전적 형식을 따르면서도 그 형식을 내부에서 해체한다.

파가니니는 자신의 음악을 해석해달라고 요구하지 않았다. 그는 말하지 않았다. 그는 연주했다. 사람들은 그의 손가락을 보며 악마를 떠올렸다. 독일의 시인 하인리히 하이네(Heinrich Heine)[1]는 "공연 중 발치에는 사슬이 감겨 있었고 악마가 나타나 연주를 도왔다"

---

1 하이네(Heinrich Heine, 1797-1856) 독일의 시인이다. 파가니니의 연주를 보고 "공연 중 발치에는 사슬이 감겨 있었고 악마가 나타나 연주를 도왔다"고 기록했다.

고 기록했다.

하인리히 하이네(Heinrich Heine)

큰 키에 마르고 창백한 피부, 얇은 입술을 가진 파가니니는 검은 옷을 즐겨 입었는데, 이런 모습이 악마의 연주자라는 이미지로 굳어지는 데도 영향을 주었다.

이런 '악마적' 이미지는 단순한 미신이 아니라 파가니니의 음악이 갖는 초월적 힘에 대한 직관적 인식이었다. 그의 연주를 본 사람들은 인간의 한계를 넘어선 무언가를 목격했다고 느꼈다. 이는 현대의 익스트림 스포츠 선수들이나 e스포츠 프로게이머들이 보여주는 인간 능력의 극한과는 다른 차원의 체험이었다. 파가니니의 연주는 단순히 빨리 연주하거나 정교하게 연주하는 것을 넘어서, 음악 자체가 살아 움직이는 유기체처럼 느껴지게 만들었다.

파가니니가 불가능에 가까운 연주를 보일 수 있었던 것에는 그가 가진 비정상적으로 긴 손가락과 놀라운 유연성이 있었다. 현대 의학은 그의 긴 손가락이 유전 질환인 마르팡(Marfan) 증후군[1] 때문이었고, 놀라운 속주를 펼칠 수 있는 능력은 관절의 유연성이 과도하게 증가하는 장애인 엘러스-단로스(Ehlers-Danlos) 증후군[2] 때문이었다고 추정한다.

파가니니는 이런 신체적 조건을 예술적 도구로 승화시켰다. 그는 단지 바이올린을 잘 연주한 것이 아니었다. 그는 바이올린이 되고 싶어 한 사람, 그리고 실제로 그것이 되어버린 사람이었다. 이는 현대 사회에서 자신의 신체적, 정신적 특성을 한계가 아닌 가능성으로 전환시키는 사람들을 떠올리게 한다. ADHD를 창의성의 원천으로 활용하는 예술가들, 자폐 스펙트럼의 특성을 집중력과 패턴 인식

---

1 마르팡(Marfan) 증후군 결합 조직에 영향을 미치는 유전 질환이다. 파가니니의 비정상적으로 긴 손가락이 이 증후군 때문이었을 것으로 추정된다.
2 엘러스-단로스(Ehlers-Danlos) 증후군 관절의 유연성이 과도하게 증가하는 유전 질환이다. 파가니니의 놀라운 속주 능력이 이 증후군 때문이었을 것으로 추정된다.

능력으로 발전시키는 프로그래머들, 신체적 장애를 새로운 예술 형식의 기회로 만드는 퍼포머들처럼 말이다. 파가니니는 자신의 '다름'을 감추려 하지 않고 오히려 그것을 극대화해서 전례 없는 예술을 창조했다.

파가니니는 무대에서 악보 없이 연주한 최초의 뮤지션 중 한 명이었다. 무대 위를 뛰어다니며 바이올린 하나로 말 그대로 무대를 찢어놓는 그에게 악보는 어울리지도 어울릴 수도 없었다. 바이올린 한 대로 오케스트라를 재현하기도 했고, 바이올린으로 다양한 동물 소리를 내었으며, 활 대신 나뭇가지를 이용해 연주하는 등 당시 상식을 뛰어넘은 혁명적인 공연에 대중은 열광했다. 이는 현대의 스트리트 퍼포머나 버스킹 아티스트들이 보여주는 즉흥성과 관객과의 직접적 소통을 200년 앞서 실현한 것이었다.

카프리스 24번은 많은 작곡가들이 변주곡으로 다시 사용했다. 프란츠 리스트(Franz Liszt)의 파가니니 대연습곡 6번, 요하네스 브람스(Johannes Brahms)의 파가니니 주제에 의한 변주곡 Op.35, 세르게이 라흐마니노프(Sergei Rachmaninoff)의 파가니니 주제에 의한 광시곡, 비톨트 루토스와프스키(Witold Lutosławski)의 파가니니 변주곡 등 숱한 음악가들이 이 주제를 바탕으로 자신만의 변주를 창조했다.

그 누구도 파가니니처럼 육체로 그것을 '감염시키는' 음악을 만들지는 못했다. 그는 형식 속에 살아 있는 생명력을 불어넣었고, 청중의 귀가 아니라, 청중의 심장 박동과 호흡을 악보화시켰다.

이 주제가 후대 작곡가들에게 끝없이 매력적이었던 이유는 단순한 선율의 아름다움 때문이 아니다. 그것은 변화의 가능성을 내포한 원형이기 때문이다. 마치 DNA가 무수한 생명체로 변화할 수 있는 잠재력을 담고 있듯이, 파가니니의 주제는 각각의 작곡가가 자신만의 방식으로 해석하고 발전시킬 수 있는 무한한 가능성을 제공했다. 리스트는 피아노 기교의 극한을, 브람스는 구조적 완성도를, 라흐마니노프는 서정적 깊이를 이 주제에 투영했다.

현대에 와서도 파가니니의 영향은 계속되고 있다. K-pop 아이돌들의 안무가 보여주는 신체의 극한적 활용, 유튜브 커버 아티스트들이 펼치는 기술적 과시, 소셜미디어에서 바이럴되는 '도전' 영상들은 모두 파가니니적 전통의 현대적 변주라 할 수 있다. 차이가 있다면 파가니니는 기교 자체가 목적이 아니라 수단이었다는 점이다. 그의 목표는 사람들을 놀라게 하는 것이 아니라 음악을 통해 인간 존재의 가능성을 확장하는 것이었다.

파가니니는 1840년 5월 27일 프랑스 니스에서 숨을 거두었다. 그가 다니던 마을에서는 아이들이 그를 무서워했고, 그가 죽은 뒤에도 교회 묘지는 그의 시신 매장을 거부했다. 그의 아들 아킬레가 아버지를 제노바의 교회에 매장하려 했지만, 주교가 그에 대한 평판으로 인해 거부했다. 이후 4년 동안 매장되지 못한 채 떠돌아다니다가, 결국 아킬레가 아버지의 유산 대부분을 교회에 헌금하는 조건을 제시하고서야 그의 시신은 제노바 교회 묘지에 묻힐 수 있었다.

사후의 일화들은 파가니니가 생전에 얼마나 기존 사회의 틀을 벗어난 존재였는지를 보여준다. 그는 니체가 말한 "선악의 저편"에 존재하는 예술가였다. 그의 음악은 전통적인 도덕적, 미적 범주로는 판단할 수 없는 새로운 차원의 예술이었다. 그래서 당시 사람들은 그를 악마로 여겼지만, 동시에 그의 음악에 매혹되지 않을 수 없었다.

현대의 관점에서 파가니니를 다시 보면, 우리는 다른 차원의 의미를 발견할 수 있다. 직장에서, 가정에서, 사회에서 우리 역시 크고 작은 "연기"를 강요받는다. 때로는 우리의 진정한 재능을 숨기고, 때로는 기대되는 역할을 수행하며, 가끔은 우리 자신조차 잃어버릴 때가 있다.

파기니니의 음악은 이런 현대인의 딜레마에 대한 하나의 해답을 제시한다. 그의 음악은 말이 아니다. 그의 음악은 몸이다. 그는 자신의 손가락으로 삶을 연기했고, 그 연기 속에 자신을 불태웠다. 중요한 것은 그 과정에서 그가 자신의 본질적 가치를 잃지 않았다는 것이다. 오히려 그는 자신의 신체적 한계마저도 예술적 도구로 승화시켜, 인간 존재의 가능성을 극한까지 확장했다.

현대 사회에서 "완벽주의"는 종종 강박과 번아웃의 원인이 된다. 소셜미디어의 완벽한 이미지들, 끝없는 자기계발 압박, 경쟁 사회의 성과주의는 많은 사람들을 지치게 만든다. 하지만 파가니니의 경우는 다르다. 그의 완벽주의는 외부의 기대에 부응하기 위한 것이 아니라 자신의 내적 욕망을 실현하기 위한 것이었다. 그는 남들에게 인정받으려고 연주한 것이 아니라, 음악과 하나가 되고 싶어서 연주했다.

이는 현대의 "진정성 있는 성취"에 대한 중요한 시사점을 제공한다. 진정한 완벽주의는 타인의 시선이나 사회적 기대에서 나오는 것이 아니라, 자신이 진정으로 사랑하는 것에 대한 열정에서 나온다. 파가니니가 보여준 광기는 병적인 강박이 아니라 사랑의 극한 표현이었다. 그는 바이올린을 사랑했고, 음악을 사랑했으며, 그 사랑을 위해서라면 자신의 모든 것을 기꺼이 바칠 수 있었다.

오늘날 우리가 파가니니로부터 배울 수 있는 것은 기술적 완벽함이 아니라 열정의 순수함이다. 그는 자신이 사랑하는 것을 발견했고, 그것을 극한까지 추구했으며, 그 과정에서 새로운 가능성의 지평을 열었다. 이것이야말로 니체가 말한 디오니소스적 예술가의 진정한 모습이다. 질서를 파괴하기 위해 파괴하는 것이 아니라, 더 큰 창조를 위해 기존의 한계를 넘어서는 것이다.

그가 남긴 소리는 여전히 살아 있다. 바이올린이라는 악기 위에, 그리고 예술가가 자신의 존재를 건 연기라는 무대 위에. 파가니니의 카프리스 24번은 무대 위의 실존이 어떤 것인지, 그리고 진정한 예술가가 어떻게 자신의 모든 것을 바쳐 아름다움을 창조하는지를 보여주는 불멸의 증언이다. 디오니소스의 손가락은 여전히 현을 울리고 있고, 그 울림은 우리에게 묻는다: 당신은 무엇을 위해 자신을 불태울 준비가 되어 있는가?

3. 베토벤 9번 교향곡
《디오니소스와 아폴론의 변증법》

루트비히 판 베토벤(Ludwig van Beethoven)

니체가 『비극의 탄생』에서 제시한 디오니소스적 충동과 아폴론적 충동의 변증법적 종합이 가장 완벽하게 구현된 작품을 찾는다면, 루트비히 판 베토벤(Ludwig van Beethoven, 1770-1827)의 교향곡 9번 d단조 Op.125 "합창"(1824)을 빼놓을 수 없다. 이 교향곡은 혼돈에서 질서로, 투쟁에서 승리로, 개별성에서 보편성으로 나아가는 과정을 통해 디오니소스적 파괴력이 어떻게 아폴론적 조화로 승화될 수 있는지를 보여주는 음악사상 가장 기념비적인 작품이다.

니체의 철학에서 디오니소스는 개별화의 원리를 해체하고 원초적 일체감으로 돌아가려는 충동을 나타낸다. 반면 아폴론은 명확한 형태와 경계를 통해 개별적 존재들에게 의미와 질서를 부여한다. 베토벤 9번 교향곡은 이 두 힘이 대립하고 투쟁하다가 마침내 더 높은 차원에서 종합되는 과정을 음악적으로 완벽하게 구현한다. 이는 현대 조직에서 개인의 창의성과 시스템의 안정성이 충돌하다가 혁신으로 승화되는 과정이나, 개인적 욕망과 사회적 책임이 갈등하다가 성숙한 선택으로 이어지는 인생의 과정과 놀랍도록 유사하다.

1악장 Allegro ma non troppo, un poco maestoso는 음향적 혼돈에서 질서로의 창조 과정을 그린다. 전체 오케스트라가 연주하는 강렬한 불협화음에서 시작하여 점차 명확한 선율이 드러나는 과정은 베토벤 특유의 "투쟁을 통한 승리" 미학을 보여준다. 이는 단순한 음악적 기법을 넘어서 철학적 명제의 구현이다. 혼돈과 고통 속에서도 포기하지 않고 질서와 의미를 창조해내는 인간 정신의 승리를 상징한다.

1악장의 도입부에서 들려오는 모호하고 불안정한 화음들은 마치 빅뱅 이전의 혼돈 상태를 연상시킨다. 이는 니체가 말한 디오니소스적 상태, 즉 모든 개별적 형태가 해체되고 원초적 에너지만이 꿈틀거리는 상태다. 하지만 점차 현악기의 떨림(tremolo) 속에서 명확한 선율의 윤곽이 드러나기 시작한다. 이는 아폴론적 힘이 개입하여 혼돈에 형태를 부여하는 순간이다. 현대인의 일상으로 치면, 막막한 문제 상황에서 점차 해결책의 실마리가 보이기 시작하는 그런 순간과 비슷하다.

소나타 형식의 구조 안에서 전개되는 주제들의 대립과 종합은 헤겔의 변증법적 사유를 연상시킨다. 제1주제와 제2주제가 치열하게 투쟁한 후 발전부에서 극한의 갈등을 겪고, 마침내 재현부에서 종합에 이르는 과정은 역사적 발전의 논리와 일치한다. 이는 개인의 성장 과정에서도 마찬가지다. 우리는 서로 다른 가치나 욕망들 사이에서 갈등하다가, 그 갈등을 통해 더 성숙한 관점에 도달한다. 베토벤은 이런 내적 투쟁의 과정을 음악으로 완벽하게 형상화했다.

2악장 Molto vivace - Presto는 스케르초 악장으로, 베토벤이 추구한 "대중적 환희"의 모습을 보여준다. 민속적 리듬과 춤곡적 성격이 강조되면서 귀족적 미뉴에트 대신 서민적 스케르초가 교향곡의 중심에 자리잡는다. 이는 베토벤의 민주주의적 세계관을 반영한다. 고급 예술이 더 이상 특권층만의 전유물이 아니라 모든 인민의 것이 되어야 한다는 계몽주의적 이상이 여기에 담겨있다.

하지만 일각에서는 이 악장의 폭발적인 에너지를 두고 '자연스러운 기쁨'이라기보다 '인위적인 흥분'에 가깝다고 해석하기도 한다. 이러한 견해는 당시 유럽 사회의 불안정함을 반영한 것으로 보기도 한다.

때로 폭력적이고 강박적인 리듬은 자연스러운 기쁨이라기보다는 의도적으로 만들어진 인위적 흥분에 가깝다. 이는 혁명 이후 유럽 사회의 불안정한 상황을 반영하는 것으로 해석할 수 있다. 현대로 치면 회사의 강제적인 "팀 빌딩" 행사나 억지스러운 "워라밸" 분위기와 비슷한 어색함이 있다. 진정한 기쁨은 강요될 수 없으며, 내적 필연성에서 나와야 한다는 것을 베토벤은 이미 알고 있었다.

3악장 Adagio molto e cantabile - Andante moderato는 베토벤 음악에서 가장 아름다운 서정 악장 중 하나다. 두 개의 대조적인 주제가 변주되면서 내적 성찰과 초월적 경험을 그린다. 첫 번째 주제는 인간적 온화함을, 두 번째 주제는 종교적 숭고함을 표현한다. 이 두 주제의 교대와 변주는 베토벤의 종교관을 보여준다. 그는 전통적 기독교도가 아니었지만, 범신론적 자연종교에 깊이 공감했다. 칸트의 "도덕률과 별이 빛나는 하늘"[1]에 대한 경외감이 이 악장에 스며있다.

이 악장은 현대인에게 특별한 위안을 준다. 바쁜 일상과 경쟁 사회의 스트레스에 지친 우리에게 베토벤의 서정은 마치 깊은 명상이나 휴식의 시간을 제공한다. 스마트폰을 끄고 자연 속을 걷거나, 사랑하는 사람과 조용한 대화를 나누는 그런 순간들의 음악적 구현

---

1 "도덕률과 별이 빛나는 하늘" 칸트가 『실천이성비판』에서 말한 것으로, 인간 내면의 도덕률과 밤하늘의 별을 보며 느끼는 경외감과 존경심을 의미한다.

이다. 하지만 이런 초월적 체험도 완전한 해답은 아니다. 악장의 마지막에서 불안정한 화성이 등장하는 것은 개인적 구원만으로는 충분하지 않다는 것을 암시한다.

4악장의 구조는 매우 복합적이다. 기악 부분에서 첫 세 악장의 주제들이 다시 나타나지만 모두 첼로와 콘트라베이스에 의해 거부된다. 이는 상징적 의미가 깊다. 이전의 모든 음악적 해결책들이 불충분하다는 것을 보여준다. 개인적 투쟁(1악장), 집단적 흥분(2악장), 내적 성찰(3악장) 모두 궁극적 답이 될 수 없다. 그 때 "환희의 주제"가 등장한다.

단순하고 민요적인 이 선율은 베토벤이 추구한 "대중적 숭고함"의 구현이다. 복잡한 대위법이나 화려한 기교 대신 누구나 부를 수 있는 단순한 선율로 최고의 메시지를 전달한다. 이는 베토벤의 민주주의적 미학관을 보여준다. 현대의 K-pop이나 바이럴 음악들이 복잡한 이론보다는 직관적 감동으로 전 세계 사람들을 하나로 만드는 것과 같은 원리다.

프리드리히 실러(Friedrich Schiller)의 시 "환희에 부쳐"[1]는 계몽주의의 이상을 집약한다. "환희여, 아름다운 신의 불꽃이여, 극락의 딸이여!" 환희는 단순한 개인적 감정이 아니라 우주적 원리다. "너의 마법이 다시 결합시키니, 시대의 관습이 엄격하게 갈라놓은 것을." 사회적 차별과 편견을 뛰어넘는 보편적 사랑이 바로 환희의 본질이

---

1 "환희에 부쳐(An die Freude)" 프리드리히 실러의 시로, 베토벤 교향곡 9번 '합창'의 4악장 가사로 사용되었다. 모든 인간은 형제가 되리라는 계몽주의적 이상을 담고 있다.

다. "모든 인간은 형제가 되리라(Alle Menschen werden Brüder)"는 선언은 프랑스 혁명의 이상인 자유, 평등, 박애를 음악으로 구현한 것이다.

베토벤의 시대에 이런 이상은 아직 실현되지 않았다. 그래서 이 음악은 현실의 묘사가 아니라 미래에 대한 예언이다. 현대에도 마찬가지다. 여전히 인종차별, 종교갈등, 경제적 불평등이 존재한다. 하지만 월드컵이나 올림픽 같은 국제적 스포츠 행사에서, 혹은 BTS 콘서트장에서 전 세계 팬들이 하나가 되는 순간들을 보면 베토벤이 꿈꾼 "모든 인간은 형제"라는 이상이 완전히 허황된 것은 아님을 알 수 있다.

"수백만이여, 이 키스를 받으라! 이 키스를 온 세계에게!(Seid umschlungen, Millionen! Diesen Kuß der ganzen Welt!)" 이 구절에서 음악은 절정에 이른다. 개인적 사랑이 우주적 사랑으로 확장되는 순간이다. 베토벤은 이를 위해 모든 음악적 수단을 동원한다. 오케스트라와 합창이 함께 절정의 화성을 만들어내는 이 부분은 서양 음악사상 가장 강렬한 순간 중 하나다.

여기서 니체적 관점의 흥미로운 역설이 드러난다. 베토벤의 "환희"는 표면적으로는 아폴론적 질서와 조화의 승리처럼 보인다. 하지만 그 질서에 도달하기까지의 과정은 철저히 디오니소스적이다. 1악장의 혼돈, 2악장의 광란, 3악장의 도취, 4악장의 집단적 엑스터시는 모두 디오니소스적 체험들이다. 베토벤은 이런 디오니소스적 에너지를 억압하거나 부정하지 않고, 오히려 그것을 아폴론적 형식 안에서 승화시킨다.

　이는 현대 조직 관리나 개인의 자기계발에서도 중요한 시사점을 제공한다. 창의성과 혁신은 종종 기존 질서에 대한 도전에서 나온다. 하지만 그런 도전적 에너지를 건설적으로 활용하려면 적절한 구조와 방향성이 필요하다. 베토벤의 9번 교향곡은 파괴적 에너지를 창조적 힘으로 전환시키는 완벽한 모델을 제시한다.

　베토벤 9번 교향곡의 역사적 영향은 음악사를 넘어선다. 이 작품은 19세기 내내 자유주의와 민주주의 운동의 상징이 되었다. 1989년 베를린 장벽 붕괴 때 레오나르드 번스타인이 지휘한 연주에서 "환희(Freude)" 대신 "자유(Freiheit)"를 불렀던 것은 이 음악의 정치적 의미를 극명하게 보여준다. 현재 유럽연합의 국가로 사용되는 것도 같은 맥락이다.

　이 음악의 진정한 의미는 특정한 정치적 이념을 넘어선다. 그것은 인간의 존엄성과 연대 가능성에 대한 불변의 믿음을 표현한다. 코로나19 팬데믹 시기에 세계 각국의 음악가들이 온라인으로 함께 이 곡을 연주한 프로젝트들이 큰 감동을 준 것도 같은 이유다. 물리적으로는 떨어져 있어도 음악을 통해 하나가 될 수 있다는 베토벤의 메시지가 여전히 유효함을 보여준 것이다.

　21세기의 오늘날에도 이 음악이 감동을 주는 이유는 그것이 제시하는 변증법적 지혜 때문이다. 베토벤은 갈등과 대립을 회피하지 않는다. 오히려 그것을 정면으로 마주하고 그 속에서 더 높은 종합을 찾아낸다. 이는 현대 사회의 여러 갈등들 - 개인과 공동체, 자유와 평등, 혁신과 안정, 전통과 진보 – 을 해결하는 중요한 단서를 제공한다.

베토벤이 꿈꾼 "모든 인간이 형제가 되는" 세상은 아직 실현되지 않았다. 하지만 그 꿈 자체는 여전히 유효하다. 디지털 시대의 소셜미디어는 전 세계 사람들을 연결시키지만 동시에 새로운 분열과 갈등을 만들어내기도 한다. AI와 로봇 기술은 인간의 한계를 확장시키지만 동시에 새로운 불평등을 야기할 수도 있다. 이런 상황에서 베토벤의 9번 교향곡이 제시하는 변증법적 종합의 지혜는 더욱 소중하다.

결국 베토벤의 9번 교향곡은 니체가 말한 디오니소스적 힘과 아폴론적 질서가 어떻게 조화를 이룰 수 있는지를 보여주는 완벽한 사례다. 그것은 혼돈을 질서로, 갈등을 화해로, 개별성을 보편성으로 승화시키는 인간 정신의 무한한 가능성을 증명한다.

우리가 개인적으로든 집단적으로든 어려운 갈등 상황에 직면했을 때, 베토벤의 음악은 절망하지 말고 더 높은 차원의 해결책을 찾아보라고 격려한다. 그 해결책은 어느 한쪽을 포기하는 것이 아니라, 대립하는 힘들을 모두 포함하는 새로운 종합을 창조하는 것이다.

4. 크리스테바와 아브젝트
《디오니소스의 현대적 귀환》

율리아 크리스테바((Julia Kristeva)

　니체가 말한 디오니소스적 충동, 즉 이성과 질서(상징계) 이전의 원초적이고 육체적인 힘은 20세기 정신분석학에서 새로운 언어로 탐구되었다. 특히 율리아 크리스테바(Julia Kristeva, 1941-)가 제시한 "아브젝트(abject)"[1]와 "세미오틱(sémiotique)"[2]의 개념은, 디오니소스적

1 　"아브젝트(abject)" 크리스테바의 개념이다. 주체와 객체의 이분법을 교란하는 제3의 영역으로, 혐오와 매혹을 동시에 불러일으키는 양가적 존재를 의미한다.
2 　"세미오틱(sémiotique)" 크리스테바의 개념으로, 의미 이전의 원초적 언어 영역이다. 리듬, 음조, 반복 등 신체적 언어 요소를 말한다.

경험이 우리 주체성 형성 과정과 언어 속에 어떻게 흔적으로 남아있는지를 보여주는 탁월한 통찰을 제공한다. 크리스테바의 이론은 니체의 철학을 현대적 맥락에서 재해석하며, 동시에 우리의 일상적 경험 - 출산과 육아, 직장에서의 젠더 갈등, 이주와 정착의 문제 - 에 깊이 있는 철학적 관점을 제공한다.

율리아 크리스테바는 불가리아 출신의 프랑스 철학자이자 정신분석학자로, 페미니즘 이론과 언어학, 정신분석학을 결합한 독창적 사유를 전개했다. 그녀의 핵심 개념인 "아브젝트(abject)"는 『공포의 권력』(Pouvoirs de l'horreur, 1980)[1]에서 본격적으로 탐구되었다.

아브젝트는 주체와 객체의 이분법을 교란하는 제3의 영역으로, 혐오와 매혹을 동시에 불러일으키는 양가적 존재다. 이는 마치 니체가 말한 디오니소스적 힘이 기존 질서를 해체하면서도 새로운 창조의 가능성을 제시하는 것과 같다. 크리스테바는 이를 통해 서양 철학의 이성 중심주의와 남성 중심주의를 비판하고, 모성적 몸의 원초적 경험을 철학적 사유의 중심으로 끌어들였다. 아브젝트는 문명의 경계에서 배제되지만 동시에 문명을 구성하는 필수적 요소다. 그것은 "성스러운 혐오"의 영역에서 작동하며, 종교와 예술의 원초적 동력이 된다.

현대 직장인들이 겪는 많은 갈등도 사실은 아브젝트의 경험과 관련이 있다. 예를 들어, 육아휴직에서 복귀한 여성 직원이 느끼는

---

[1] 『공포의 권력』(Pouvoirs de l'horreur, 1980) 크리스테바의 저서로, '아브젝트' 개념을 본격적으로 탐구한 책이다. 모성적 몸의 원초적 경험을 철학적 사유의 중심으로 끌어들인다.

복합적 감정들 – 모성적 정체성과 직업적 정체성 사이의 혼란, 동료들의 시선에 대한 불안, 자신의 변화한 몸과 마음에 대한 어색함 – 은 모두 아브젝트적 경험의 현대적 발현이다. 회사는 '합리적' 공간이어야 하지만, 그 안에는 출산, 육아, 질병, 죽음 같은 '비합리적' 현실들이 계속 침투한다. 이런 침투를 어떻게 다룰 것인가가 현대 조직의 중요한 과제다.

아브젝트의 가장 원초적 형태는 모성적 몸과의 분리 경험이다. 태아는 어머니의 몸 안에서 어머니와 하나가 되어 있다가, 출생과 함께 분리된다. 하지만 이 분리는 완전하지 않다. 어머니의 몸은 여전히 매혹적이면서 동시에 위협적이다. 그것은 주체성의 근원이면서 동시에 주체성을 위협하는 요소다. 라캉의 정신분석학에서 "상징계(언어·사회·질서)"[1]로의 진입은 아버지의 법칙(가부장제)에 동일화되어 어머니와의 원초적 결합을 포기함으로써 완성된다고 봤다.

하지만 크리스테바는 이런 포기가 결코 완전할 수 없으며, 무의식 속에 남은 모성적 갈망과 기억이 예술, 종교, 꿈, 금기, 혐오 등 다양한 형태로 끊임없이 회귀한다고 보았다. 이는 현대인의 일상에서도 쉽게 확인할 수 있다. 스트레스를 받을 때 엄마의 음식이 그리워지는 것, 아플 때 누군가의 돌봄을 갈망하는 것, 혹은 반대로 과도한 독립성을 추구하면서 의존적 관계를 극도로 회피하는 것 모두 모성적 관계에 대한 양가적 감정의 표현이다.

"세미오틱(sémiotique)"과 "상징적(symbolique)"의 구분은 크리스

---

1 "상징계(언어·사회·질서)" 자크 라캉의 정신분석학 개념으로, 언어, 사회, 질서와 같은 상징적 구조를 의미한다. 주체는 이 상징계를 통해 정체성을 형성한다.

테바 언어학의 핵심이다. 세미오틱(모성적)은 의미 이전의 원초적 언어 영역으로, 리듬, 음조, 반복 등이 중요한 역할을 한다. 이는 어머니와의 원초적 관계에서 형성되는 신체적 언어다. 반면 상징적은 문법과 논리가 지배하는 아버지의 언어다. 모든 언어는 이 두 차원의 결합으로 이루어진다. 현대 소셜미디어 언어를 보면 이런 구분이 명확해진다. 이모티콘, 줄임말, 반복 기호들("ㅠㅠㅠ", "ㅋㅋㅋ")은 모두 세미오틱적 요소들이다. 이들은 명확한 의미를 전달하기보다는 감정의 리듬과 강도를 표현한다.

반면 정식 비즈니스 이메일의 격식적 언어는 상징적 차원에 속한다. 문제는 서구 문명이 상징적 차원을 특권화하고 세미오틱 차원을 억압해왔다는 것이다. 그 결과 언어는 점점 더 기계적이고 정보 전달 중심이 되었고, 감정과 신체성은 배제되었다. 크리스테바는 현대 예술, 특히 아방가르드 문학에서 세미오틱의 회귀를 발견한다. 말라르메, 로트레아몽, 조이스 등의 작품에서 의미의 해체와 리듬의 강조는 세미오틱의 잠재력을 보여준다. 이는 상징적 질서의 균열이며, 기존 의미체계를 해체하는 혁신적 언어의 출현이기도 하다. 현대의 랩 음악이나 Spoken word 퍼포먼스도 같은 맥락에서 이해할 수 있다. 이들은 의미 전달보다는 리듬과 음성의 물질성을 통해 직접적인 감정적 충격을 만들어낸다.

"멜랑콜리아"는 크리스테바가 『검은 태양』(Soleil noir, 1987)[1]에서 집중적으로 다룬 주제다. 멜랑콜리아는 단순한 우울증이 아니라

---

1 검은 태양』(Soleil noir, 1987) 줄리아 크리스테바의 저서로, 우울증을 정신분석학적으로 분석하며 문학과 예술 작품 속에서 우울증의 본질을 탐구한다.

상실에 대한 애도가 완성되지 않은 상태다. 프로이트의 "애도와 멜랑콜리아"를 구분하여, 멜랑콜리아는 상실된 대상에 대한 비탄이 애도처럼 정리되지 못하고, 우울, 자기 비난, 그리고 무력감으로 남는 병적 상태라고 보았다.

크리스테바는 멜랑콜리아를 창조적 잠재력의 근원으로 본다. 멜랑콜리적 주체는 상실된 대상에 대한 애도를 완성하지 못하고, 그 슬픔 자체를 간직하며 그것을 예술적 에너지로 승화시킨다. 이처럼 슬픔은 단순한 병적 상태가 아니라, 인간 존재의 깊이를 더하고 창조성을 발현하게 하는 능력이 될 수 있다.

이는 현대인의 경험과도 밀접하다. 많은 사람들이 청춘, 고향, 첫사랑 같은 돌아갈 수 없는 것들에 대한 그리움을 간직하며 살아간다. 이런 그리움이 때로는 창작의 원동력이 되고, 때로는 삶의 깊이를 더해준다. 현대 K-pop의 많은 명곡들도 이런 멜랑콜리적 감정을 다룬다. 잃어버린 사랑, 변해버린 관계, 지나간 시간에 대한 그리움은 보편적 인간 경험이기 때문에 국경을 넘어 공감을 얻는다. 중요한 것은 이런 슬픔을 단순히 부정적인 것으로 보지 않고, 인간 존재의 깊이를 더해주는 소중한 경험으로 인정하는 것이다.

크리스테바의 "이방인" 분석은 현대 사회의 중요한 문제를 다룬다. 『우리 자신에게 낯선 자들』(Étrangers à nous-mêmes, 1988)[1]에서 그녀는 이방인이 단순히 외부의 존재가 아니라 우리 내부에 있는 낯

---

[1] 『우리 자신에게 낯선 자들』(Étrangers à nous-mêmes, 1988) 줄리아 크리스테바의 저서다. 현대 사회에서 이방인과 타자성의 문제를 탐구하고, 정체성과 문화적 관계를 분석한다.

선 부분이라고 주장한다. "이방인은 우리 안에 있다."

타자에 대한 혐오나 배제는 실제로는 자기 내부의 낯선 부분에 대한 거부다. 진정한 관용은 타자를 이해하는 것이 아니라 자기 안의 타자성을 인정하는 것이다. 이는 프로이트의 "무의식의 이방인"과 연결된다. 우리는 자기 자신에게도 완전히 투명하지 않다. 무의식은 의식의 자아에게 이방인이다. 무의식의 욕망, 충동 그리고 억압이 자아에게는 낯설고 두려운 타자로 존재한다.

지그문트 프로이트(Sigmund Freud)

현대 직장에서 이런 "내부의 이방인" 경험은 매우 일반적이다. 완벽한 프로페셔널이고 싶지만 때때로 터져 나오는 감정적 반응들, 합리적이고 싶지만 가끔 비논리적으로 행동하게 만드는 충동들, 성공하고 싶지만 동시에 느끼는 성공에 대한 두려움 등은 모두 내부의 타자성을 드러낸다. 이런 내적 갈등을 인정하고 수용하는 것이 진정한 자기 이해의 시작이다.

다문화 사회에서 이주민들이 겪는 경험도 크리스테바의 이방인 이론으로 이해할 수 있다. 한국에서 일하는 외국인 근로자들은 단순히 "다른 문화의 사람"이 아니라, 기존 한국 사회가 억압하거나 배제해온 욕망과 가능성들을 체현하는 존재들이기도 하다. 그들에 대한 혐오나 차별은 종종 우리 자신이 포기하거나 억압한 무언가에 대한 투사다.

"모성적 글쓰기"에 대한 크리스테바의 입장은 복합적이다. 엘렌 식수(Hélène Cixous)나 뤼스 이리가레(Luce Irigaray) 같은 페미니스트들이 "여성적 글쓰기"[1]의 가능성을 주장했지만, 크리스테바는 이에 대해 회의적이다.

그녀에 따르면 언어 자체가 상징적(아버지적) 질서에 속하기 때문에 순수하게 여성적인 언어는 불가능하다. 하지만 세미오틱의 차원에서 모성적 요소가 언어에 침투할 수 있다. 이는 완전히 다른 언어가 아니라 기존 언어의 변형이다.

---

[1] "여성적 글쓰기(écriture féminine)" 엘렌 식수나 뤼스 이리가레 같은 페미니스트들이 주장한 개념이다. 남성 중심적인 언어에서 벗어난 여성 고유의 언어적 표현 가능성을 말한다.

현대의 여성 작가들(버지니아 울프, 마르그리트 뒤라스 등)이 보여주는 것은 새로운 언어가 아니라 언어의 새로운 사용법이다. 이는 현대 사회에서 여성들이 만들어내는 새로운 소통 방식들에서도 확인할 수 있다. 예를 들어, 여성들이 주도하는 온라인 커뮤니티의 소통 방식은 전통적인 남성 중심 토론 문화와는 다른 특성을 보인다. 감정의 공유, 경험의 나눔, 상호 지지 등이 더 중요하게 다뤄진다.

"종교적 체험"에서 아브젝트의 역할은 특별하다. 『믿음과 사랑에 대한 이야기』(Histoires d'amour, 1987)[1]에서 크리스테바는 기독교의 성모 마리아 숭배를 분석한다. 마리아는 어머니이면서 동시에 처녀다. 이런 역설적 존재는 모성과 순수성을 동시에 만족시킨다. 남성 중심적 종교에서 여성성의 자리를 확보하는 것이다.

이는 현실의 어머니들을 이상화하면서 동시에 사회적, 정신적으로 억압하는 효과를 낳는다. 현실의 어머니는 마리아처럼 완벽할 수 없기 때문이다. 크리스테바는 이런 종교적 이상화의 문제점을 지적하면서도, 그것이 인간의 근본적 욕구에 응답한다는 점을 인정한다.

현대 사회에서도 "완벽한 엄마" 신화는 여전히 강력하다. 소셜 미디어에서 보이는 완벽한 육아 일상들, 교육 열풍 속에서 요구되는 전문가 수준의 육아 지식들은 모두 현대판 마리아 숭배라 할 수 있다. 실제 엄마들은 이런 이상과 현실 사이에서 죄책감과 스트레스를 느낀다. 크리스테바의 분석은 이런 현실을 이해하는 중요한 틀을 제

---

1 『믿음과 사랑에 대한 이야기』(Histoires d'amour, 1987) 크리스테바가 사랑과 종교의 관계를 분석한 책이다. 기독교의 성모 마리아 숭배를 정신분석학적으로 해석한다.

공한다.

"예술치료"로서의 글쓰기는 크리스테바의 실천적 관심사다. 정신분석 치료에서 언어는 치료의 도구이면서 동시에 치료의 대상이다. 환자는 말을 통해 무의식의 억압을 의식화하고, 동시에 말하는 과정에서 새로운 주체성을 형성한다. 크리스테바는 이런 치료적 효과가 예술 창작에서도 나타난다고 본다. 시인은 언어의 위기를 겪지만, 그 위기를 통해 새로운 언어를 창조한다.

현대인들이 블로그나 SNS에 일상을 기록하고, 감정을 표현하며, 다인과 소통하는 행위들도 일종의 치료적 글쓰기라 할 수 있다. 물론 이것이 항상 긍정적인 것은 아니다. 때로는 자기 과시나 타인과의 비교를 위한 수단이 되기도 한다. 하지만 진정성 있는 글쓰기는 자기 이해와 치유의 과정이 될 수 있다.

크리스테바의 "사랑의 담론"은 서구 문학사의 전통을 '사랑'의 관점에서 새로운 해석을 제공한다. 궁정 사랑에서 낭만주의에 이르기까지 서구 문학의 사랑 담론은 대부분 남성의 관점에서 구성되었다. 여성은 사랑의 주체가 아니라 객체로 취급되었다. 하지만 크리스테바는 이런 담론 속에서도 여성적 주체성의 흔적을 발견한다. 종교적 신비주의에서 여성들은 독특한 형태의 주체성을 발전시켰다. 성녀 테레사의 법열(황홀, 신의 사랑, 몸과 영혼의 울림) 체험은 남성적 이성으로는 이해할 수 없는 여성적 영성의 표현이다. 이런 분석을 통해 크리스테바는 서구 문화사에서 억압되어온 여성적 경험의 가치를 재평가한다.

현대에도 사랑의 경험은 여전히 성별에 따라 다르게 구성된다. 연애 리얼리티 프로그램이나 로맨스 소설에서 나타나는 사랑의 서사들을 보면, 여전히 많은 고정관념과 편견이 존재한다. 하지만 동시에 새로운 형태의 사랑과 관계에 대한 실험들도 계속 나타나고 있다. 동성 결혼, 비혼주의, 폴리아모리 등은 모두 전통적 사랑 담론에 대한 도전이자 확장이다.

크리스테바의 이론이 현대인에게 주는 가장 중요한 메시지는 "불완전함을 받아들이라"는 것이다. 완벽한 주체, 완전한 소통, 절대적 진리는 존재하지 않는다. 우리는 모두 내부에 타자를 품고 살아가며, 과거의 상실과 현재의 불안 사이에서 균형을 잡아가야 한다. 이런 불완전함이 약점이 아니라 인간성의 근원이며, 창조성의 토대라는 것이 크리스테바의 핵심 통찰이다.

니체의 디오니소스가 기존 질서를 파괴하면서 새로운 창조의 가능성을 열었듯이, 크리스테바의 아브젝트는 안정된 주체성을 교란하면서 더 풍부하고 복잡한 인간 경험의 지평을 제시한다. 이는 현대 사회에서 점점 더 복잡해지는 정체성의 문제들 – 다문화, 젠더, 세대 갈등 등 – 을 이해하는 중요한 열쇠가 된다. 결국 우리 모두는 크리스테바가 말한 "우리 자신에게 낯선 자들"이며, 이런 낯섦을 두려워하지 않고 수용할 때 진정한 성장과 소통이 가능해진다.

디오니소스의 노래는 고대 그리스에서 시작되어 니체의 철학을 거쳐 크리스테바의 정신분석학까지 이어지는 긴 여정을 통해 우리에게 도달했다. 그 노래는 여전히 우리 안에서 울리고 있으며, 우리가 더 솔직하고 용감하며 창조적인 존재가 되라고 부른다. 질서와 혼돈, 이성과 감정, 개별성과 보편성 사이에서 새로운 종합을 찾아가는 것이 바로 현대를 살아가는 우리의 과제다. 그리고 그 과정에서 우리는 여전히 디오니소스의 후예임을 깨닫게 된다.

CHAPTER 06

바그너의 〈트리스탄과 이졸데〉

이룰 수 없는 사랑의 비극

기쁨은 사물 안에 있지 않다. 그것은 우리 안에 있다.

- 리하르트 바그너

바그너의 〈트리스탄과 이졸데〉

1. 밤과 죽음, 그리고 영원의 사랑

바이로이트 축제 극장(Festspielhaus)

어떤 사랑은 완성되기 위해 죽음을 필요로 한다. 리하르트 바그너(Richard Wagner, 1813-1883)의 오페라 〈트리스탄과 이졸데〉(1865)는 바로 그런 사랑의 이야기다. 밤의 찬미와 죽음을 통한 구원이라는 이 작품의 주제는 단순한 연애담을 넘어서, 19세기 유럽 지성사에 거대한 충격파를 일으켰다. 젊은 니체가 이 작품에서 고대 그리스 비극의 부활을 보았던 이유, 그리고 훗날 그가 같은 작품을 '데카당스'의 전형으로 비판하게 된 이유를 이해하려면, 먼저 이 작품이 담고 있는 철학적 깊이를 들여다봐야 한다.

〈트리스탄과 이졸데〉는 사랑의 묘약을 매개로 죽음을 통한 사랑의 영원성을 그려낸다. 중세 연애 문학을 대표하는 이 전설은 원래 아일랜드의 구전에서 시작되어, 12세기 독일의 고트프리트 폰 슈트라스부르크[1]에 의해 문학작품으로 완성되었다. 하지만 바그너의 각색은 단순한 전설의 재화가 아니었다. 그는 이 이야기를 통해 자신이 추구하던 철학적, 미학적 이상을 구현하려 했다.

쇼펜하우어적 의지철학의 음악적 구현

니체가 〈트리스탄과 이졸데〉에 열광한 첫 번째 이유는 이 작품에서 아르투어 쇼펜하우어(Arthur Schopenhauer, 1788-1860)의 철학이 완벽하게 음악화된 것을 발견했기 때문이다. 바그너가 1852년 이 오

---

[1] 고트프리트 폰 슈트라스부르크(Gottfried von Straßburg) 12세기 독일의 문학가다. 아일랜드 구전으로 전해지던 트리스탄 전설을 문학작품으로 완성했다.

페라를 구상할 때 쇼펜하우어의 『의지와 표상으로서의 세계』[1]를 읽고 큰 감명을 받았다는 것은 잘 알려진 사실이다. 쇼펜하우어에게 세계는 맹목적이고 비합리적인 '의지'의 현현이었고, 인간은 이 의지에 사로잡혀 끝없는 갈망과 고통을 겪는 존재였다.

"쇼펜하우어의 핵심적인 생각은 삶의 의지를 궁극적으로 부인하는 것"이라고 바그너는 말했다. 그에게 이는 "무섭도록 진지하고, 유일하게 인간을 구원해주는 사상으로 죽음을 위한 충신의 동경이며, 완전한 의식 없음, 존재하지 않음, 모든 것이 사라지는 것, 곧 유일한 최종 구원"이었다. 이런 철학적 배경 때문에 오페라의 내용은 시종일관 죽음을 둘러싸고 전개된다.

트리스탄과 이졸데의 사랑은 개인적 감정을 넘어서는 형이상학적 갈망이다. 사랑의 묘약을 마신 순간부터 두 사람은 더 이상 개별적 존재가 아니라 하나의 의지에 사로잡힌 존재가 된다. 그들이 추구하는 것은 단순한 육체적 결합이 아니라 개별성 자체의 소멸이다. 2막의 유명한 사랑의 이중창에서 두 연인이 "밤이여, 우리를 감싸다오"라고 노래할 때, 이는 단순히 어둠 속에서의 밀회를 원하는 것이 아니라 개별적 자아의 경계가 사라지는 원초적 일체 상태를 갈망하는 것이다.

이런 갈망은 본질적으로 현실에서는 불가능하다. 두 개체가 완전히 하나가 되려면 개별적 존재로서의 삶을 포기해야 한다. 그래서

---

[1] 『의지와 표상으로서의 세계』(Die Welt als Wille und Vorstellung) 쇼펜하우어의 철학적 주저다. 바그너는 이 책을 읽고 큰 감명을 받았으며, 〈트리스탄과 이졸데〉에 철학적 배경으로 녹여냈다.

이들의 사랑은 필연적으로 죽음을 향한다. 3막에서 이졸데가 부르는 〈사랑의 죽음(Liebestod)〉은 단순한 순사가 아니라 형이상학적 합일의 완성이다. "이 세상의 호흡 속에, 모든 파동 속에서 가라앉고 의식을 잃으면 너무도 행복하겠지"라는 마지막 노래는 쇼펜하우어가 말한 '의지의 부정'을 통한 구원의 음악적 형상화다.

햄릿과 트리스탄: 두 비극적 영웅의 철학적 대조

바그너의 트리스탄을 더 깊이 이해하려면 서양 문학사의 또 다른 위대한 비극적 영웅인 햄릿과 비교해볼 필요가 있다. 두 인물은 모두 죽음으로 귀결되는 비극적 운명을 걷지만, 그 과정에서 보여주는 실존적 태도는 정반대다.

햄릿의 유명한 독백 "사느냐 죽느냐, 그것이 문제로다"는 근대적 개인의 이성적 고뇌를 대변한다. 그는 복수해야 할 아버지의 죽음과 어머니의 재혼이라는 명확한 현실적 문제에 직면해 있다. 하지만 그는 즉각적인 행동 대신 끝없는 성찰과 망설임을 선택한다. 그의 고민은 윤리적이고 실존적이다. 복수가 정당한가? 죽음 이후에는 무엇이 있는가? 행동해야 하는가, 참아야 하는가?

반면 트리스탄의 갈등은 처음부터 형이상학적 차원에 있다. 사랑의 묘약을 마신 순간 그는 더 이상 선택의 여지가 없다. 그의 사랑은 이성적 판단이나 윤리적 고려를 넘어선 운명적 충동이다. 햄릿이 "생각하는 인간"이라면 트리스탄은 "느끼는 인간"이다. 햄릿의 번민이 지적이고 의식적이라면, 트리스탄의 고통은 감정적이고 무의식적이다.

이런 차이는 두 인물이 맞는 죽음의 의미에서도 드러난다. 햄릿의 죽음은 윤리적 의무의 완수다. 그는 아버지의 복수를 완료한 후 "나머지는 침묵"이라는 말과 함께 세상을 떠난다. 반면 트리스탄의 죽음은 사랑의 완성이다. 그는 이졸데와의 형이상학적 합일을 위해 현실적 삶을 포기한다. 햄릿의 죽음이 끝이라면, 트리스탄의 죽음은 시작이다.

바그너가 중세 전설을 택한 이유도 여기에 있다. 근대적 개인주의와 이성주의가 지배하는 시대에, 그는 이성을 넘어선 원초적 충동의 힘을 보여주고 싶었다. 트리스탄은 햄릿과 달리 고민하지 않는다. 그는 자신의 운명을 받아들이고 그것을 끝까지 살아낸다. 이런 태도야말로 니체가 『비극의 탄생』에서 찬양한 그리스적 생명력의 현대적 부활이었다.

바그너의 종합예술작품(Gesamtkunstwerk) 이상

〈트리스탄과 이졸데〉가 단순한 오페라와 다른 점은 바그너가 추구한 '종합예술작품' 이상의 구현에 있다. 바그너는 문학과 음악, 연극과 무대미술을 하나로 통합한 총체적 예술 경험을 만들고자 했다. 그의 '음악극'에서 드라마의 연극적 요소는 외면을, 오케스트라의 음악은 내면을 묘사한다. 기존 오페라에서 오케스트라가 단순한 반주 역할에 머물렀다면, 바그너는 오케스트라를 통해 등장인물들의 무의식적 감정과 운명을 직접 표현했다.

이를 가능하게 한 것이 바그너가 고안한 '시도동기(leitmotiv)'[1] 기법이다. 특정 인물이나 감정, 상황과 연결된 짧은 음악적 동기들이 오페라 전체를 관통하며 복잡한 상징 체계를 만들어낸다. '동경의 동기', '사랑의 동기', '운명의 동기' 등이 끊임없이 변주되고 결합되면서 관객의 무의식에 직접 호소한다. 이는 단순히 이야기를 따라가는 것이 아니라 음악을 통해 등장인물들의 내적 세계에 직접 참여하는 경험이다.

특히 유명한 '트리스탄 코드'[2]로 시작되는 전주곡은 이런 무의식적 감정 조작의 완벽한 사례다. 해결되지 않은 불협화음이 계속 이어지면서 청중은 끝없는 갈망과 긴장 상태에 빠진다. 이는 니체가 말한 디오니소스적 도취, 즉 개별적 자아의 경계가 흐려지고 음악과 하나가 되는 상태를 인위적으로 만들어내는 것이다.

바그너는 이런 총체적 예술 경험을 통해 관객들을 일상적 현실에서 벗어나게 하고, 더 높은 차원의 진리와 만나게 하려 했다. 그가 바이로이트에 특별한 축제극장을 건설한 이유도 여기에 있다.

---

1 시도동기(leitmotiv) 바그너가 고안한 기법이다. 특정 인물이나 감정, 상황과 연결된 짧은 음악적 동기들이 오페라 전체를 관통하며 상징 체계를 만들어낸다.
2 트리스탄 코드 〈트리스탄과 이졸데〉 전주곡 첫 4마디에 등장하는 화음이다. 전통적인 화성 이론으로는 설명할 수 없는 불협화음으로, 조성 체계를 붕괴시키는 계기가 되었다.

일반적인 오페라하우스와 달리 이 극장에서는 오케스트라가 무대 아래 숨겨져 있어서 관객들이 음악에 둘러싸인 느낌을 받는다. 또한 공연 중에는 조명이 완전히 꺼져서 관객들이 무대에만 집중할 수 있다. 이 모든 것이 니체가 『비극의 탄생』에서 제시한 "미학적 위안"을 제공하기 위한 장치들이었다.

바이로이트 바그너 축제 극장, 오케스트라 피트

아폴론과 디오니소스의 변증법적 통합

니체의 『비극의 탄생』 관점에서 보면, 〈트리스탄과 이졸데〉는 아폴론적 요소와 디오니소스적 요소의 완벽한 결합체다. 아폴론적 요소는 중세 전설의 명확한 서사 구조와 무대 위의 시각적 아름다움에서 나타난다. 트리스탄과 이졸데, 마르크 왕이라는 명확히 구분되는 인물들, 아일랜드와 콘월이라는 지리적 배경, 사랑의 묘약이라는 구체적 소재 등은 모두 개별화의 원리에 따라 명확하게 구분되고 형상화된 '아름다운 외관의 세계'를 만들어낸다.

이런 아폴론적 외관을 뚫고 나오는 것이 디오니소스적 음악의 힘이다. 바그너의 음악은 무대 위의 개별적 인물들을 넘어서서 그들을 움직이는 더 근본적인 힘을 드러낸다. 끝없이 계류하는 화성, 해결을 거부하는 불협화음, 멜로디의 경계를 무너뜨리는 무한선율 등은 모두 개별성의 경계를 해체하고 원초적 일체감으로 이끄는 디오니소스적 충동의 음악적 구현이다. 2막의 사랑의 이중창에서 이런 통합이 절정에 달한다. 무대에서는 트리스탄과 이졸데라는 두 개별적 인물이 노래하지만, 음악은 그들을 하나의 목소리로 만들어버린다. 선율이 서로 얽히고 화성이 융합되면서 관객들은 두 연인의 개별성이 사라지고 하나의 사랑으로 통합되는 과정을 직접 체험한다. 이때 관객들도 개별적 관찰자가 아니라 그 사랑의 일부가 된다.

이런 경험이야말로 니체가 고대 그리스 비극에서 찾으려 했던 것이다. 아폴론적 형식미와 디오니소스적 음악적 충동이 대립하면서도 조화를 이루어, 관객들에게 일상적 현실을 넘어서는 형이상학적 위안을 제공하는 것이다. 비극적 인물들의 고통과 파멸을 보면서도 그것을 아름답게 느낄 수 있는 것은, 개별적 고통 너머에 있는 보편적 생명력을 음악을 통해 직감하기 때문이다.

바그너는 이런 비극적 경험을 통해 현대인들이 잃어버린 생명력을 회복할 수 있다고 믿었다. 산업화와 합리화로 메마른 19세기 유럽 문명에, 고대 그리스인들이 누렸던 총체적 생명 경험을 되돌려주고 싶었던 것이다. 그가 게르만 신화를 소재로 한 〈니벨룽의 반지〉와 함께 중세 기독교 전설인 〈트리스탄과 이졸데〉를 택한 이유도 여기에 있다. 둘 다 근대적 이성주의가 지배하기 이전의, 신화적 사유가 살아있던 시대의 이야기들이기 때문이다.

현대적 의미와 한계의 예고

〈트리스탄과 이졸데〉가 19세기 말 유럽 지식인들에게 가한 충격은 단순히 음악적 혁신에만 있지 않았다. 이 작품은 합리주의와 실증주의가 지배하는 시대에 감정과 직관의 우월성을 주장했고, 개인주의 문화에 원초적 일체감의 가능성을 제시했으며, 기독교적 도덕에 맞서 사랑의 절대성을 옹호했다. 이 모든 것이 압도적인 음악적 설득력을 통해 전달되었기 때문에 그 영향력은 더욱 컸다.

젊은 니체가 이 작품에서 발견한 그리스적 생명력의 부활은 과연 진정한 것이었을까? 쇼펜하우어적 염세주의의 음악적 완성체로서 이 작품이 갖는 의의는 분명하지만, 그것이 정말로 삶을 긍정하는 건강한 예술인지에 대해서는 의문이 남는다. 트리스탄과 이졸데의 사랑이 아무리 숭고해도, 그것이 현실 도피와 죽음 충동에 기반하고 있다는 사실은 변하지 않는다.

더욱이 바그너 개인의 삶에서 드러나는 병적 측면들 - 끝없는 불륜, 도덕적 위선, 반유대주의적 편견 등 - 을 고려하면, 이 작품이 과연 순수한 예술적 영감의 산물인지 의심스럽다. 니체가 훗날 바그너를 '데카당스'의 대표자로 비판하게 되는 이유가 바로 여기에 있다. 겉으로는 생명력의 찬양을 내세우지만 실제로는 생명력을 소진시키는 병적 예술, 이것이 니체의 후기 바그너 비판의 핵심이다.

〈트리스탄과 이졸데〉가 서양 음악사와 사상사에 미친 영향은 부정할 수 없다. 이 작품이 제시한 음악적 혁신들 - 조성의 해체, 무한선율, 심리적 사실주의 등 - 은 20세기 현대음악의 출발점이 되었고, 사랑과 죽음, 개인과 우주에 대한 형이상학적 사유는 수많은 예술가와 사상가들에게 영감을 제공했다. 프로이트의 정신분석학, 융의 분석심리학, 하이데거의 실존철학 등이 모두 이 작품이 제기한 문제들과 무관하지 않다.

바그너가 〈트리스탄과 이졸데〉를 통해 추구했던 것은 예술을 통한 현실의 변혁이었다. 그는 음악이 단순한 오락이나 장식이 아니라 인간의 의식을 근본적으로 바꿀 수 있는 힘을 가지고 있다고 믿었다. 이런 예술관은 니체의 초기 사상과 완벽하게 일치했고, 그래서 니체는 이 작품에서 미래 문화의 가능성을 보았던 것이다. 하지만 그 가능성이 실제로는 위험한 함정을 숨기고 있었다는 것을 니체가 깨닫는 데는 시간이 필요했다.

2. 금단의 사랑과 죽음의 전설

마틸데 베젠동크(Mathilde Wesendonck)

예술가의 삶과 작품은 어떤 관계에 있을까? 리하르트 바그너의 경우만큼 이 질문이 첨예하게 제기되는 사례도 드물다. 〈트리스탄과 이졸데〉라는 숭고한 사랑의 서사 뒤에는 후원자들을 배신하고 친구들의 아내를 빼앗은 한 남자의 추악한 현실이 숨어있다. 젊은 니체가 바그너에게서 그리스 비극의 부활을 보았다면, 성숙한 니체는 같은 인물에게서 현대 문명의 '데카당스'(문화적 쇠퇴)를 발견했다. 이런 극적인 평가 전환의 배경에는 바그너라는 인간과 예술가에 대한 냉철한 재검토가 있었다.

바그너는 1813년 5월 22일 라이프치히의 한 경찰 서기 집안에서 태어났다. 어려서부터 허약하고 수치심에 차 있었으며 규율이라고는 모르는 아이였다. 9살 때 드레스덴에서 베버가 지휘하는 〈마탄의 사수〉를 보고 지휘자가 되기로 결심했지만, 그의 인생은 처음부터 끝까지 스캔들과 빚, 그리고 배신으로 점철되었다. 1849년 드레스덴 혁명에 가담한 죄로 지명수배자가 된 후 12년간 스위스에서 망명 생활을 하는 동안, 그의 삶의 패턴이 완전히 드러났다. 도움을 주는 사람들의 아내와 사랑에 빠지고, 그들의 호의를 배신하며, 그 과정에서 위대한 예술작품을 탄생시키는 것이었다.

바그너의 금단의 사랑들: 마틸데 베젠동크와 코지마

바그너의 대표작 중 유일하게 〈트리스탄과 이졸데〉만이 현실 경험에 뿌리를 두었다. 스위스 취리히에서 망명 생활을 하던 바그너는 독일 라인란트 출신의 갑부 상인 오토 베젠동크를 만났다. 베젠동크는 바그너의 음악을 사랑했고 그에게 물질적 도움을 아끼지 않았다. 1만 프랑이나 되는 바그너의 빚을 대신 갚아주고, 작곡에 전념할 수 있도록 전폭적으로 후원했다. 하지만 바그너는 은인의 23세 부인 마틸데와 사랑에 빠졌다.

마틸데 베젠동크는 재능이 뛰어나고 음악과 문학에 섬세한 감수성을 지닌 여성이었다. 바그너는 그녀가 쓴 시 몇 편에 곡을 붙여 〈베젠동크 가곡집〉을 만들었고, 6년에 걸친 금단의 사랑을 〈트리스탄과 이졸데〉로 승화시켰다. 두 사람의 관계는 편지를 전달하는 하인의 실수로 바그너의 부인 민나에게 들키게 되었고, 마틸데의 남편도 불륜 사실을 알게 되자 바그너는 베네치아로 떠나야 했다. 8개월 동안 베네치아에서 2막을 완성하고, 루체른에서 6개월 더 머물며 전체 작품을 완성했다.

마틸데와의 불륜은 첫 번째가 아니었다. 그 이전에도 1850년 보르도에 살던 영국 출신의 부유한 여성 제시 로소와 스캔들을 일으켰다. 그녀 역시 곤궁에 처한 바그너에게 재정적 도움을 주던 후원자였다. 바그너는 그녀와 함께 도망칠 결심까지 했지만 주변의 개입으로 실패했다. 마지막 불륜 상대는 친구인 프란츠 리스트의 딸이자 지휘자 한스 폰 뷜로의 부인 코지마였다.

뷜로는 바그너보다 거의 20살 어린 제자로, 〈트리스탄과 이졸데〉와 〈뉘른베르크의 마이스터징거〉 초연을 지휘한 인물이었다. 코지마는 바로 그 〈트리스탄과 이졸데〉 초연 당시 바그너와 사랑에 빠졌고, 5년 후 그의 두 번째 부인이 되었다. 바그너는 이런 사건들로 도덕적 비난을 받았지만 개의치 않았다. 그에게는 언제나 "예술을 위해서라면 모든 것이 정당화된다"는 확신이 있었다.

이런 삶의 패턴에서 드러나는 것은 바그너의 기본적인 세계관이다. 그는 자신을 범상한 도덕 법칙을 넘어선 존재로 여겼고, 예술적 영감을 위해서라면 어떤 배신도 용인될 수 있다고 믿었다. 이는 니체가 『선악의 저편』에서 제시한 "예술가의 부도덕성" 옹호론과 일견 비슷해 보이지만, 결정적 차이가 있다. 니체가 말한 것은 새로운 가치를 창조하는 창조적 파괴였지만, 바그너의 경우는 기존 도덕을 무시하면서도 그 혜택은 그대로 누리려는 이중적 태도였다.

니체의 '데카당스' 개념과 바그너 비판

니체와 바그너의 관계는 니체 철학 발전사의 중요한 이정표다. 초기 니체는 바그너를 현대적 비극 정신의 부활자로 찬양했다. 『비극의 탄생』에서 그는 바그너의 음악 드라마를 그리스 비극의 현대적 계승자로 높이 평가했다. 하지만 1876년 바이로이트에서 〈니벨룽의 반지〉 초연을 본 후 니체의 생각은 달라지기 시작했다.

니체가 실망한 것은 음악 자체가 아니라 바그너가 추구하는 예술의 방향이었다. 바그너의 음악이 너무 무겁고 병적이라고 느꼈고, 특히 〈파르지팔〉(1882)에서 드러난 기독교적 구원 사상은 니체에게 완전한 실망을 안겨주었다. 니체가 추구한 것은 삶에 대한 무조건적 긍정이었는데, 바그너는 점점 더 염세주의적이고 도피적인 방향으로 나아가고 있었다.

1888년 『니체 콘트라 바그너』에서 니체는 바그너를 문화적 쇠퇴를 의미하는 '데카당스'의 대표자로 비판한다. 데카당스란 생명력의 쇠퇴를 뜻하는 말로, 겉으로는 화려하고 정교해 보이지만 실제로는 생명력을 소진시키는 문화 현상을 가리킨다. 바그너의 음악이 생명력을 고양시키는 것이 아니라 오히려 소진시킨다는 것이 니체의 진단이었다.

브뤼셀의 라 모네에서 예술과 양심 사이의 환각적인 〈트리스탄과 이졸데〉

이런 비판의 배경에는 바그너 개인의 도덕적 문제가 작품의 철학적 메시지와 일치한다는 니체의 통찰이 있었다. 〈트리스탄과 이졸데〉에서 그려지는 현실 도피적 사랑의 미화가 바그너 자신의 삶에서 나온 합리화에 불과하다는 것이다. 진정한 사랑이라면 현실적 책임을 회피하는 것이 아니라 오히려 더 큰 책임을 감당해야 하는데, 바그너는 불륜을 '숭고한 사랑'으로 포장함으로써 도덕적 책임을 회피하고 있었다.

더욱 문제적인 것은 이런 태도가 문화 전체에 미치는 악영향이었다. 바그너의 영향으로 19세기 말 유럽에는 현실을 도피하고 죽음에서 구원을 찾으려는 병적 낭만주의가 확산되었다. 젊은이들이 트리스탄과 이졸데를 모방하여 사랑 때문에 자살하는 사건들이 잇따랐고, 예술가들은 도덕적 타락을 예술적 영감의 조건으로 여기게 되었다. 니체는 이런 현상을 문명의 위기로 진단했다.

파우스트와 트리스탄: 두 종류의 '금지된 욕망'

바그너의 트리스탄을 더 정확히 평가하려면 독일 문학의 또 다른 거대한 인물인 파우스트와 비교해볼 필요가 있다. 두 인물 모두 금지된 욕망에 사로잡혀 파멸에 이르는 비극적 영웅이지만, 그들이 추구하는 욕망의 성격과 파멸의 의미는 전혀 다르다.

괴테의 파우스트는 지식과 경험에 대한 무한한 갈망에 사로잡힌 인물이다. "모든 것을 알고 싶다, 모든 것을 경험하고 싶다"는 그의 욕망은 본질적으로 창조적이고 미래 지향적이다. 그는 악마 메피스토펠레스와 계약을 맺고 젊음을 되찾아 사랑과 권력, 미와 지혜를 추구한다. 하지만 그 과정에서 순수한 소녀 그레트헨을 파멸로 이끌게 되자 깊은 죄책감에 빠진다.

중요한 것은 파우스트가 자신의 죄를 인정하고 그에 대한 책임을 진다는 점이다. 그는 그레트헨의 죽음을 통해 자신의 욕망이 타인에게 미치는 파괴적 영향을 깨닫고, 이후 더 성숙한 방향으로 자신의 의지를 발전시켜 나간다. 2부에서 그는 개인적 욕망을 넘어서서 사회적 건설 사업에 몰두하며, 마침내 "이 순간이여, 머물러다오, 너는 참으로 아름답다"는 깨달음에 도달한다.

반면 트리스탄의 욕망은 본질적으로 파괴적이고 과거 회귀적이다. 그가 추구하는 것은 개별성의 소멸을 통한 원초적 일체감의 회복이다. 사랑의 묘약을 마신 순간부터 그는 더 이상 의식적 선택을 하지 않는다. 모든 것이 운명이고 숙명이며, 따라서 개인적 책임은 존재하지 않는다. 마르크 왕에 대한 배신, 기사로서의 의무 포기, 사회적 관계의 파괴 등은 모두 '위대한 사랑' 앞에서 정당화된다.

니체의 관점에서 보면 파우스트적 의지는 "권력에의 의지"의 건전한 발현이다. 비록 과정에서 실수와 죄를 범하지만, 그것을 통해 더 높은 차원으로 발전해 나간다. 반면 트리스탄적 의지는 쇼펜하우어적 "의지의 부정"으로, 삶의 어려움을 극복하려 하지 않고 죽음에서 도피구를 찾는 태도다. 이것이야말로 니체가 가장 혐오한 '데카당스'적 태도였다.

더욱이 바그너 자신의 삶에서 드러나는 패턴이 트리스탄의 그

것과 정확히 일치한다는 점이 문제적이다. 바그너는 자신의 불륜을 정당화하기 위해 '운명적 사랑'이라는 개념을 동원했고, 현실적 책임을 회피하기 위해 형이상학적 숭고함을 내세웠다. 이는 파우스트가 자신의 죄를 직시하고 더 나은 길을 찾으려 노력한 것과는 정반대의 태도였다.

〈트리스탄과 이졸데〉 살바도르 달리

비제의 〈카르멘〉: 건강한 생명력의 대안

니체가 바그너와 결별한 후 발견한 새로운 음악적 이상이 조르주 비제(Georges Bizet, 1838-1875)의 〈카르멘〉이었다. 1881년 제노바에서 이 오페라를 듣고 니체는 "이것이야말로 사랑이다! 이것이야말로 운명이다!"라고 감탄했다. 그에게 〈카르멘〉은 바그너의 병적 낭만주의에 대한 완벽한 해독제였다.

살바도르 달리(Salvador Dalí)

〈카르멘〉과 〈트리스탄과 이졸데〉의 대조는 극명하다. 이졸데가 현실 도피를 통해 영원한 사랑을 추구한다면, 카르멘은 현실을 있는 그대로 받아들이면서도 자신의 자유를 포기하지 않는다. 카르멘의 유명한 하바네라 "사랑은 길들일 수 없는 새"에서 드러나는 것처럼, 그녀는 사랑을 소유나 지배의 대상이 아니라 자유로운 감정의 흐름으로 이해한다.

더욱 중요한 것은 카르멘이 자신의 운명을 받아들이는 방식이다. 마지막 장면에서 그녀는 호세의 칼에 죽을 것을 알면서도 자신의 신념을 굽히지 않는다. "카르멘은 결코 굴복하지 않는다. 자유롭게 태어났고 자유롭게 죽겠다"라는 그녀의 선언은 니체가 추구한 '운명사랑(amor fati)'의 완벽한 구현이다. 운명을 사랑한다는 것은 그것을 수동적으로 받아들이는 것이 아니라 자신의 의지로 선택하고 책임지는 것이다.

음악적으로도 〈카르멘〉은 〈트리스탄과 이졸데〉와 정반대의 특징을 보인다. 바그너의 복잡하고 무거운 화성과 달리, 비제의 음악은 명료하고 직접적이다. 과도한 상징이나 철학적 메시지 없이도 강렬한 감정을 전달한다. 니체는 이런 "음악적 직접성"에서 미래 예술의 방향을 보았다. 예술은 복잡한 해석을 요구하는 것이 아니라 즉각적인 생명력을 전달해야 한다는 것이다.

니체가 〈카르멘〉에서 발견한 "남국적 명랑성"은 단순한 지역적 특색이 아니라 철학적 태도였다. 북구의 무거운 형이상학과 기독교적 죄의식에서 벗어나, 현재의 삶을 있는 그대로 긍정하는 태도였다. 카르멘은 과거를 후회하거나 미래를 걱정하지 않는다. 오직 현재 순간의 감정과 욕망에 충실할 뿐이다. 하지만 이는 무책임한 쾌락주의가 아니라 자신의 선택에 대해 완전한 책임을 지는 성숙한 태도였다.

도덕과 예술의 관계에 대한 철학적 성찰

바그너를 통해 니체는 예술가의 인격과 작품의 가치라는 복잡한 문제와 마주하게 되었다. 『선악의 저편』에서 니체는 "예술가의 부도덕성" 옹호론을 펼치기도 했다. 예술가는 새로운 가치를 창조하는 존재이므로 기존 도덕의 제약을 받을 필요가 없다는 것이다. 하지만 바그너의 경우는 달랐다.

문제는 바그너 개인의 부도덕성이 작품의 철학적 메시지와 일치한다는 점이었다. 그의 불륜은 난순한 개인적 일탈이 아니라 현실도피적 사랑관의 실천이었고, 도덕적 책임 회피는 작품에서 찬양되는 '운명적 사랑'의 핵심 내용이었다. 따라서 이 경우에는 예술가의 인격적 문제가 작품의 사상적 가치와 분리될 수 없었다.

더욱 심각한 것은 이런 가치관이 문화 전체에 미치는 악영향이었다. 〈트리스탄과 이졸데〉의 성공으로 19세기 말 유럽에는 병적 낭만주의가 유행했다. 젊은이들은 현실적 사랑의 어려움을 극복하려 노력하는 대신 '숭고한 사랑'이라는 이름으로 현실을 도피했다. 예술가들은 도덕적 타락을 창작의 조건으로 여겼고, 부르주아들은 예술적 취향으로 자신의 도덕적 방종을 합리화했다.

니체는 이런 현상을 통해 예술의 사회적 책임에 대해 깊이 성찰하게 되었다. 예술이 단순한 개인적 표현을 넘어서 문화적 가치관을 형성한다면, 예술가는 자신의 작품이 사회에 미치는 영향에 대해 책임져야 한다. 특히 바그너처럼 강력한 영향력을 가진 예술가의 경우 더욱 그렇다.

이런 관점에서 니체가 새롭게 제시한 기준이 "생명을 긍정하는 예술"이었다. 진정한 예술은 현실을 미화하거나 도피구를 제공하는 것이 아니라, 삶의 어려움과 고통을 정면으로 마주하면서도 그것을 긍정할 수 있는 힘을 길러주어야 한다. 카르멘이 보여준 것처럼 자신의 운명을 받아들이면서도 끝까지 자유롭게 살아가는 태도, 이것이야말로 예술이 추구해야 할 이상이었다.

현대적 함의: 사랑과 도덕의 경계

21세기 관점에서 바그너의 사랑관을 돌아보면 여전히 시사하는 바가 크다. 〈트리스탄과 이졸데〉에서 그려지는 '운명적 사랑'의 개념은 현대의 낭만적 사랑 이데올로기와 놀랍도록 일치한다. "진정한 사랑이라면 모든 것이 용서된다", "사랑 앞에서는 다른 모든 것이 무의미하다"는 식의 사고는 바그너 시대나 지금이나 별반 다르지 않다. 이런 사고의 위험성도 여전히 유효하다.

현실적 책임을 회피하는 '숭고한 사랑'은 결국 관련된 모든 사람을 불행하게 만든다. 바그너 자신의 경우도 그랬다. 그의 불륜으로 피해를 입은 것은 배신당한 후원자들과 그들의 가족들뿐만 아니라 바그너 자신과 그의 가족이기도 했다. 첫 번째 부인 민나는 평생 고통 속에서 살다가 쓸쓸히 죽었고, 바그너 자신도 끊임없는 도덕적 비난과 사회적 추방에 시달려야 했다.

건전한 사랑과 병적 사랑을 구분하는 기준은 현실에 대한 태도에 있다. 건전한 사랑은 현실을 더욱 풍부하고 의미 있게 만든다. 상대방을 독립적 인격체로 존중하고, 함께 더 나은 미래를 만들어 나가려 한다. 반면 병적 사랑은 현실에서 도피하려 한다. 상대방을 소유의 대상으로 여기고, 현재의 어려움을 극복하려 하지 않고 환상 속에서 위안을 찾으려 한다.

니체가 카르멘에게서 발견한 사랑의 태도는 이런 의미에서 여전히 유효한 모델이다. 카르멘은 호세를 사랑하지만 그에게 종속되지 않는다. 그녀는 사랑의 기쁨을 누리지만 그 때문에 자신의 정체성을 포기하지는 않는다. 무엇보다 그녀는 자신의 선택에 대해 완전한 책임을 진다. 이런 성숙한 사랑의 태도야말로 바그너적 낭만주의의 진정한 대안이 될 수 있다.

바그너의 〈트리스탄과 이졸데〉는 분명 위대한 예술작품이다. 그것이 음악사에 미친 혁신적 영향이나 인간의 감정 깊숙한 곳에 호소하는 힘은 부정할 수 없다. 하지만 동시에 그것이 담고 있는 사상적 내용과 그것이 문화에 미치는 영향에 대해서는 비판적으로 검토해야 한다. 예술의 아름다움과 사상의 건전성을 분리해서 생각할 수 있는 성숙한 감상 능력이 필요한 것이다.

니체가 바그너와의 결별을 통해 우리에게 남긴 교훈은 명확하다. 진정한 예술은 삶을 도피하게 하는 것이 아니라 더욱 적극적으로 살아갈 수 있는 힘을 길러주어야 한다. 그리고 예술가는 자신의 작품이 사회에 미치는 영향에 대해 책임져야 한다. 개인적 영감과 사회적 책임, 예술적 자유와 도덕적 의무 사이의 균형을 찾는 것이야말로 성숙한 예술가가 추구해야 할 이상이다.

3. 금지된 화음, 무너진 질서

〈트리스탄과 이졸데의 죽음〉 로젤리로 데 에스키자, 1910

음악사에서 한 화음이 전체 체계를 뒤바꾼 사례는 극히 드물다. 하지만 바그너의 〈트리스탄과 이졸데〉 전주곡 첫 4마디에 등장하는 이른바 '트리스탄 코드'는 바로 그런 혁명적 순간을 만들어냈다.

트리스탄 코드(F-B-D#-G#)는 서양음악사의 분기점이 된 혁명적 화음이다. 이 불협화음은 해결을 약속하지만 영원히 지연시키며, 끊임없는 갈망과 욕망을 음악적으로 형상화한다. 바그너는 이를 통해 전통적 조성의 안정감을 해체하고, 20세기 무조음악으로 가는 길을 열었다. 이는 니체가 말한 기존 가치의 전복과 새로운 창조의 음악적 실현이라 할 수 있다. 이런 음악적 혁신이 단순한 기법상의 실험에 그치지 않았던 이유는 그것이 니체의 철학과 깊이 연결되어 있기 때문이다. 트리스탄 코드가 전통적 화성 체계를 해체하는 방식은 니체가 말한 디오니소스적 예술이 아폴론적 형식을 무너뜨리고 원초적 합일로 이끄는 과정과 정확히 일치한다. 끊임없이 해결을 유예하는 화성 진행은 개별성의 경계를 흐리고 청중을 무아지경의 도취 상태로 빠뜨린다. 이는 음악을 통해 철학적 사유를 구현한 가장 성공적인 사례 중 하나이자, 동시에 서양 문명의 기본 질서에 대한 근본적 도전이기도 했다.

조성 체계의 철학적 의미

바그너의 음악적 혁신을 이해하려면 먼저 그가 파괴한 전통적 조성 체계가 갖는 철학적 의미를 파악해야 한다. 바로크 시대 이후 서양 음악을 지배해온 장조와 단조 체계는 단순한 음향학적 규칙이 아니라 서양 문명의 세계관을 반영하는 문화적 구조물이었다. 각 조성은 명확한 중심음(으뜸음)을 가지고 있었고, 모든 화음은 결국 이 중심으로 수렴하는 위계질서를 이루고 있었다.

조성적 질서는 계몽주의 시대의 이성적 세계관과 완벽하게 일치했다. 바흐의 푸가에서 볼 수 있듯이 복잡하고 다양한 선율들이 엄격한 대위법 규칙에 따라 조화를 이루는 것은 이성의 통제 하에 질서 잡힌 우주의 음악적 구현이었다. 모차르트의 소나타 형식에서 제시부-발전부-재현부로 이어지는 논리적 구조는 헤겔의 변증법적 사유와 본질적으로 동일한 구조를 갖고 있었다. 베토벤의 교향곡에서 불협화음이 협화음으로 해결되고 갈등이 승리로 귀결되는 과정은 칸트적 의미의 도덕적 의무가 감성적 충동을 극복하는 드라마의 음악적 형상화였다.

동시에 조성적 질서는 억압적 성격을 갖고 있었다. 모든 음이 중심음과의 관계에서만 의미를 갖는다는 것은 개별성보다 전체성을 우선시하는 권위주의적 사고와 연결되어 있었다. 불협화음은 반드시 협화음으로 해결되어야 한다는 규칙은 갈등과 모순을 용인하지 않는 완결적 체계에 대한 욕망을 반영했다. 니체의 관점에서 보면 이런 음악적 질서야말로 그가 비판한 "소크라테스적 합리주의"의 음향적 표현이었다.

바그너가 〈트리스탄과 이졸데〉에서 시도한 것은 바로 이런 억압적 질서의 해체였다. 트리스탄 코드는 어떤 조성에도 완전히 속하지 않는 애매한 화음이었고, 그 해결 방향도 예측할 수 없었다. 청중은 안정적인 조성적 중심을 잃고 끝없는 부유 상태에 빠지게 되었다. 이는 니체가 말한 "모든 가치의 재평가"의 음악적 실현이었다. 기존의 위계질서가 무너지고 새로운 가치 기준을 찾아야 하는 혼란스럽지만 동시에 해방적인 경험이었다.

무한선율과 디오니소스적 도취

바그너가 〈트리스탄과 이졸데〉에서 도입한 또 다른 혁신은 '무한선율(unendliche Melodie)[1]' 개념이었다. 전통적인 오페라에서 아리아는 명확한 시작과 끝을 가진 독립적 단위였다. 하지만 바그너는 선율이 끊임없이 이어지고 확장되는 형식을 고안했다. 한 선율이 끝나기 전에 다음 선율이 시작되고, 그 다음 선율 역시 완결되지 않은 채 또 다른 선율로 이어진다. 이는 극적 진행과 음악적 흐름을 완벽하게 통합시키려는 시도였다.

무한선율은 니체가 『비극의 탄생』에서 제시한 디오니소스적 예술의 특징과 정확히 일치한다. 디오니소스적 충동은 개별적 형태들 사이의 경계를 무너뜨리고 모든 것을 하나의 흐름으로 융합시키려 한다. 바그너의 음악에서 개별적 아리아들 사이의 경계가 사라지는 것은 개별적 자아들 사이의 경계가 사라지는 것과 같은 의미였다. 청중은 더 이상 음악을 외부에서 관찰하는 것이 아니라 음악의 일부가 되어 그 흐름에 몸을 맡기게 된다.

특히 2막의 사랑의 이중창에서 이런 효과가 극대화된다. 트리스탄과 이졸데가 부르는 "밤이여, 우리를 감싸다오"는 단순한 사랑 노래가 아니라 개별성의 소멸을 갈망하는 형이상학적 기도다. 두 성부가 서로 얽히고 융합되면서 청중은 두 연인의 개별성이 사라지고 하나의 목소리로 통합되는 과정을 직접 체험한다. 이때 음악은 재현

---

[1] 무한선율(unendliche Melodie) 바그너가 도입한 개념으로, 선율이 끊임없이 이어지고 확장되는 형식이다. 전통적인 아리아의 경계를 무너뜨리고 극적 흐름을 통합한다.

적 기능을 넘어서서 존재론적 사건이 된다. 청중은 개별적 관찰자가 아니라 그 사랑의 일부, 그 합일의 증인이 된다.

바그너가 의도한 것은 바로 이런 디오니소스적 도취였다. 그는 관객들이 일상적 의식 상태에서 벗어나 더 깊은 차원의 실재와 만나기를 원했다. 이를 위해 그는 바이로이트 축제극장을 특별히 설계했다. 오케스트라 피트를 무대 아래로 숨겨서 음악이 어디서 나오는지 알 수 없게 했고, 공연 중에는 조명을 완전히 꺼서 관객들이 오직 무대에만 집중하도록 했다. 이 모든 장치들은 관객들을 일상적 현실에서 분리시켜 음악이 만들어내는 환상의 세계로 완전히 몰입시키기 위한 것이었다.

시도동기와 무의식의 조작

바그너의 음악적 혁신에서 빼놓을 수 없는 것이 시도동기(leitmotiv) 기법이다. 특정 인물이나 감정, 개념과 연결된 짧은 음악적 동기들이 오페라 전체를 관통하며 복잡한 상징 체계를 만들어낸다. 시도동기 기법은 프로이트 이전에 무의식의 작동 방식을 음악적으로 구현한 놀라운 혁신이었다.

등장인물들이 말로 표현하지 않는 감정들, 심지어 스스로도 의식하지 못하는 충동들이 오케스트라를 통해 직접 드러난다. 예를 들어 1막에서 이졸데가 트리스탄에 대한 증오를 노래할 때 오케스트라에는 이미 사랑의 동기가 연주되어, 그녀의 의식적 증오 뒤에 숨어있는 무의식적 사랑을 암시한다.

이는 청중의 무의식에 직접 호소하는 강력한 조작 기법이기도 했다. 시도동기들은 반복을 통해 청중의 기억에 각인되고, 나중에 다시 등장할 때마다 이전의 모든 연상과 감정을 불러일으킨다. 이는 마치 파블로프의 조건반사 실험과 같은 원리로, 특정 음형이 들리면 자동적으로 특정 감정이 유발되도록 하는 것이다. 바그너는 이를 통해 청중의 감정을 의식적 판단을 거치지 않고 직접 조작할 수 있었다.

니체는 처음에는 이런 기법에 감탄했지만, 나중에는 그 조작적 성격에 대해 깊이 우려하게 되었다. 시도동기를 통한 감정 조작은 청중의 비판적 사고를 마비시키고 수동적 도취 상태로 빠뜨릴 수 있기 때문이었다. 특히 바그너의 음악이 후에 나치의 선전에 이용된 것을 보면, 니체의 우려가 얼마나 정당했는지 알 수 있다. 예술이 아무리 아름다워도 그것이 인간의 이성적 판단력을 약화시킨다면 위험할 수 있다는 것이다.

리하르트 슈트라우스와 후대의 계승

바그너의 음악적 혁신은 20세기 작곡가들에게 결정적 영향을 미쳤다. 특히 리하르트 슈트라우스(Richard Strauss, 1864-1949)[1]는 바그너의 화성적 혁신을 더욱 극단화하여 조성 체계의 완전한 해체 직전까지 밀고 나갔다. 그의 오페라 〈살로메〉(1905)와 〈엘렉트라〉(1909)에서는 트리스탄 코드보다 훨씬 더 복잡하고 불협화적인 화음들이 등

---

1 슈트라우스(Richard Strauss, 1864-1949) 20세기 작곡가로, 바그너의 화성적 혁신을 더욱 극단화하여 조성 체계의 완전한 해체 직전까지 밀고 나갔다.

장한다.

〈살로메〉 라 스칼라 극장, 정명훈 지휘

〈살로메〉의 주인공은 요한의 목을 요구하는 광기어린 공주이고, 〈엘렉트라〉의 주인공은 아버지의 복수에 사로잡힌 히스테리적 여성이다. 두 작품 모두 니체가 『선악의 저편』에서 제시한 기존 가치

체계를 넘어선 인간, 즉 "위버멘쉬"적 인물들을 그리고 있다. 이들은 전통적 도덕을 거부하고 자신만의 가치를 창조하려 하지만, 그 과정에서 파괴적이고 반사회적인 모습을 보인다.

슈트라우스의 음악은 이런 인물들의 심리적 상태를 완벽하게 재현한다. 전통적 조성 감각을 완전히 상실한 극도로 불협화적인 화성들은 주인공들의 광기와 히스테리를 직접적으로 표현한다. 하지만 동시에 이런 음악은 청중에게도 유사한 심리적 효과를 미친다. 안정적인 조성적 기반을 잃은 청중은 음악적 혼돈 속에서 방향감각을 상실하고 불안과 흥분이 뒤섞인 상태에 빠진다.

니체가 우려했던 바그너적 "데카당스"의 극단적 발현이었다. 예술이 기존 가치 체계를 파괴하는 것까지는 필요할 수 있지만, 그 후에 새로운 건설적 가치를 제시하지 못한다면 단순한 파괴와 혼돈에 그칠 위험이 있다. 슈트라우스의 초기 작품들은 바로 그런 위험성을 보여주는 사례였다. 다행히 슈트라우스 자신은 후에 이런 극단적 실험에서 벗어나 〈장미의 기사〉(1911) 같은 더 균형 잡힌 작품들을 썼지만, 그의 초기 작품들이 보여준 파괴적 에너지는 20세기 음악 전반에 깊은 영향을 미쳤다.

쇤베르크와 조성의 완전한 붕괴

바그너가 시작한 조성 해체 과정은 아르놀트 쇤베르크(Arnold Schoenberg, 1874-1951)에 이르러 완전히 완성되었다. 쇤베르크는 초기 작품 〈정화된 밤〉(1899)[1]에서 바그너적 반음계주의를 더욱 극단화했고, 〈달에 홀린 피에로〉(1912)[2]에서는 완전히 무조적인 음악을 선보였다. 여기서는 더 이상 조성적 중심이 존재하지 않으며, 모든 반음이 동등한 지위를 갖는다.

쇤베르크의 무조 음악은 니체가 예견한 "모든 가치의 재평가"를 음악적으로 완성한 것이었다. 기존의 위계질서가 완전히 사라지고 모든 요소가 동등한 지위를 갖는 새로운 질서가 등장한 것이다. 하지만 이런 급진적 실험은 동시에 심각한 문제를 제기했다.

조성적 기반을 완전히 상실한 음악은 대부분의 청중에게 이해 불가능한 소음으로 들렸고, 음악의 소통 기능 자체가 위협받게 되었다. 쇤베르크 자신도 이런 문제를 의식하고 나중에 십이음기법[3]이라는 새로운 조직 원리를 개발했지만, 이것 역시 일반 청중에게는 여전히 어려운 음악이었다. 20세기 현대음악이 대중과 점점 멀어지게 된 근본적 원인이 바로 여기에 있다. 바그너가 시작한 조성 해체가 궁극적으로는 음악 예술 자체의 위기로 이어진 것이다.

니체의 철학에서도 마찬가지 문제가 나타난다. 기존 가치 체계를 파괴하는 것은 필요하지만, 그 후에 새로운 가치를 창조하는 것은 훨씬 어려운 일이다. 니체가 말한 "위버멘쉬"나 "영원회귀" 같은 개

---

1 〈정화된 밤〉(Verklärte Nacht, 1899) 아르놀트 쇤베르크의 초기 작품이다. 바그너의 반음계주의를 더욱 극단화한 작품이다.

2 〈달에 홀린 피에로〉(Pierrot lunaire, 1912) 쇤베르크의 작품이다. 완전히 무조적인 음악을 선보였으며, 모든 반음이 동등한 지위를 갖는다.

3 십이음기법(Zwölftontechnik) 쇤베르크가 개발한 새로운 조직 원리다. 무조 음악의 문제점을 극복하기 위해 모든 12개 음이 동등한 중요성을

념들도 구체적인 삶의 지침으로 기능하기에는 너무 추상적이고 어려웠다. 바그너의 음악적 혁신과 니체의 철학적 혁신이 모두 후대에 혼란과 위기를 가져온 것은 우연이 아니다.

영화음악과 현대적 계승

바그너의 음악적 유산이 모두 부정적인 것은 아니었다. 특히 20세기에 등장한 영화라는 새로운 매체에서 바그너의 기법들은 새로운 생명을 얻었다. 할리우드 영화음악의 아버지로 불리는 막스 슈타이너(Max Steiner)나 에리히 볼프강 코른골드(Erich Wolfgang Korngold) 같은 작곡가들은 모두 바그너의 영향을 받았다.

영화음악에서 시도동기 기법은 완벽한 기능을 발휘한다. 특정 인물이나 상황과 연결된 음악적 테마들이 영화 전체를 관통하며 스토리텔링을 도와준다. 〈스타워즈〉의 존 윌리엄스나 〈반지의 제왕〉의 하워드 쇼어 같은 현대 영화음악 작곡가들도 본질적으로는 바그너의 시도동기 기법을 계승하고 있다. 또한 바그너가 추구한 종합예술작품의 이상도 영화라는 매체를 통해 어느 정도 실현되었다고 볼 수 있다.

동시에 이는 니체가 우려했던 문제들도 그대로 계승하고 있다. 영화음악의 감정 조작 기법은 바그너의 그것보다 훨씬 더 정교하고 강력해졌다. 관객들은 영상과 음악이 만들어내는 총체적 환상에 완전히 몰입하며, 비판적 사고는 일시적으로 정지된다. 이는 엔터테인먼트의 차원에서는 성공적이지만, 예술의 교육적·계몽적 기능을 생각하면 문제가 될 수 있다. 바그너의 음악이 나치 선전에 이용된 역사를 생각하면, 강력한 감정 조작 기법을 가진 예술의 정치적 오용 가능성에 대해 항상 경계해야 한다. 현대의 영화나 미디어도 마찬가지다. 기술적 완성도가 높을수록 그 조작적 효과도 강력해지므로, 제작자는 더 큰 윤리적 책임을 져야 한다.

음악적 혁명의 철학적 의미

바그너의 〈트리스탄과 이졸데〉가 서양 음악사에 가한 충격은 단순한 기법상의 혁신을 넘어선다. 그것은 서양 문명의 기본 질서에 대한 근본적 도전이었고, 동시에 새로운 문화적 가능성의 개척이었다. 트리스탄 코드로 상징되는 조성 체계의 해체는 니체가 말한 "신의 죽음"과 같은 의미를 갖는다. 절대적이고 불변적인 것으로 여겨졌던 질서가 사실은 인간이 만든 구성물에 불과하다는 것이 드러난 것이다.

이런 깨달음은 해방적이면서 동시에 위험하다. 기존 질서의 억압에서 벗어날 수 있지만, 동시에 방향을 잃고 혼돈에 빠질 위험도 있다. 바그너 이후의 음악사가 보여주는 것처럼, 파괴는 쉽지만 건설은 어렵다. 조성을 해체하는 것은 비교적 간단하지만, 그것을 대체할 새로운 질서를 만드는 것은 훨씬 복잡한 과제다.

니체가 바그너에 대한 평가를 바꾼 이유도 여기에 있다. 초기에는 바그너의 파괴적 에너지에 감탄했지만, 나중에는 그 건설적 대안의 부재를 문제 삼게 되었다. 진정한 "위버멘쉬"라면 기존 가치를 파괴하는 것에 그치지 않고 새로운 가치를 창조해야 하는데, 바그너는 파괴에만 능했다는 것이다.

이는 바그너 개인의 한계라기보다는 근대 전환기의 구조적 문제였을 수도 있다. 수백 년간 지속되어온 문화적 질서가 무너지는 시기에는 누구든 혼란을 겪을 수밖에 없다. 바그너의 음악적 실험들이 후대에 많은 문제를 제기했지만, 동시에 새로운 가능성의 지평을 열어준 것도 사실이다. 20세기와 21세기 음악의 다양성과 풍요로움은 바그너가 시작한 혁명 없이는 불가능했을 것이다.

중요한 것은 바그너의 유산을 맹목적으로 추종하거나 완전히 거부하는 것이 아니라, 그것이 제기하는 문제들을 성찰적으로 검토하는 것이다. 예술의 혁신적 가능성과 조작적 위험성, 개인적 자유와 사회적 책임, 파괴와 건설 사이의 균형을 찾는 것이야말로 바그너 이후의 예술가들이 풀어야 할 과제다. 트리스탄 코드가 던진 질문들은 여전히 우리 시대의 질문이기도 하다.

4. 사랑의 묘약
《죽음으로 완성된 영원》

코지마 바그너(Cosima Wagner)

"부드럽고 그윽하게 미소를 지으시네, 너무나도 거룩하게 눈을 뜨시네" 트리스탄의 주검 위에서 이졸데가 부르는 마지막 노래 "사랑의 죽음(Liebestod)"은 서양 음악사상 가장 아름다우면서도 가장 논란이 많은 결말 중 하나다. 이졸데는 죽어가면서도 환희에 찬 표정으로 노래한다. "이 크나큰 세상의 울림 속으로 뛰어들어 가라앉는다면 나는 너무나 행복할 것이다" 그녀에게 죽음은 패배가 아니라 승리이고, 끝이 아니라 시작이다. 하지만 이런 죽음 찬미가 과연 삶을 긍정하는 건강한 태도일까, 아니면 현실을 부정하는 병적 도피일까?

이 질문은 바그너의 작품을 넘어서서 니체 철학의 핵심 문제와 직결된다. 니체가 평생 추구한 "생명 긍정"과 "운명사랑(amor fati)"의 관점에서 보면, 〈트리스탄과 이졸데〉의 결말은 심각한 문제를 제기한다. 진정한 운명사랑이라면 주어진 조건 그대로의 삶을 사랑해야 하는데, 트리스탄과 이졸데는 현실의 삶을 포기하고 죽음에서 구원을 찾으려 한다. 이는 니체가 가장 혐오한 쇼펜하우어적 염세주의의 전형이다. 젊은 니체가 바그너에게서 그리스 비극의 부활을 보았다면, 성숙한 니체는 같은 작품에서 현대 문명의 "데카당스"를 발견했다. 그 차이를 가르는 핵심이 바로 죽음에 대한 태도에 있다.

사랑의 묘약: 운명인가, 변명인가

〈트리스탄과 이졸데〉의 비극은 사랑의 묘약을 마시는 순간부터 예정되어 있었다. 바그너의 각색에서 이 묘약은 단순한 마술적 도구가 아니라 깊은 철학적 의미를 갖는다. 이졸데는 처음에 자신의 약혼자를 죽인 트리스탄에게 복수하려고 독약을 건넸지만, 그것은 시녀 브랑게네가 바꿔놓은 사랑의 묘약이었다. 트리스탄이 그 독약을 반쯤 마시자 이졸데도 함께 죽을 생각으로 나머지를 마신다. 결국 두 사람은 죽으려 했지만 사랑에 빠지게 되었다.

이 장면의 상징적 의미는 복합적이다. 한편으로는 사랑이 개인의 의지를 넘어서는 운명적 힘임을 보여준다. 내가 사랑하고 싶다고 해서 사랑하게 되는 것도 아니고, 사랑하지 않겠다고 해서 사랑하지 않을 수 있는 것도 아니다. 사랑은 마치 묘약을 마신 것처럼 스스로 억제할 수 없는 감정에 빠뜨린다. 이런 의미에서 사랑의 묘약은 인간 조건의 근본적 수동성을 상징한다.

다른 한편으로는 이것이 도덕적 책임을 회피하기 위한 변명일 수도 있다. 바그너 자신의 삶을 보면 그는 언제나 자신의 불륜을 "운명적 사랑"으로 정당화했다. 마틸데 베젠동크와의 관계도, 코지마 폰 뷜로와의 관계도 모두 "어쩔 수 없는 운명"이었다. 하지만 과연 그럴까? 사랑의 감정 자체는 운명적일 수 있지만, 그 감정을 어떻게 표현하고 실천할지는 개인의 선택 문제다.

니체의 관점에서 보면 진정한 "운명사랑"은 주어진 감정을 그대로 받아들이는 것이 아니라 그것을 창조적으로 변형시키는 것이다. 사랑의 충동을 예술 창작의 에너지로 승화시키거나, 현실적 제약 안에서도 아름다운 관계를 만들어가거나, 아니면 그 사랑을 포기하고 더 큰 가치를 추구할 수도 있다. 중요한 것은 자신의 선택에 대해 완전한 책임을 지는 것이다.

바그너의 트리스탄과 이졸데는 그런 창조적 변형을 시도하지 않는다. 그들은 사랑의 묘약에 완전히 굴복하고, 그 결과에 대한 모든 책임을 "운명"에게 떠넘긴다. 마르크 왕에 대한 배신, 기사로서의 의무 포기, 사회적 관계의 파괴 등은 모두 "어쩔 수 없는 일"이 된다. 이는 니체가 말한 "주인의 도덕"[1]이 아니라 "노예의 도덕"[2]이다. 주체적 결단 대신 수동적 순응을 선택한 것이다.

영원회귀 vs 사랑의 죽음: 두 종류의 영원

바그너가 〈트리스탄과 이졸데〉에서 제시하는 영원과 니체가 말하는 영원은 근본적으로 다르다. 이졸데의 "사랑의 죽음"에서 그려지는 영원은 시간을 초월한 정적인 상태. 개별적 존재로서의 고통과 갈등이 모두 사라지고, 순수한 사랑의 본질만이 남는 형이상학적 영역이다. 이는 플라톤의 이데아계나 기독교의 천국과 본질적으로 같은 구조를 갖고 있다. 현실을 넘어선 완전한 세계에 대한 갈망이다.

니체의 "영원회귀"는 바로 이 현실, 이 순간을 무한히 반복하고 싶을 만큼 사랑하는 것이다. 고통도 기쁨도, 성공도 실패도, 사랑도 이별도 모든 것을 포함한 삶 전체를 무조건적으로 긍정하는 것이다. 니체는 『차라투스트라는 이렇게 말했다』에서 이를 가장 무거운

---

[1] "주인의 도덕(Herren-Moral)" 니체가 『도덕의 계보』에서 제시한 개념으로, 자신의 의지와 힘을 바탕으로 선악을 스스로 규정하는 것을 말한다.
[2] "노예의 도덕(Sklaven-Moral)" 니체가 『도덕의 계보』에서 제시한 개념으로, 약자들이 지배자에게 복종하면서 그들의 힘을 질투하고 원망하는 태도에서 비롯된 도덕이다.

사상이라고 불렀다. "만약 당신이 지금까지 살아온 삶을 똑같이 무수히 반복해서 살아야 한다면, 그래도 그 삶을 사랑할 수 있는가?"

이 두 영원 개념의 차이는 명확하다. 바그너의 영원은 도피적이고 니체의 영원은 긍정적이다. 바그너의 영원은 현실의 부정을 통해 도달하는 것이고, 니체의 영원은 현실의 긍정을 통해 실현하는 것이다. 바그너의 영원은 개별성의 소멸을 요구하지만, 니체의 영원은 개별성의 극대화를 전제한다.

〈트리스탄과 이졸데〉에서 두 연인이 추구하는 것은 "낮의 세계"에서 "밤의 세계"로의 도피다. 낮은 개별성과 갈등의 영역이고, 밤은 일체감과 평화의 영역이다. 하지만 니체에게는 이런 이분법 자체가 문제다. 진정한 지혜는 낮과 밤, 개별성과 일체감, 갈등과 평화를 종합하는 것이지 한쪽을 선택해서 다른 쪽을 배제하는 것이 아니다.

현실적으로 생각해봐도 트리스탄과 이졸데의 해결책은 비현실적이다. 모든 연인이 사랑 때문에 죽을 수는 없는 노릇이다. 사회적 관계와 도덕적 의무를 모두 무시하고 오직 개인적 감정만을 추구한다면 문명 자체가 불가능해진다. 바그너가 그리는 "숭고한 사랑"은 소수의 예외적 존재들만 누릴 수 있는 특권이지 보편적 인간 조건에 대한 해답이 될 수 없다.

〈트리스탄과 이졸데〉 로젤리오 데 에구스키자
바그너와의 친분으로 많은 바그너 오페라 인물들의 초상화를 남김

카타르시스 vs 데카당스: 비극의 두 얼굴

그렇다면 〈트리스탄과 이졸데〉가 관객들에게 주는 감동은 무엇인가? 분명 이 작품은 많은 사람들에게 깊은 카타르시스를 제공한다. 아름다운 음악과 숭고한 사랑 이야기를 통해 일상의 속박에서 벗어나는 해방감을 느끼게 한다. 이는 아리스토텔레스가 말한 비극의 정화 효과와 유사해 보인다.

니체의 후기 관점에서 보면 이런 카타르시스는 가짜다. 진정한 비극적 정화는 고통과 갈등을 직시하면서도 그것을 긍정할 수 있는 힘을 길러주는 것이어야 한다. 그리스 비극의 영웅들은 비참한 운명에 직면하면서도 끝까지 인간다운 존엄성을 잃지 않았다. 오이디푸스는 자신의 죄를 인정하고 그에 상응하는 벌을 받아들였고, 안티고네는 죽음을 각오하고서도 자신의 신념을 굽히지 않았다.

트리스탄과 이졸데는 어려움에 직면하자 현실 도피를 선택한다. 그들이 보여주는 것은 용기가 아니라 도피이고, 긍정이 아니라 부정이다. 관객들이 이런 인물들을 통해 얻는 카타르시스는 결국 현실 도피의 쾌감에 불과하다. 일시적으로는 위안이 될 수 있지만 장기적으로는 삶에 대한 적극적 태도를 약화시킨다.

니체가 말한 "데카당스"의 핵심이 바로 이것이다. 겉으로는 아름답고 숭고해 보이지만 실제로는 생명력을 소진시키는 문화 현상이다. 바그너의 음악을 듣고 감동받은 청중들이 현실로 돌아가서 더 적극적으로 살게 되는가? 아니면 현실의 어려움을 회피하고 예술적 환상에만 빠져들게 되는가? 니체의 진단은 후자였다.

19세기 말 유럽에서 실제로 일어난 일들을 보면 니체의 우려가 얼마나 정당했는지 알 수 있다. 바그너의 영향으로 "사랑 때문에 죽는 것"이 로맨틱한 일로 여겨지면서 젊은이들의 자살이 증가했다. 예술가들은 도덕적 타락을 창작의 조건으로 여겼고, 부르주아들은 예술적 취향으로 자신의 도덕적 방종을 합리화했다. 이 모든 것이 바그너가 의도한 것은 아니었겠지만, 그의 작품이 이런 현상에 기여한 것은 분명하다.

현대적 성찰: 사랑이 성숙과 책임

21세기 관점에서 〈트리스탄과 이졸데〉를 다시 보면 여전히 시사하는 바가 크다. 현대 사회에서도 "운명적 사랑"이라는 이름으로 책임을 회피하는 사례들을 쉽게 찾을 수 있다. 불륜을 "진정한 사랑"으로 미화하거나, 현실적 어려움을 극복하려 노력하지 않고 "영원한 사랑"이라는 환상에만 빠져드는 경우들이다.

성숙한 사랑이라면 현실을 외면하는 것이 아니라 현실을 변화시키려 노력해야 한다. 사회적 제약이 문제라면 그 제약을 바꿔나가거나, 아니면 그 제약 안에서도 의미 있는 관계를 만들어가야 한다. 사랑하는 사람과 함께 더 나은 미래를 만들어가려는 의지야말로 진정한 사랑의 증거다.

니체가 카르멘에게서 발견한 사랑의 태도가 바로 이런 것이었다. 카르멘은 자신의 감정에 솔직하면서도 그 결과에 대해 완전한 책임을 진다. 그녀는 운명을 탓하지 않고 자신의 선택을 자랑스럽게 여긴다. 비록 비극적 결말을 맞이하지만 그 과정에서 보여주는 당당함과 자유로움은 트리스탄과 이졸데의 수동적 순응과는 정반대다.

현대 심리학의 관점에서 보면 건전한 사랑 관계는 상호 의존이 아니라 상호 독립에 기반해야 한다. 각자가 독립적 인격체로서 성장하면서 동시에 서로를 지지하고 격려하는 관계가 이상적이다. 트리스탄과 이졸데처럼 개별성을 포기하고 하나가 되려는 시도는 결국 둘 다를 미성숙한 상태로 퇴행시킬 뿐이다.

예술의 책임: 위안인가 도전인가

〈트리스탄과 이졸데〉를 통해 제기되는 마지막 질문은 예술의 역할에 관한 것이다. 예술이 현실의 고통에서 벗어나는 위안을 제공해야 하는가, 아니면 현실과 더 적극적으로 대결할 수 있는 힘을 길러주어야 하는가? 바그너는 전자를 택했고 니체는 후자를 주장했다.

바그너가 추구한 "미학적 위안"[1]은 분명 필요한 기능이다. 인간은 때로는 현실의 무게에서 벗어나 꿈과 환상의 세계에서 휴식을 취해야 한다. 예술이 그런 휴식처를 제공하는 것은 중요한 역할이다. 하지만 그것이 예술의 전부는 아니다. 더 중요한 것은 그런 휴식을 통해 재충전된 에너지로 현실을 더 적극적으로 살아갈 수 있게 되는 것이다. 니체가 추구한 "생명 긍정"의 예술은 고통을 외면하지 않고 직시하면서도 그것을 극복할 수 있는 힘을 길러주는 예술이다. 베토

---

1 "미학적 위안(ästhetischer Trost)" 바그너가 추구한 예술의 역할이다. 현실의 고통에서 벗어나 꿈과 환상의 세계에서 휴식을 취하는 것을 말한다.

벤의 교향곡이 그런 예술의 대표적 사례다. 베토벤의 음악은 인간의 고통과 갈등을 숨기지 않고 정면으로 다루지만, 동시에 그것을 극복하는 의지와 희망을 보여준다. 청중은 베토벤의 음악을 듣고 현실에서 도피하고 싶어지는 것이 아니라 더 용기 있게 살고 싶어진다.

현대 예술에서도 이런 구분은 여전히 유효하다. 어떤 작품들은 관객을 현실에서 도피하게 만들고, 어떤 작품들은 현실과 더 적극적으로 대결하게 만든다. 전자가 나쁘다는 것은 아니지만, 후자가 더 성숙하고 건설적인 예술이라고 할 수 있다. 진정한 예술은 인간을 더 인간답게 만들어주는 것이어야 한다.

결론: 바그너를 넘어서

〈트리스탄과 이졸데〉는 분명 위대한 예술작품이다. 그것이 음악사에 미친 혁신적 영향이나 인간의 감정 깊숙한 곳에 호소하는 힘은 부정할 수 없다. 하지만 동시에 그것이 담고 있는 사상적 내용과 그것이 문화에 미치는 영향에 대해서는 비판적으로 검토해야 한다. 예술의 아름다움과 사상의 건전성을 분리해서 생각할 수 있는 성숙한 감상 능력이 필요하다.

니체가 바그너와의 결별을 통해 우리에게 남긴 교훈은 명확하다. 진정한 예술은 삶을 도피하게 하는 것이 아니라 더욱 적극적으로 살아갈 수 있는 힘을 길러주어야 한다. 진정한 사랑은 현실을 외면하는 것이 아니라 현실을 변화시키려는 의지에서 나와야 한다. 그리고 진정한 영원은 죽음 너머에 있는 것이 아니라 바로 이 순간, 이 현실 속에서 실현되어야 한다. 바그너의 〈트리스탄과 이졸데〉는 19세기 말 유럽 문명의 위기를 상징하는 작품이면서 동시에 그 위기를 극복하기 위한 단초를 제공하는 작품이기도 하다. 그것이 보여주는 것은 무엇을 피해야 할지에 대한 교훈이다. 우리는 트리스탄과 이졸데의 아름다운 사랑에 감동받으면서도, 동시에 그들이 선택한 길이 궁극적으로는 막다른 골목임을 알아야 한다. 진정한 삶은 죽음을 통한 도피가 아니라 현재를 통한 창조에 있다는 것을 깨달아야 한다.

  니체는 바그너 대신 카르멘을 택했고, 쇼펜하우어적 의지의 부정 대신 디오니소스적 삶의 긍정을 택했으며, 형이상학적 위안 대신 실존적 책임을 택했다. 이런 선택들이 쉽지는 않다. 바그너가 제공하는 달콤한 도피처를 거부하고 냉혹한 현실과 정면으로 마주하는 것은 용기가 필요한 일이다. 하지만 그런 용기야말로 진정한 인간다움의 시작이고, 성숙한 문화의 토대가 된다. 〈트리스탄과 이졸데〉가 제기한 문제들은 여전히 우리 시대의 문제이고, 니체가 제시한 해답들은 여전히 우리가 추구해야 할 이상이다.

바그너와 아내 코지마 바그너

〈트리스탄과 이졸데〉 등장인물

트리스탄 Tristan, 테너
아라곤의 젊은 귀족으로 백작, 군대의 지휘관으로 만리코와 정치적인 정적이다. 레오노라를 사모하나 레오노라는 만리코를 선택한다. 만리코의 친형이다.

이졸데 Isolde, 소프라노
아라곤 공작부인의 젊은 시녀. 신분도 모르는 남자에게 사랑을 약속하고, 그의 죽음으로 수녀의 길로 떠나는 헌신적인 여성이다. 남자의 사형 소식을 듣자 필사적으로 구하려 목숨을 거는 여인이다.

마르케 왕 Marke, 베이스
음유시인. 우르젤 공작 군대의 젊은 지휘관으로 아주체나의 아들이다. 어머니에 대한 의존증이 있다. 루나 백작의 친동생이다.

쿠르베날 Kurwenal, 바리톤
만리코를 양육한 집시 여인으로 아들을 이용해 복수를 하려고 하나, 불안정한 심리상태를 보인다. 불꽃에 대해 집착을 보이지만, 결국 복수를 완성한다.

브랑게네 Brangäne, 메조소프라노
만리코를 양육한 집시 여인으로 아들을 이용해 복수를 하려고 하나,

멜로트 Melot, 테너
만리코를 양육한 집시 여인으로 아들을 이용해 복수를 하려고 하나,

기타 인물
목동, 키잡이, 젊은 뱃사공, 기사들, 시종들, 시녀들

OPERA INFO

원작 『트리스탄과 이졸데』, 『트리스탄 서사시』, 고트프리트 폰 슈트라스부르크(Gottfried von Straßburg)
대본 리하르트 바그너
초연 1865년 뮌헨 궁정 오페라 극장
시간과 장소 중세, 영국 콘월 왕국과 프랑스 브로타뉴 지방

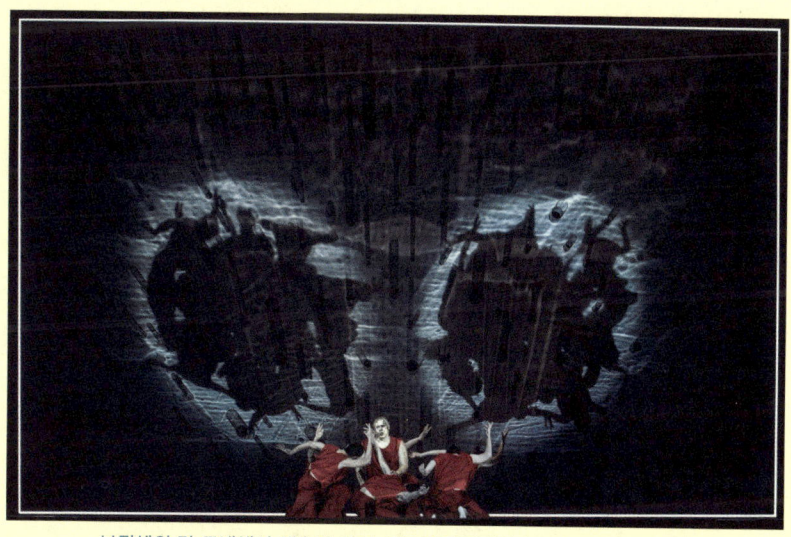

브뤼셀의 라 모네에서 예술과 양심 사이의 환각적인 〈트리스탄과 이졸데〉

〈트리스탄과 이졸데〉 줄거리

제 1 막

〈트리스탄과 이졸데〉는 사랑의 심리적 과정을 표현한 '트리스탄 화성'으로 유명한 전주곡으로 시작한다. 트리스탄의 '동경의 동기'로 반음계씩 상승해가다가 '사랑의 동기'로 이어진다. 그러나 '운명의 동기'는 이길 수 없어서 고요함으로 되돌아간다.

영국 콘월의 왕 마르케의 조카인 기사 트리스탄은 아일랜드 공주 이졸데를 배에 태워 영국으로 돌아가는 중이다. 젊은 뱃사공은 〈서쪽은 시야에서 사라지고(Westwärts schweift der Blick)〉를 부른다. 배는 콘월로 가까이 가고 있고, 이졸데는 상륙하고 싶지 않다며 폭풍이 불어와 배가 침몰했으면 좋겠다고 노래한다.

이졸데는 트리스탄을 본 후 불타오르는 사랑 때문에 괴로워한다. 이졸데는 시녀 브랑게네를 시켜 트리스탄에게 만남을 청하지만 트리스탄은 배의 키를 놓을 수 없다고 거절한다. 트리스탄의 부하 쿠르베날은 과거 이졸데의 약혼자 모홀트가 콘월에 왔다가 죽은 이야기 〈모롤트 경이 바다를 건너(Herr Morold zog au Meere her)〉을 부르며 조롱한다.

이졸데는 트리스탄이 예전에 탄트리스라는 가명으로 자신을 속이고 치료받았던 사실을 그의 노래 〈작고 약한 배 한 척이(Von einem Kahn')〉를 브랑게네에게 이야기한다. 이졸데는 트리스탄의 상처를 본 순간 자신의 약혼자를 죽인 원수라는 사실을 알게 되었다는 내용이다. 그리하여 그를 죽이려 했지만, 이상하게도 그의 괴로움이 나의 마음을 움직여서 그를 죽일 수 없었다. 그때 정성을 다해 트리스탄을 치료해주고 돌려보낸 것이 후회된다고 말한다.

더욱이 배은망덕하게 트리스탄이 숙부인 마르케 왕의 배우자로 자신을 데리러 온 것에도 이졸데는 화가 나 있다. 이졸데는 "사랑도 없이 늙은 왕과 결혼하느니, 원수를 죽이고 나도 죽는 길밖에 없다"며 은혜를 배신으로 갚은 트리스탄에 대한 분노로 가득 차 죽음의 독약을 준비하라고 한다.

콘월에 도착해서 배에서 내릴 때가 되자 이졸데는 트리스탄이 직접 와야 내리겠다고 고집을 부린다. 그녀는 시녀 브랑게네에게 이별을 고하고 "이머니가 준비해 준 비약들 중에서 극약을 꺼내주며 두 개의 황금잔에 준비하라"고 시킨다. 브랑게네는 놀라서 "저를 불쌍히 여겨주십시오"라며 울면서 엎드리자 이졸데는 〈나를 도와다오 겁많은 시녀야(Schöne, du mich untreue Magd!)〉를 부르며 통곡한다.

부름받은 트리스탄은 이졸데에게 약혼자의 원수인 자기를 죽이라고 말하며 자신의 칼을 내어준다. 이졸데는 자신이 칼을 든다면 평화의 약속이 깨질것이라고 사양한다. 두 사람은 사랑을 이야기하지 않지만, 오케스트라는 '사랑의 동기'를 연주한다. 이졸데는 칼대신 함께 속죄의 잔을 들자고 제안한다. 브랑게네가 준비한 독약을 마시라고 하는데, 트리스탄이 그대로 약을 마시자 이졸데가 "반은 나의 몫"이라며 잔을 뺏어서 나머지 절반을 마신다. 그러나 브랑게네가 잔에 독약 대신 사랑의 묘약을 넣어두었기 때문에 두 사람은 죽는 대신 열정적 사랑에 빠진다.

트리스탄과 이졸데는 격정적인 2중창 〈트리스탄! 믿을 수 없는 사람! (Tristran! Treuloser Holder!) 이졸데! 너무도 사랑스러운 여인이여! (Isolde! Seligste Frau!)〉를 부르고 서로의 이름을 부르며 포옹하고 만다. 배가 육지에 닿고 밖에서는 환영인파의 합창이 들려온다. "콘월 만세!"라는 합창과 화려한 관현악 음악 속에서 트리스탄과 이졸데는 여전히 부둥켜안고 있는 가운데 막이 내린다.

제 2 막

콘월 왕국의 마르케 왕의 성. 마르케 왕은 신하 멜로트의 권유로 밤 사냥을 나가고 성에 없다. 왕비 이졸데는 이 기회에 트리스탄을 만나고 싶어 한다. 브랑게네는 "이건 왕의 신하 멜로트의 함정"이라며 조심해야 한다고 말린다. 이졸데는 트리스탄의 친구인 멜로트가 우리에게 베푸는 호의라고 생각한다.

'사랑의 동기'를 표현하는 높아진 음악이 흐르고 감정이 점점 고조된 이졸데는 불을 끄고 헝겊을 흔들어 트리스탄에게 신호를 보낸다. 높아진 음악이 이러한 동작을 지시한다. 트리스탄이 뛰어 들어와 두 사람은 포옹하며 거침없이 사랑을 나눈다. 최고의 작품으로 불리는 사랑의 2중창 〈오 사랑의 밤이여 우리들을 가둬주오(O sink hernieder Nacht der Liebe)〉가 40여 분 동안 계속된다. 두 사람은 영원한 밤과 죽음을 찬미하고 대낮의 덧없는 명예와 삶을 저주한다. 격정으로 타올랐던 음악은 점차 가라앉는다.

두 사람의 긴 2중창은 관능적인 분위기 속에 반음계의 선율로 계속된다. 두 사람이 황홀감에 빠져있을 때, 조심하라고 경고하는 브랑게네의 노래가 들려온다. 그러나 두 사람은 "진정한 사랑은 밤의 절정에서 함께 죽는 데 있다"고 말하고, 결국 둘은 환희의 절정에서 함께 죽기로 한다.

2중창 〈오, 영원한 밤(O ew'ge Nacht)〉에서 두 사람은 깨지 않고 영원히 함께 있기를 노래한다. 사랑은 밤의 세계로 보고 이것을 방해하는 '빛의 동기'가 여러 차례 나타난다.

〈트리스탄과 이졸데〉 스케치

사랑의 이중창이 절정에 이르렀을 때 망을 보고 있던 쿠르베날이 달려 들어와 "함정에 걸려들었다"고 외친다. 두 사람 앞에 마르케 왕 일행과 그의 심복 멜로트가 나타난다. 두 사람 관계를 의심하고 있던 멜로트의 계략으로 밤 사냥이 기획된 것이었다. 마르케 왕은 가장 믿고 아꼈던 트리스탄과 아내의 배신에 비통한 심경을 노래한다.

마르케 왕은 〈나에게 하는 말인가? (Mir dies? Dies, Tristan, mir?)〉를 통하여 "트리스탄이 내게? 정말 그가 날 배신하고, 충성심을 지웠단 말인가? 명예의 수호자였던 그가, 명예와 진실을, 모두 잊었단 말인가?" 왕은 고통스러운 슬픔에 잠긴다. 난감한 상황에 처한 트리스탄은 마르케 왕의 심문에 대답할 말이 없다.

트리스탄은 이졸데에게 신비로운 밤의 세계로 같이 동행하겠는가를 묻는 이중창 〈지금 트리스탄이 가는 곳으로 그대 이졸데는 따라 오겠소?(Wohin nun Tristan scheidet, willst du, Isold', ihm folgen?)〉 이졸데는 〈이 이졸데는 따라갈 것입니다!(den Weg nun zeig Isold'!)〉라고 답한다.

멜로트가 왕에 대한 반역이라며 트리스탄을 칼로 찌른다. 트리스탄은 "어머니가 나를 낳고 떠나간 밤의 세계로 나도 간다"라고 말하며 쓰러지자, 이졸데는 트리스탄의 품으로 몸을 던진다. 멜로트가 트리스탄을 죽이려고 하지만 왕이 만류한다.

제 3 막

프랑스 브르타뉴 카레올의 황폐한 성. 쿠르베날은 부상당한 트리스탄을 데려와 정성껏 치료한다. 트리스탄은 깊은 잠에서 깨어나는데, 아직도 상처 때문에 사경을 헤매고 있다. 트리스탄은 죽지 못하고 낮의 세계로 다시 돌아온 것을 탄식한다. 쿠르베날이 이졸데에게 치료를 받자고 한다. 그러자 트리스탄은 아리아 〈너는 어떻게 생각하느냐? 나는 다르게 생각된다(Dünkt dich das? ich weiss es anders)〉를 부르며 자신의 사랑을 이야기한다.

오케스트라가 지금까지의 여러 동기들을 연주하 그의 설명을 보충한다. 그는 "아직도 밤을 기다린다"고 말한다. 쿠르베날은 "치료를 위해서 이졸데를 오게 하려고 사람을 보냈다"고 말한다. 트리스탄은 그 말에 크게 기뻐한다. 목동의 피리 소리가 즐거운 선율로 연주된다. 이졸데의 배가 도착했다는 신호다. 그러나 쿠르베날이 나간 사이에 트리스탄은 상처를 감았던 붕대를 풀어서 자신의 피가 흐르도록 한다.

트리스탄은 기쁨에 넘쳐 있는 힘을 다해 환희의 노래 〈오, 태양이여(O diese Sonne)〉를 부른다.

브뤼셀의 라 모네에서 예술과 양심 사이의 환각적인 〈트리스탄과 이졸데〉

"나의 피여! 기쁘게 솟아라! 나를 구하러 용감하게 달려오는 그녀가 나의 이 상처를 영원히 아물게 해 줄거야! 나는 이 세상을 잃어도 기쁘게 그녀를 만나러 가리!" 이졸데가 뛰어와서 트리스탄을 껴안는다. 출혈이 심한 트리스탄은 "이졸데!" 이름만 부르고 그녀의 품에서 숨을 거둔다.

이졸데는 트리스탄를 부둥켜안고 탄식의 노래 〈저예요, 저예요(Ha! ich bin's, ich bin's)〉를 부른다. 이졸데는 "당신과 결혼하기 위해 용감하게 바다를 건너 달려온 제가 당신의 장례를 치러야 하나요?"라고 외치며 트리스탄 위로 쓰러진다. 다시 목동의 피리 소리가 들리고 또 한 척의 배가 도착한다. 마르케 왕이 온 것이다. 쿠르베날이 칼을 들고 달려가서 멜로트를 죽이지만, 그도 왕의 병사들에게 죽는다.

마르케 왕이 등장해 트리스탄을 찾는다. 마르케 왕은 브랑게네에게서 두 사람의 이야기를 듣고 그들을 용서하러 온 것이다. 그러나 트리스탄은 이미 죽었고, 이졸데는 브랑게네의 팔 안에서 잠시 정신을 차린다. 그녀는 사랑의 기쁨 속에서 죽어가며 '사랑의 죽음'으로 유명한 〈부드럽고 그윽하게 미소를 지으시(Mild und leise wie er lächelt)〉를 부른다. 결국 이졸데 역시 트리스탄과 더불어 행복하게 죽음을 맞이한다. 마르케는 두 시신을 축복한다.

독일 바이로이트의 리하르트 바그너 축제극장(Festspielhaus)에서 촬영된 사진. 공연 중간 휴식이 끝났음을 알리기 위해 연주하는 관악기 연주자

CHAPTER 07

영혼의 기도

쇠렌 키르케고르

마음에는 이성으로 알 수 없는 이유가 있다.

- 블레즈 파스칼

영혼의 기도

1. 키르케고르와 절망의 병
《불안 너머의 신앙적 도약》

어떤 새벽에는 잠에서 깨어나면서 가슴 깊은 곳에서 올라오는 묘한 불안을 느낄 때가 있다. 아무런 특별한 이유도 없이, 그저 존재한다는 것 자체가 무거워지는 순간들. 쇠렌 키르케고르(Søren Kierkegaard, 1813-1855)[1]라면 이런 순간을 "불안의 현기증"[2]이라고 불렀을 것이다.

덴마크의 이 독특한 철학자는 19세기 유럽을 지배했던 헤겔의 거대한 체계철학에 맞서, 구체적이고 개별적인 인간 존재의 문제를 철학의 중심에 놓았다. 그에게 철학은 객관적 진리를 탐구하는 학문이 아니라 "어떻게 살 것인가"라는 실존적 물음에 대한 주체적 응답이었다.

---

[1] 키르케고르(Søren Kierkegaard, 1813-1855) 19세기 덴마크의 철학자로, 구체적이고 개별적인 인간 존재의 문제를 철학의 중심에 놓았다.

[2] "불안의 현기증" 키르케고르가 제시한 개념이다. 자유로운 선택의 가능성 앞에서 느끼는 존재론적 떨림을 의미한다.

키르케고르의 주저 『절망에 이르는 병』(1849)[1]에서 제시하는 "절망"은 단순한 심리적 우울상태가 아니다. 그것은 인간 존재의 근본적 구조에서 나오는 존재론적 조건이다. 인간은 "자기 자신이고자 하는 자기"와 "자기 자신이고자 하지 않는 자기"의 종합으로 이루어진 이중적 존재다.

이런 내적 분열 때문에 인간은 필연적으로 불안과 절망을 경험하게 된다. 마치 토론 수업에서 자신의 진짜 생각을 말하고 싶지만 다른 학생들과 교수의 반응을 의식해 말을 조심하게 되는 상황과 같다. 내가 되고 싶은 나와 남들이 원하는 내 모습 사이의 갈등, 이것이 바로 키르케고르가 말한 절망의 구조다.

하지만 키르케고르에게 이 절망은 극복해야 할 장애물이 아니라 진정한 자아 발견을 위해 통과해야 할 관문이다. 파스칼이 "인간은 생각하는 갈대"라고 했듯이, 키르케고르는 인간의 취약성과 위대함이 바로 이 절망적 조건에서 동시에 나온다고 보았다.

카프카의 『변신』[2]에서 그레고르 잠자가 어느 날 아침 벌레로 변해있다는 것을 발견하는 순간, 그는 키르케고르적 의미의 "절망적 상황"에 직면한다. 자기 자신이면서 동시에 자기 자신이 아닌 존재가 되어버린 것이다. 가족들은 그를 받아들이지 못하고, 그 자신도 자신

---

1 『절망에 이르는 병』(Sygdommen til Døden, 1849) 키르케고르의 대표작으로, 인간 존재의 내적 분열에서 오는 절망을 탐구한다. 절망이 진정한 자아 발견을 위한 관문임을 강조한다.

2 『변신』(Die Verwandlung, 1915) 프란츠 카프카의 소설이다. 어느 날 아침 벌레로 변해버린 주인공 그레고르 잠자의 이야기를 통해 인간의 소외와 존재론적 불안을 다룬다.

의 새로운 존재를 받아들일 수 없다. 이런 정체성의 분열이야말로 현대인이 경험하는 실존적 위기의 본질이다.

키르케고르의 "불안" 개념은 후에 하이데거의 실존주의에 결정적 영향을 미쳤다. 『불안의 개념』(1844)[1] 원제는 『불안의 개념: 유전적 죄의 교리 문제에 대한 단순한 심리학적 경향의 숙고』(The Concept of Anxiety)에서 불안은 자유 앞에서 느끼는 현기증이다. 아담이 선악과를 따먹기 전 무죄 상태에서 느꼈던 것이 바로 이런 "무죄한 불안"이다. 죄를 알지 못하면서도 죄의 가능성을 직감하고 떨리는 것이다.

자유는 축복이면서 동시에 저주다. 선택할 수 있다는 것은 잘못 선택할 수도 있다는 뜻이기 때문이다. 현대인이 SNS에 무엇을 올릴지 고민하는 순간도 마찬가지다. 진짜 내 모습을 보여주고 싶지만 '좋아요'를 받지 못할까 걱정하는 그 순간의 떨림, 그것이 바로 키르케고르가 말한 자유 앞에서의 불안이다.

키르케고르는 인간 존재를 세 단계로 분석했다. 첫 번째는 "미적 단계"다. 감각적 즐거움과 순간적 만족을 추구하는 삶의 방식이다. 모차르트의 오페라 〈돈 조반니〉에서 주인공은 끊임없이 새로운 여성을 유혹하지만 진정한 사랑에는 이르지 못한다. 천 명이 넘는 여성과 관계를 가졌지만 단 한 명도 진정으로 사랑하지 못했다는 것이다. 이것이 미적 실존의 한계다. 양적 축적으로는 질적 변화를 가져올 수 없다.

---

1 『불안의 개념』(Begrebet Angest, 1843) 키르케고르의 저서로, 불안을 자유 앞에서 느끼는 현기증으로 설명한다. 죄의 가능성을 직감하고 떨리는 상태를 의미한다.

두 번째는 "윤리적 단계"다. 도덕적 의무와 사회적 책임을 중시하는 삶이다. 칸트의 정언명령이 이 단계의 대표적 표현이다. 하지만 키르케고르는 윤리적 삶도 궁극적 의미를 제공하지 못한다고 보았다. 도덕법칙은 보편적이지만 개인의 구체적 상황을 고려하지 못한다. 세 번째가 "종교적 단계"다. 여기서 중요한 것은 "순간" 개념이다. 이는 영원과 시간이 만나는 지점이다. 기독교에서 말하는 성육신이 바로 이런 순간이다. 영원한 신이 시간적 인간이 되는 것은 논리적으로 불가능하다. 하지만 이 불가능한 일이 일어났다고 믿는 것이 기독교 신앙이다.

슈베르트의 가곡집 〈겨울 나그네〉(1827)는 키르케고르가 말한 "미적 단계"에서 "윤리적 단계"로의 이행 과정을 음악으로 그린 것이다.

첫 곡 "안녕(Gute Nacht)"에서 화자는 사랑하는 이의 집을 떠나며 노래한다. "나는 이방인으로 왔고, 이방인으로 떠난다네" 이 한 줄에는 인간 존재의 근본적 고독이 압축되어 있다. 우리는 모두 이 세상에서 이방인이며, 진정한 고향은 어디에도 없다는 것이다.

특히 "이정표(Der Wegweiser)"에서 화자가 "길이 있는데, 아무도 지나지 않은 길이 있다네. 나는 그 길을 피할 수 없다네"라고 노래할 때, 이는 키르케고르가 말한 "단독자"의 운명을 보여준다. 진리를 추구하는 자는 혼자 걸어야 하는 길이 있다는 것이다. 대중의 길, 관습의 길, 안전한 길을 벗어나 자신만의 길을 찾아야 한다. 하지만 이는 고독하고 위험한 여행이다.

마지막 곡 "손풍금 돌리는 사람(Der Leiermann)"에서 등장하는 거지 악사는 사회에서 소외된 예술가의 모습이면서, 동시에 진리를 추구하다가 세상으로부터 버림받은 "단독자"의 상징이다.

손풍금 돌리는 사람, 잉고 킬, 1996

키르케고르의 "단독자" 개념은 현대 사회에서 더욱 절실한 의미를 갖는다. 대중사회, 여론정치, SNS 문화가 지배하는 시대에 진정한 "개인"이 되는 것은 점점 어려워지고 있다. 키르케고르는 150여 년 전에 이미 이런 문제를 예견했다. "군중은 비 진리다"라는 그의 명제는 지금도 유효하다.

우리는 소셜미디어에서 끊임없이 자신을 연출하고 타인의 시선을 의식한다. 페이스북, 인스타그램, 트위터에서 우리는 끊임없이 자신을 연출하고 타인의 시선을 의식한다. 하지만 이는 필연적으로 "나쁜 믿음"의 위험을 수반한다. 타인의 기대에 맞추려는 욕구가 자신의 진정한 자유와 책임을 망각하게 만들 수 있기 때문이다.

키르케고르가 제시한 해법은 "진정성"이다. 이는 자신의 상황을 정직하게 인정하고, 그 상황 속에서 자유롭게 선택하는 것이다.

SNS에서 진짜 내 모습을 보여주면서도 '좋아요'를 의식하는 복잡한 상황을 솔직하게 받아들이는 것, 이것이 바로 실존적 진정성의 핵심이다. 키르케고르에게 "신앙의 도약"은 맹목적 믿음이 아니라 모든 합리적 근거를 다 검토한 후에 내리는 용기 있는 결단이다. 진리는 다수결로 결정되는 것이 아니라 개인의 주체적 결단에서 나온다. 하지만 이는 이기적 개인주의와는 다르다. 진정한 단독자는 타인에 대한 책임을 더욱 깊이 느끼는 존재다.

불안과 절망은 극복해야 할 병리가 아니라 인간됨의 조건이다. 그것들을 통과해야만 진정한 자아에 도달할 수 있다. 키르케고르의 이런 메시지는 오늘날 우리가 일상에서 경험하는 작은 불안들과 작은 절망들에서도 새로운 의미를 발견하게 해준다. 매 순간 새롭게 선택해야 하는 것, 존재론적 불안과 윤리적 책임을 동시에 껴안고 살아가는 것, 이것이 키르케고르가 보여준 인간 존재의 근본 조건이다.

2. 모차르트의 레퀴엠
《죽음 앞에서 부르는 영원한 기도》

모차르트 동상

볼프강 아마데우스 모차르트(Wolfgang Amadeus Mozart, 1756-1791)의 레퀴엠 d단조 K.626 앞에 선 연주자는 독특한 실존적 상황에 놓인다. 그는 동시에 살아있는 자이면서 죽은 자를 위해 노래하고, 유한한 존재이면서 영원을 갈망하며, 완성된 작품을 연주하지만 그 작품은 영원히 미완성으로 남아있다.

1791년 익명의 의뢰인으로부터 작곡 의뢰를 받은 모차르트는 이 작품을 완성하지 못한 채 12월 5일 세상을 떠났다. 제자 쥐스마이어(Franz Xaver Süssmayr)에 의해 완성되었지만, 어디까지가 모차르트의 작품이고 어디서부터가 제자의 보완인지는 여전히 논란이 되고 있다.

이런 미완성의 상황은 자크 데리다(Jacques Derrida)의 해체철학에서 말하는 "차연(différance)" 개념을 연상시킨다. 의미가 결코 현재에 완전히 도달하지 않고 항상 지연되고 차이화된다는 것처럼, 모차르트의 레퀴엠도 완성을 향해 나아가다가 죽음에 의해 멈춘다.

바로 이 중단이 가장 강력한 표현이 된다. 완성된 것보다 미완성인 것이 더 많은 것을 말하는 역설적 상황이다. 임마누엘 칸트(Immanuel Kant)가 『판단력 비판』(1790)[1]에서 제시한 "숭고(das Erhabene)" 개념이 바로 이런 맥락에서 이해될 수 있다. 숭고는 우리의 상상력이 한계에 부딪힐 때 경험되는 감정이다. 모차르트의 미완성 레퀴엠은 완성 불가능한 것에 대한 갈망, 즉 숭고의 음악적 실현이다.

---

1 『판단력 비판』(Kritik der Urteilskraft, 1790) 칸트의 주요 저작이다. 미와 숭고에 대한 탐구를 통해 인간의 판단력을 분석한다.

레퀴엠은 가톨릭 전례에서 죽은 자를 위한 미사곡이지만, 모차르트의 레퀴엠은 개인적 차원을 넘어서 인간 존재의 유한성과 영원에 대한 갈망을 음악으로 구현한 형이상학적 명상이다. 이는 단테 알리기에리(Dante Alighieri)의 『신곡』(1308-1320)[1]에서 베르길리우스가 단테를 지옥과 연옥을 통해 안내하는 여정과 유사하다. 모차르트의 레퀴엠도 죽음의 공포에서 시작하여 점차 구원의 빛을 향해 나아가는 영적 여정의 구조를 갖는다. 하지만 단테의 『신곡』이 명확한 신학적 체계에 기반한다면, 모차르트의 레퀴엠은 계몽주의 시대의 종교적 감수성을 반영하여 더욱 내밀하고 인간적인 색채를 띤다.

〈Requiem aeternam(영원한 안식을)〉으로 시작하는 입당송은 조용하고 엄숙한 분위기로 작품의 전체적 성격을 제시한다. d단조의 어두운 색채 위에 바순과 바세토 호른이 만들어내는 깊은 울림은 죽음의 신비로운 분위기를 조성한다. 이는 마르틴 하이데거(Martin Heidegger)가 『존재와 시간』(1927)에서 분석한 "죽음을 향한 존재(Sein-zum-Tode)"[2]의 음악적 구현이라 할 수 있다.

하이데거에게 죽음은 인간이 피할 수 없는 가장 고유한 가능성이며, 이 가능성에 대한 의식이 현존재의 본래성을 깨우친다. 모차르트의 입당송에서 울려 퍼지는 깊은 현악기 화음들은 바로 이런 존재론적 불안(Angst)을 음향으로 형상화한다.

---

1 『신곡』(Divina Commedia, 1308-1320) 단테 알리기에리의 서사시다. 단테가 지옥, 연옥, 천국을 여행하는 이야기를 담았으며, 중세 신학을 집대성한 문학적 걸작으로 평가받는다.
2 "죽음을 향한 존재(Sein-zum-Tode)" 하이데거가 『존재와 시간』에서 분석한 개념이다. 죽음의 필연성을 인식할 때 비로소 진정한 삶이 시작된다는 통찰이다.

모차르트는 여기서 바로크 시대의 대위법적 기법과 고전주의의 호모포니적 양식을 절묘하게 결합한다. 요한 제바스티안 바흐(Johann Sebastian Bach)의 마태 수난곡에서 보이는 엄격한 대위법적 구조와 갈랑트 양식의 우아한 선율미가 하나로 융합된다.

합창과 오케스트라가 만들어내는 음향적 공간은 지상과 천상 사이의 중간 영역, 즉 연옥의 분위기를 연상시킨다. "et lux perpetua luceat eis"(영원한 빛이 그들을 비추소서)에서 장조로의 전조는 희망의 빛을 상징하지만, 이 빛은 확실한 구원의 약속이라기보다는 간절한 기원에 가깝다.

〈Dies irae(진노의 날)〉는 레퀴엠 전체에서 가장 극적인 부분으로, 13세기의 그레고리안 성가 선율을 바탕으로 한다. 모차르트는 이 중세적 선율을 18세기 고전주의 음악 언어로 재창조하면서 최후의 심판에 대한 상상력을 펼친다. "Dies irae, dies illa, solvet saeclum in favilla"(진노의 날, 그 날에 세상이 재로 화하리라)라는 라틴어 가사의 무거운 울림과 함께 오케스트라와 합창이 만들어내는 음향은 압도적이다.

윌리엄 셰익스피어(William Shakespeare)의 『햄릿』에서 "To be, or not to be"의 독백이 갖는 실존적 무게와 비교될 수 있다. 햄릿이 존재와 비존재 사이에서 고민하듯이, 모차르트의 "Dies irae"는 구원과 저주 사이에서 흔들리는 인간의 모습을 그린다.

트롬본의 사용은 18세기 음악에서는 드문 일로, 신성한 권위와 심판의 엄숙함을 표현한다. 바로크 시대에 트롬본은 주로 교회음악에서 사용되었고, 특히 하나님의 목소리나 천사의 나팔 소리를 상징했다. 모차르트는 이런 전통적 상징을 계승하면서도 고전주의적 균형미를 잃지 않는다. 하지만 모차르트의 천재성은 이런 무서운 분위기를 단순히 위협적으로만 그리지 않는다는 데 있다. 심판에 대한 두려움과 함께 정의에 대한 갈망도 함께 표현된다.

칸트의 『실천이성비판』(1788)[1]에서 제시된 도덕법칙에 대한 경외감과 유사하다. "내 위의 별이 빛나는 하늘과 내 안의 도덕법칙"에 대한 칸트의 감탄이 바로 이런 것이다.

〈Tuba mirum(나팔 소리가 놀랍게)〉에서는 4명의 독창자가 차례로 등장하여 부활과 심판의 장면을 묘사한다. 특히 베이스 독창의 "Mors stupebit et natura"(죽음과 자연이 놀라리라)는 모차르트 성악 작품 중 가장 깊은 울림을 갖는 부분 중 하나다. 여기서 죽음은 끝이 아니라 새로운 시작의 전주곡으로 제시된다. 죽음 자체도 놀랄 만큼 위대한 부활의 사건이 펼쳐진다는 것이다.

이는 게오르크 빌헬름 프리드리히 헤겔(Georg Wilhelm Friedrich Hegel)의 『정신현상학』(1807)에서 제시된 "부정의 부정" 개념과 연결된다. 죽음이라는 절대적 부정이 오히려 더 높은 차원의 긍정(부활)을 낳는다는 변증법적 구조가 여기서 음악적으로 구현된다.

〈Recordare(기억하소서)〉는 예수에 대한 직접적 호명으로, 가장 친밀하고 개인적인 성격을 띤다. "Recordare, Jesu pie, quod

---

[1] 『실천이성비판』(Kritik der praktischen Vernunft, 1788) 칸트의 주요 저작이다. 인간 내면의 도덕률에 대한 경외감을 제시하며, 모차르트의 레퀴엠에도 영향을 준 사상이다.

sum causa tuae viae"(자비로우신 예수여 기억하소서, 제가 당신 길의 이유였음을)는 예수의 십자가 죽음이 인간 구원을 위한 것이었다는 기독교 구속론의 핵심을 담고 있다. 모차르트는 이 부분을 4성부 중창으로 작곡하여 친밀하고 개인적인 분위기를 만든다. 이는 요한 볼프강 폰 괴테(Johann Wolfgang von Goethe)의 『젊은 베르테르의 슬픔』(1774)[1]에서 보이는 개인적 감정의 표출과 유사하다. 18세기 후반의 감성주의 문학 운동이 음악에서도 나타나는 것이다.

⟨Lacrimosa(눈물의)⟩는 모차르트가 직접 작곡한 마지막 부분으로, 8마디만 완성되고 중단되었다. "Lacrimosa dies illa, qua resurget ex favilla judicandus homo reus"(눈물의 그 날, 재에서 일어나 심판받을 죄인이)라는 이 짧은 부분에서 모차르트는 인간 존재의 모든 슬픔과 동시에 부활에 대한 희망을 압축적으로 표현한다.

하행하는 선율 위에 쌓이는 불협화음들은 인간의 죄와 고통을 상징하지만, 동시에 그 선율의 아름다움은 구원에 대한 믿음을 표현한다. 이는 아르투르 쇼펜하우어(Arthur Schopenhauer)의 『의지와 표상으로서의 세계』(1818)에서 제시된 미적 체험의 구조와 유사하다. 고통스러운 의지에서 벗어나 순수한 인식에 도달하는 순간의 해방감이 바로 이런 것이다.

미완성으로 남은 이 부분은 오히려 더 큰 감동을 준다. 마치 모차르트 자신이 죽음 앞에서 말을 잇지 못하고 침묵에 빠진 것 같은

---

[1] 『젊은 베르테르의 슬픔』(Die Leiden des jungen Werthers, 1774) 괴테의 소설이다. 18세기 후반의 감성주의 문학 운동을 보여주는 작품으로, 개인적 감정의 표출을 중시한다.

효과를 낳는다. 에마누엘 레비나스(Emmanuel Levinas)의 『전체성과 무한』(1961)[1]에서 제시된 "타자의 얼굴"[2] 개념이 여기서 음악적으로 구현된다. 죽음이라는 절대적 타자 앞에서 모든 담론이 멈추고 침묵만이 남는다. 하지만 이 침묵은 무의미한 공백이 아니라 가장 깊은 의미로 충만한 공간이다.

현대적 관점에서 보면 모차르트의 레퀴엠은 세속화된 사회에서 종교적 경험의 가능성을 탐구하는 작품으로 읽힐 수 있다. 21세기의 과학기술 문명 속에서도 인간은 여전히 죽음의 신비 앞에 무력하다. 의학의 발달로 수명이 연장되었지만, 죽음 자체가 극복된 것은 아니다.

오히려 종교적 위안이 약해진 상황에서 죽음에 대한 불안은 더욱 커졌을 수도 있다. 모차르트의 레퀴엠은 이런 현대인들에게도 여전히 유효한 메시지를 전달한다. 죽음 앞에서 부르는 인간의 가장 진실한 노래, 확실성 없는 상황에서도 계속되는 희망의 기도가 바로 그것이다.

연주자는 이 작품을 통해 계몽주의 시대의 종교적 딜레마를 직접 경험한다. 완전한 믿음도, 완전한 회의도 불가능한 상황에서 음악만이 남는다. 그 음악은 답을 제시하지 않고 질문을 더 깊게 만든다. 이것이야말로 모차르트 레퀴엠의 진정한 현대성이다.

---

1 『전체성과 무한』(Totalité et infini, 1961) 에마누엘 레비나스의 저서다. 타인의 얼굴은 나의 모든 이해와 통제 범위를 초월하며, 나에게 윤리적 책임을 부과하는 존재임을 제시한다.

2 "타자의 얼굴(visage d'autrui) 레비나스의 개념이다. 죽음이라는 절대적 타자 앞에서 모든 담론이 멈추고 침묵만이 남는다는 의미를 가진다.

미완성이기 때문에 영원히 완성을 향해 나아가고, 확실하지 않기 때문에 더욱 간절하며, 인간적이기 때문에 더욱 신성한 음악. 모차르트의 레퀴엠은 죽음 앞에서도 계속 부르는 인간의 영원한 기도다.

3. 아우구스티누스의 고백록
《신 앞에서의 투명한 자기 고백》

성 아우구스티누스(Augustinus)

성 아우구스티누스(Augustinus, 354-430)의 『고백록』(Confessiones, 397-401)[1] 앞에 선 독자는 서양 정신사상 가장 특별한 독서 경험을 하게 된다. 이는 단순한 자서전도, 일반적인 종교서적도 아니다. 한 인간이 자신의 전 존재를 하나님 앞에 완전히 드러내는 영적 자서전이다. 아우구스티누스는 자신의 과거를 회상하면서 동시에 하나님과 대화한다. 독자는 이 대화를 '엿듣는' 독특한 위치에 놓인다.

마치 누군가가 무릎 꿇고 기도하는 모습을 지켜보는 것 같은 경험이다. 하지만 이는 사적인 기도가 아니라 의도적으로 공개된 고백이다. 아우구스티누스는 자신의 죄와 어리석음을 가감 없이 드러내면서, 동시에 그 모든 것을 통해 역사하시는 하나님의 섭리를 증언한다. 『고백록』의 "고백(confessio)"은 죄의 고백과 신앙의 고백이라는 이중적 의미를 갖는다. 라틴어 "confiteor"는 '인정하다', '시인하다', '찬양하다'는 뜻을 모두 포함한다. 자신의 죄를 인정하는 것과 하나님의 은총을 찬양하는 것이 동시에 이루어진다. 이는 마르틴 하이데거(Martin Heidegger)가 『존재와 시간』에서 제시한 "양심의 소리(Stimme des Gewissens)" 개념과 연결된다.

하이데거에게 양심은 현존재를 본래적 존재로 호출하는 내적 목소리다. 아우구스티누스의 고백도 자신을 진정한 자아로 부르는 내적 호출에 대한 응답이다. 하지만 하이데거의 양심이 자기 자신에게서 나오는 목소리라면, 아우구스티누스의 양심은 하나님에게서 오는 부르심이다.

---

1 『고백록』(Confessiones, 397-401) 성 아우구스티누스의 영적 자서전이다. 자신의 죄와 어리석음을 하나님 앞에 가감 없이 드러내는 독특한 형식의 작품이다.

『고백록』은 "당신께서 우리를 당신을 위해 지으셨으므로, 우리 마음이 당신 안에서 쉴 때까지는 평안하지 못합니다(fecisti nos ad te et inquietum est cor nostrum donec requiescat in te)"라는 유명한 구절로 시작한다. 이는 작품 전체의 주제를 제시하는 명제다.

인간의 마음은 하나님 안에서만 참된 평안을 찾을 수 있다는 것이다. 하지만 이는 추상적 선언이 아니라 구체적 경험을 통해 증명되어야 할 명제다. 아우구스티누스는 자신의 어린 시절부터 회심에 이르기까지의 과정을 통해 이 진리를 구체적으로 증명해 보인다.

그의 빙딩한 젊은 시절, 마니교도였던 시기, 회의주의에 빠져 있던 때, 신플라톤주의에 심취했던 순간들이 모두 하나님을 향한 갈망의 다른 표현이었다는 것이다. 이런 관점은 블레즈 파스칼(Blaise Pascal)의 『팡세』[1]에서 제시된 "하나님 모양의 공허(le vide en forme de Dieu)" 개념과 일치한다. 인간 마음 속에는 하나님만이 채울 수 있는 공허가 있다는 것이다. 아우구스티누스의 젊은 시절 방황도 이런 공허를 잘못된 것들로 채우려는 시도였다.

쾌락, 명예, 철학적 지식 등은 모두 일시적 만족을 줄 뿐 근본적 갈증을 해소하지 못했다. 이는 현대 소비주의 문화에서도 반복되는 패턴이다. 물질적 풍요로움이 증가해도 정신적 불안은 오히려 커지는 현상이 바로 이것이다. 아우구스티누스의 "배 도둑질" 일화는 원죄론의 출발점이 되었다. 그는 16세 때 친구들과 함께 남의 집 배나

---

[1] 『팡세』(Pensées, 1670) 블레즈 파스칼의 저서다. '하나님 모양의 공허(le vide en forme de Dieu)' 개념을 제시하며, 인간 마음속에는 하나님만이 채울 수 있는 공허가 있다고 주장한다.

무에서 배를 훔쳤던 일을 회상한다. 배가 맛있어서도, 배가 고파서도 아니었다. 단지 금지되어 있다는 이유만으로 훔쳤다.

"나는 악 자체를 사랑했다(amavi malum)"고 고백한다. 이는 금지된 행위 자체에서 쾌감을 느끼는 인간의 비이성적 충동에 대한 통찰을 담고 있다. 하지만 아우구스티누스는 '나 혼자였다면 절대 그 일을 하지 않았을 것'이라고 덧붙이며, 행위의 동기가 악 자체뿐만 아니라 또래 집단에 속하고자 하는 욕망에서 비롯되었음을 암시하기도 했다.

인간은 단순히 무지해서 죄를 짓는 것이 아니라 죄 자체에 끌린다. 이는 소크라테스-플라톤의 "아는 자는 선을 행한다"는 명제에 대한 근본적 반박이다. 지식만으로는 선한 행동이 보장되지 않는다. 의지의 부패가 더 근본적인 문제다. 이런 통찰은 지그문트 프로이트(Sigmund Freud)의 정신분석학을 예견한다. 프로이트의 "죽음 충동(Thanatos)"[1] 개념이나 자크 라캉(Jacques Lacan)의 "주이상스(jouissance)"[2] 개념과도 연결된다. 인간은 합리적 쾌락 원칙을 넘어서는 더 원시적이고 파괴적인 충동에 지배받는다는 것이다.

아우구스티누스의 배 도둑질은 바로 이런 비합리적 파괴 충동의 표현이었다. 그는 1600년 전에 이미 인간 무의식의 어두운 면을 직시했다. 아우구스티누스의 어머니 모니카(Monica)는 『고백록』에서

---

[1] "죽음 충동(Thanatos)" 지그문트 프로이트의 정신분석학 개념이다. 인간이 합리적 쾌락을 넘어 원시적이고 파괴적인 충동에 지배받는다는 것을 의미한다.

[2] "주이상스(jouissance)" 자크 라캉의 정신분석학 용어다. 쾌락 원칙을 넘어서는 고통과 쾌락이 뒤섞인 원초적 감각을 말한다.

중요한 역할을 한다. 그녀는 아들의 회심을 위해 평생 기도했고, 실제로 아우구스티누스가 기독교인이 되는 것을 보고 죽었다. 모니카의 죽음을 다룬 9권은 『고백록』에서 가장 감동적인 부분 중 하나다.

아우구스티누스는 어머니의 죽음 앞에서 인간적 감정과 신앙적 확신 사이에서 갈등한다. 슬퍼해야 하는가, 기뻐해야 하는가? 그는 자연스러운 슬픔을 억누르지 않으면서도 부활에 대한 믿음을 잃지 않는다. 이런 균형잡힌 태도는 기독교적 인간관의 특징을 보여준다. 육체와 영혼, 감정과 이성, 인간성과 신성을 대립시키지 않고 통합하려는 것이다.

이는 플라톤주의적 이원론과는 다른 접근이다. 플라톤에게 육체는 영혼의 감옥이었다. 하지만 아우구스티누스에게 육체는 타락했지만 동시에 구원받을 수 있는 하나님의 창조물이다. 그래서 어머니의 죽음 앞에서도 자연스러운 슬픔을 죄악시하지 않는다. 오히려 그 슬픔을 통해 인간적 사랑의 깊이를 확인한다. 하지만 동시에 그 사랑이 하나님을 향한 더 큰 사랑으로 승화되어야 한다는 것도 놓치지 않는다.

밀라노에서의 회심 장면은 『고백록』의 클라이맥스다. 친구 알리피우스와 함께 정원을 거닐던 아우구스티누스는 내적 갈등의 절정에 이른다. "나는 원하면서도 원하지 않았고, 원하지 않으면서도 원했다(volebam et nolebam)" 의지가 분열된 상태에서 그는 고통스러워한다. 이는 사도 바울이 로마서 7장에서 고백한 "내가 원하는 선은 행하지 않고 원하지 않는 악은 행하는도다"라는 분열 상태와 같다. 하지만 이는 단순한 도덕적 갈등이 아니라 존재론적 위기다. 자아의 통일성 자체가 위협받는 상황이다.

그때 어린아이의 목소리가 들린다. "집어 들고 읽어라!(tolle lege!)" 그는 옆에 있던 바울 서신을 펼쳐 "밤중과 취함으로 행하지 말고 오직 주 예수 그리스도로 옷 입고"(로마서 13:13-14)라는 구절을 읽는다. 그 순간 모든 의심이 사라지고 평안이 온다.

이는 갑작스런 신비 체험이 아니라 오랜 준비 과정의 결실이다. 키케로의 『호르텐시우스』[1]를 읽고 철학에 눈뜬 것부터, 마니교를 거쳐 신플라톤주의에 이르기까지의 모든 과정이 이 순간을 위한 준비였다. 칼 구스타프 융(Carl Gustav Jung)[2]의 개성화 과정과도 유사하다. 무의식의 내용들이 의식으로 통합되면서 진정한 자아가 탄생하는 순간이다.

『고백록』의 후반부(10-13권)는 회심 이후의 성찰을 다룬다. 특히 10권의 "기억론"은 서양 철학사에서 중요한 위치를 차지한다. 아우구스티누스는 기억을 "마음의 넓은 궁전(aula vasta mentis)"이라고 부른다. 기억 속에는 과거의 경험들만이 아니라 수학적 진리, 감정, 심지어 망각조차 저장되어 있다. 하지만 가장 중요한 것은 기억을 통해 자아의 동일성이 유지된다는 것이다. "나는 나의 기억이다(memoria mea ego sum)" 과거와 현재와 미래를 통합하는 것이 바로 기억의 기능

---

1 『호르텐시우스』(Hortensius) 키케로의 철학서로, 아우구스티누스가 이 책을 읽고 철학에 눈을 떴다.
2 칼 구스타프 융(Carl Gustav Jung, 1875-1961) 스위스의 정신분석학자로, 무의식의 내용들이 의식으로 통합되면서 진정한 자아가 탄생하는 '개성화 과정'을 주장했다.

이다. 하지만 인간의 기억은 불완전하다. 참된 기억은 하나님의 영원한 현재 안에서만 가능하다.

이는 앙리 베르그송(Henri Bergson)의 기억 이론을 예견한다. 베르그송에게 기억은 단순한 과거의 저장이 아니라 현재적 행동을 위한 창조적 힘이다. 아우구스티누스도 기억을 정적인 저장고가 아니라 동적인 현재적 활동으로 본다. 과거를 기억하는 것은 현재의 행위이고, 그 기억을 통해 미래의 행동이 방향지워진다. 하지만 베르그송과 달리 아우구스티누스에게 궁극적 기억의 근거는 하나님의 영원성이다.

11권의 "시간론"은 더욱 깊은 철학적 성찰을 담고 있다. "시간이 무엇인가? 아무도 나에게 묻지 않으면 나는 안다. 묻는 사람에게 설명하려고 하면 나는 모른다" 이 유명한 구절은 시간의 신비로운 성격을 표현한다. 아우구스티누스는 과거는 이미 없고 미래는 아직 없으며 현재는 순간적으로 지나간다고 분석한다. 그렇다면 시간은 실재하는가? 그의 결론은 시간이 "마음의 연장(distentio animi)"이라는 것이다. 과거에 대한 기억, 현재에 대한 주목, 미래에 대한 기대가 마음 안에서 통합되어 시간 경험을 만든다. 하지만 이런 시간적 존재는 불안정하다. 참된 안식은 영원 안에서만 가능하다.

이런 시간 분석은 하이데거의 시간성(Zeitlichkeit) 분석을 예견한다. 하이데거도 현존재의 시간성을 과거성(Gewesenheit), 현재성(Gegenwart), 미래성(Zukunft)의 통일체로 본다. 하지만 하이데거의 시간성이 유한성에 기반한다면, 아우구스티누스의 시간 이해는 영원성을 지향한다. 인간의 시간적 존재는 영원한 하나님을 향한 갈망의 표현이다. 시간의 경험 자체가 영원에 대한 증거가 된다. 13권에서 창세기 해석을 통해 보여주듯이, 개인의 구원은 우주 전체의 구원과 연결되어 있다. 아우구스티누스의 회심은 개인적 사건이지만 동시에 우주적 의미를 갖는다. 모든 피조물이 "하나님의 자녀들의 나타나기를 고대한다"(로마서 8:19)는 바울의 말씀이 여기서 구체적으로 해석된다. 개인의 영적 여정은 전체 창조질서의 회복 과정과 맞물려 있다.

『고백록』이 서양 정신사에 미친 영향은 결정적이다. 이후 모든 자서전과 내면 고백 문학의 원형이 되었다. 단테의 『신곡』에서 개인적 회심이 우주적 비전으로 확장되는 구조, 페트라르카의 『내 비밀』[1]에서 보이는 내적 갈등의 솔직한 고백, 장 자크 루소(Jean-Jacques Rousseau)의 『고백록』[2]에서 시도된 전면적 자기 폭로, 쇠렌 키르케고르(Søren Kierkegaard)의 일기에서 나타나는 종교적 실존의 분석 등이 모두 아우구스티누스의 영향을 받았다.

아우구스티누스의 독창성은 단순한 자기 고백을 넘어선다는 데 있다. 그는 자신을 분석하면서 동시에 인간 존재의 보편적 구조를 탐구한다. 개인적 경험이 곧 인류 공통의 경험이 된다. 이는 그의 고백이 단순한 개인사를 넘어서 인간학적, 신학적 성찰로 발전하기 때문이다. 그가 보여주는 것은 "불안한 마음"에서 "평안한 마음"으로의

---

1 『내 비밀』(Secretum, 1347-1353) 페트라르카의 저서다. 아우구스티누스의 영향을 받아 내적 갈등을 솔직하게 고백한 작품이다.
2 『고백록』(Confessions, 1782) 장 자크 루소의 자서전으로, 아우구스티누스의 영향을 받아 자신의 내면을 전면적으로 폭로한 작품이다.

여정이다. 하지만 이는 한 번의 회심으로 완성되는 것이 아니라 평생에 걸친 과정이다.

현대 독자에게 『고백록』이 여전히 의미를 갖는 이유는 그것이 보편적 인간 조건을 다루기 때문이다. 종교적 믿음 여부와 관계없이, 모든 인간은 자신의 과거와 화해하고 진정한 자아를 찾아야 하는 과제를 안고 있다. 아우구스티누스가 보여준 것은 이런 자기 발견의 과정이 어떻게 가능한지에 대한 구체적 모델이다. 철저한 자기 성찰, 과거에 대한 정직한 직면, 그리고 더 큰 의미를 향한 열린 자세가 그 핵심이다.

현대 심리치료나 상담 이론에서 중시하는 "자기 수용"과 "의미 찾기"의 과정이 이미 『고백록』에서 구체적으로 제시되어 있다. 아우구스티누스는 자신의 어두운 과거를 숨기거나 미화하지 않는다. 오히려 그것을 통해 더 깊은 진실에 도달한다. 이는 빅터 프랭클(Viktor Frankl)의 로고테라피[1]나 칼 융의 분석심리학에서 추구하는 방향과 일치한다. 고통과 갈등 자체가 성장의 기회가 될 수 있다는 통찰이다.

『고백록』은 궁극적으로 인간의 자기 초월 가능성을 탐구하는 작품이다. 아우구스티누스는 자신을 넘어서는 더 큰 실재와의 만남을 통해 진정한 자아를 발견한다. 그 더 큰 실재를 하나님이라고 부르든 다른 이름으로 부르든, 중요한 것은 자기중심적 폐쇄성에서 벗어나는 개방성이다. 이것이야말로 진정한 영성의 핵심이다.

아우구스티누스의 고백은 결국 모든 인간이 추구해야 할 투명

---

[1] 로고테라피(Logotherapy) 빅터 프랭클이 창시한 심리치료법이다. 고통과 갈등 속에서도 삶의 의미를 찾음으로써 정신적 건강을 회복할 수 있다고 본다.

성과 진정성의 모델을 제시한다. 신 앞에서뿐만 아니라 자기 자신 앞에서, 그리고 타인 앞에서도 진실할 수 있는 용기. 이것이 『고백록』이 오늘날에도 읽혀야 하는 이유다.

4. 슈베르트의 즉흥곡 Op.90 No.3
《침묵 속에 울리는 내면의 기도》

프란츠 슈베르트(Franz Schubert)

음악이 말보다 더 진실할 수 있다면, 그것은 침묵을 닮은 음악일 것이다. 프란츠 슈베르트(Franz Schubert, 1797-1828)의 즉흥곡 Op.90 No.3 앞에 앉은 연주자는 독특한 영적 상황에 놓인다. 그는 동시에 기도하는 자이면서 기도를 듣는 자가 되고, 고백하는 자이면서 위로받는 자가 되며, 침묵하는 자이면서 가장 많은 것을 말하는 자가 된다.

1827년, 그의 죽음을 1년 앞둔 시점에서 탄생한 이 G♭ 장조 작품은 "흐르듯이 명상적인" 성격을 지니며, 연주자가 말하지 않으면서도 모든 것을 고백할 수 있게 하고, 청중이 듣지 않으면서도 모든 것을 들을 수 있게 만든다. 이 곡이 제7장 '영혼의 기도'에 어울리는 이유는 단지 아름다움 때문이 아니다.

모차르트의 레퀴엠에서 죽음과 구원에 대한 종교적 비극이 그려지고, 아우구스티누스의 『고백록』에서 신과 인간 사이의 관계가 분석된다면, 슈베르트의 이 곡은 그 모든 교리와 드라마를 지나 오직 '감정의 맥박'만을 남긴다.

이것은 지성의 중단이 아니라, 언어 이전의 진동, 기도의 숨결에 가까운 상태다. 마치 신 앞에서 무릎 꿇고 속삭이는 기도처럼, 이 곡은 연약하고 조용한 선율로 시작한다. 그러나 그 안에 담긴 감정은 말보다 깊고, 신앙보다 조용하며, 단순한 슬픔보다 복잡하고 풍부하다.

Op.90 No.3는 기교나 극적인 전개가 아닌, "긴 선율선과 끊어지지 않는 3화음 반주"를 통해 우리를 내면으로 끌어당긴다. 하프와 같은 분산화음 반주 패턴 위에서 오른손의 선율은 마치 호흡처럼 흘러간다. 그 선율은 외치지 않고, 설명하지 않으며, 단지 존재할 뿐이다. 그것이 바로 침묵의 힘이다. 이 곡은 "신비로운 몽상을 피아니시모로 표현한" 작품으로, "평화로운 선율이 8분음표 3연음부의 중얼거리는 반주 위로 떠다니며, 화성은 매우 부드럽게 변화한다"

이런 음악적 접근은 에마누엘 레비나스(Emmanuel Levinas)의 "얼굴과 얼굴의 만남" 철학을 연상시킨다. 레비나스에게 타자와의 진정한 만남은 폭력적 파악이나 개념적 이해를 넘어선 곳에서 일어난다. 타자의 얼굴은 나의 모든 이해 범주를 초월하면서 동시에 나를 윤리적 책임으로 부른다.

슈베르트의 즉흥곡도 이와 유사한 구조를 갖는다. 이 음악은 청중을 지적으로 설득하거나 감정적으로 조작하려 하지 않는다. 오히려 조용히 존재함으로써 청중 스스로 내면의 목소리에 귀 기울이게 만든다.

이 곡의 독특함은 그 구조적 단순함에 있다. ABA 3부 형식을 따르지만, 중간부에서 E♭ 단조로 전조되면서 잠시 어둠과 긴장을 드러낸다. 하지만 이마저도 극적이지 않고 명상적이다. 한 음악학자는 이 곡의 "기도하는 듯한 정신"을 지적하며, 슈베르트의 "아베 마리아"와 선율적, 화성적 유사성을 발견했다고 언급한다.

실제로 첫 3마디 반과 "아베 마리아"의 해당 부분을 비교해보면, 선율, 화성, 베이스 라인, 화성 진행에서 놀라운 유사성을 발견할 수 있다. 이는 우연의 일치가 아니라 슈베르트의 종교적 감수성이 일관되게 드러나는 증거다.

여기서 우리는 쇠렌 키르케고르(Søren Kierkegaard)의 『불안의 개념』에서 말하는 "신앙의 도약" 이전의 상태를 만난다. 키르케고르에게 신앙은 이성적 확신이 아니라 실존적 모험이었다. 그는 "신앙은 객관적 불확실성에 대한 주관적 정열"이라고 정의했다.

슈베르트의 즉흥곡은 바로 그 "객관적 불확실성" 앞에서 떨리는 인간 영혼의 모습을 담고 있다. 신의 존재를 확신할 수도, 부정할 수도 없는 상황에서 오직 기도할 수밖에 없는 인간의 연약함과 숭고함이 이 선율 안에 녹아있다.

아우구스티누스가 『고백록』 제1권에서 "주님, 당신을 위해 우리가 만들어졌기에 우리 마음은 당신 안에서 안식을 얻기까지 불안합니다."라고 고백했던 그 불안이 여기에 있다. 이 불안은 죄의식에서 오는 것이 아니라, 유한한 존재가 무한한 존재를 그리워하는 존재론적 향수에서 온다.

슈베르트의 즉흥곡은 바로 그런 향수를 음악으로 번역한 작품이다. 이 곡을 들으면 "기도하는 손이 아니라, 기도하는 귀를 위한 음악"이라는 표현이 절로 떠오른다.

블레즈 파스칼(Blaise Pascal)이 『팡세』에서 "마음의 이유를 이성은 알지 못한다."[1]고 썼던 그 마음의 논리가 이 음악에 흐르고 있다. 이성으로는 설명할 수 없지만 마음으로는 확실히 아는 진리가 있다. 슈베르트의 즉흥곡은 바로 그런 "마음의 이유"를 들려준다. 이 곡에

---

[1] "마음의 이유를 이성은 알지 못한다" 블레즈 파스칼이 『팡세』에서 쓴 구절이다. 이성만으로는 설명할 수 없지만 마음으로는 확실히 아는 진리가 있음을 강조한다.

는 신학적 교리도, 철학적 논증도 없다. 오직 한 인간이 혼자 있을 때 느끼는 말할 수 없는 그리움과 위로가 있을 뿐이다.

이 곡의 중간부에서 E♭ 단조로의 전조는 의미심장하다. 밝은 G♭ 장조의 평온함에서 어두운 단조의 불안으로 옮겨가는 순간은 신앙의 여정에서 겪는 의심과 갈등을 상징한다. 하지만 이 어둠은 절망적이지 않다. 오히려 더 깊은 신뢰를 위한 준비 과정 같다.

요한의 밤(dark night of the soul)을 통과해야만 도달할 수 있는 진정한 평화가 그 너머에 기다리고 있음을 암시한다. 이는 십자가의 성 요한(San Juan de la Cruz)이 말한 "영혼의 어두운 밤" 개념과 일치한다. 진정한 영적 성장은 의심과 시련을 통과하지 않고는 불가능하다.

다시 A 부분으로 돌아오는 순간의 안도감은 단순한 구조적 회귀가 아니라 영적 깨달음의 표현이다. 같은 선율이지만 이제는 다른 깊이를 갖는다. 마치 긴 여행을 마치고 고향으로 돌아온 듯한 느낌이다. T.S. 엘리엇(T.S. Eliot)이 네 개의 사중주에서 "우리는 탐험을 멈추지 않을 것이다 / 그리고 모든 탐험의 끝은 / 우리가 시작했던 곳에 도착하는 것 / 그리고 그곳을 처음으로 아는 것"이라고 쓴 바로 그 경험이다. 슈베르트의 즉흥곡도 이런 순환적 구조를 통해 영적 성숙의 과정을 음악적으로 형상화한다.

이 곡을 듣고 있으면 우리는 누군가가 무릎을 꿇고 조용히 울고 있는 모습을 떠올리게 된다. 그리고 그 울음은 슬픔 때문이 아니라, 말할 수 없는 감사, 혹은 설명할 수 없는 고요 속의 울림 때문이라는 것을 알게 된다. 이것은 성서 속 욥의 침묵, 파스칼의 말 없는 신앙,

아우구스티누스의 눈물, 그리고 키르케고르의 '불안' 속의 희망과도 통한다. 모든 말이 무력해지는 순간에도 계속되는 기도가 있다. 그 기도가 바로 이 음악이다.

이 곡은 "멘델스존의 '무언가'를 예견하는" 작품이기도 하다. 말이 없이도 노래할 수 있고, 가사가 없어도 고백할 수 있다는 것을 보여준다. 하지만 펠릭스 멘델스존(Felix Mendelssohn)[1]의 우아한 서정성과 달리, 슈베르트의 즉흥곡에는 죽음의 그림자가 드리워져 있다.

1827년이라는 작곡 연도가 이를 뒷받침한다. 슈베르트는 자신의 죽음을 1년 앞두고 이 곡을 썼다. 그 예감이 이 음악의 깊은 성찰과 무관하지 않을 것이다. 죽음을 앞둔 작곡가의 마음이 가장 순수한 기도의 형태로 결정화된 것이 바로 이 곡이다.

현대적 관점에서 보면 이 곡은 "영성의 탈종교화" 시대에 여전히 가능한 종교적 경험의 형태를 제시한다. 21세기의 세속화된 사회에서 전통적 종교 형식에 의존하지 않고도 깊은 영적 체험이 가능하다는 것을 보여준다.

이는 토마스 머튼(Thomas Merton)[2]이나 헨리 나우웬(Henri Nouwen)[3] 같은 현대 영성가들이 추구한 "관상적 삶"의 음악적 표현

---

1 멘델스존(Felix Mendelssohn, 1809-1847) 독일의 작곡가이자 지휘자로, '무언가'라는 피아노 소품을 많이 작곡했다. 슈베르트의 즉흥곡은 그의 작품을 예선하는 것으로 평가받는다.

2 토마스 머튼(Thomas Merton, 1915-1968) 미국의 가톨릭 수도자이자 작가, 사회운동가다. 관상과 명상을 통해 현대인에게 영적 삶의 길을 제시한 영성가다.

3 헨리 나우웬(Henri Nouwen, 1932-1996) 네덜란드 출신의 가톨릭 사제이자 영성가다. 현대인의 외로움과 고독을 위로하며 영적 성장의 중요성을 강조했다.

이기도 하다. 복잡한 교리나 의식 없이도 순수한 침묵과 경청을 통해 신성과 만날 수 있다는 것이다.

연주자에게 이 곡은 특별한 도전을 제시한다. 기교적 어려움은 크지 않지만, 진정성을 유지하면서 이 침묵의 기도를 전달하는 것은 쉽지 않다. 작위적이거나 감상적으로 흐르지 않으면서도 깊은 감동을 주어야 한다. 이는 마치 참선하는 수도승이나 기도하는 신비가의 자세와 같다. 자신을 내세우지 않으면서도 완전히 현재에 집중해야 한다. 글렌 굴드(Glenn Gould)가 바흐를 연주할 때 보여준 그런 몰입의 자세가 필요하다.

청중에게는 또 다른 경험이 펼쳐진다. 이 음악은 수동적 감상을 허용하지 않는다. 조용한 선율과 부드러운 화성은 청중으로 하여금 자신의 내면을 들여다보게 만든다. 외부의 소음과 일상의 분주함에서 벗어나 진정한 침묵의 공간으로 들어가게 한다. 이는 현대인들이 잃어버린 명상과 성찰의 시간을 회복시켜준다. 디지털 시대의 정보 과부하와 감각적 자극에 지친 현대인들에게 이런 음악적 침묵은 더욱 소중하다.

말하자면, 이 곡은 7장의 중심 주제들을 음악적으로 매듭짓는 순간이며, 드라마틱한 양 극점(모차르트와 베르디의 레퀴엠) 사이에서 정적의 다리 역할을 한다. 신을 향한 절규와 죄에 대한 단죄 사이에 놓인 조용한 회개의 시간, 그것이 슈베르트의 즉흥곡이 들려주는 침묵의 기도다. 30대, 40대, 50대를 거치며 우리가 배우는 것 중 하나는 모든 것을 말로 설명할 필요가 없다는 지혜다.

때로는 조용히 앉아서, 마음의 떨림을 느끼는 것만으로도 충분하다. 슈베르트의 즉흥곡은 바로 그런 순간들을 위한 음악이다.

궁극적으로 이 곡이 제시하는 것은 "침묵하는 기도"의 가능성이다. 말하지 않으면서도 가장 깊은 것을 전달하고, 듣지 않으면서도 가장 많은 것을 받아들이는 영적 소통의 형태.

이것은 기독교 신비주의의 "무지의 구름" 전통이나 불교의 묵조선과도 통하는 보편적 영성의 표현이다. 종교적 배경과 상관없이 모든 인간이 공감할 수 있는 순수한 영적 경험을 음악으로 구현한 것이다. "이 곡은 기도하는 손이 아니라, 기도하는 귀를 위한 음악이다. 말보다 깊고, 신앙보다 조용한 믿음이 이 선율 안에 녹아 있다."

율리우스 슈미트의 〈슈베르트의 밤〉

영혼의 기도

CHAPTER 08

모차르트의 〈돈 조반니〉

기사장 Il Commendatore

사랑은 친밀감, 열정, 헌신이라는 세 가지 요소의 조합으로 설명된다.

- 로버트 스턴버그

모차르트의
〈돈 조반니〉

1. 욕망의 심리학

　근대가 시작되는 16세기 전까지 사랑은 언제나 숭고하고 성스러운 것이었다. 숭고한 사랑은 천상의 사랑이며 세속적 사랑은 지상의 사랑이었다. 지상의 사랑은 거짓 사랑이고, 성적 욕망에 빠진 것에 불과했다. 당대에 성적 욕망을 좇는 행위는 죄악시되었으며 교회는 사회질서를 유지하기 위해 성과 사랑의 문제를 통제했다. 즉, 사랑은 성적 욕망과 결합할 수 없는 것이었다.
　대부분의 서구 사회학자들은 18세기로 접어들며 사랑의 의미가 달라졌다고 말한다. 사랑의 의미변화는 열정적 사랑과 낭만적 사랑의 등장을 지칭한다. 고대 그리스에서 나타난 절대적 사랑은 중세에 접어들면서 이상적 사랑으로 변했고, 18세기 무렵에는 열정적 사랑이 등장했으며 이는 곧바로 낭만적 사랑으로 확대되었다.

독일의 사회학자 니클라스 루만(Niklas Luhmann)[1]은 열정적 사랑이 18세기에 등장했다고 주장한다. 이 시기에 궁정 사랑의 관습에서 벗어나 사랑과 성적 욕망이 결합되었기 때문이다.

섹슈얼리티, 즉 성적 욕망이 사랑의 중요한 요소로 부상한 것이다. 더불어 열정과 쾌락이라는 감성도 중요해졌다. 흔히 사회학자들은 18세기를 '사랑 혁명의 시기'라고 부른다. 이것은 산업혁명과 밀접히 관련되어 있다. 경제적 변화가 의식과 가치의 변화를 초래했기 때문이다.

18세기에 접어들자 유럽에서는 혼전 임신과 사생아 비율이 급속히 증가했다. 젊은이들은 일요일마다 짝을 지어 어울렸으며, 마구간에서 하녀와 동침하는 일도 자주 일어났다. 하녀와 노동자들 간 동거도 크게 증가했다. 젊은이들의 성적 욕망을 확장되었고, 욕망에 대한 통제는 제대로 이루어지지 못했다.

〈돈 조반니〉의 시대적 배경이 17세기라는 것은 사랑 혁명 시기의 전주곡으로 볼 수 있다. 정확히 말하면 성적 욕망이 분출되기 시작했고, 다른 한편으로는 그와 같은 욕망을 통제하려는 교회의 시도 사이에 갈등이 있던 시기였다. 17세기에는 산업혁명이 아직 본격적으로 부상하지 않았고, 성적 욕망의 분출이 대중 전반에 퍼진 것이 아니라 특정 귀족들의 욕망 속에서만 나타났다.

인간의 의식변화가 어느 한순간에 폭발하는 것이 아니라 지속적인 과정 속에서 진행된다는 점을 고려하면, 상류계급으로부터 서

---

1 니클라스 루만(Niklas Luhmann, 1927-1998) 독일의 사회학자다. 열정적 사랑이 사랑과 성적 욕망이 결합된 18세기에 등장했다고 주장한다.

서히 분출된 섹슈얼리티 욕망이 18세기에 이르러 일반 대중으로 확대되었다고 볼 수 있다. 사람들은 교회의 욕망 통제에서 벗어나서 조금씩 자신의 욕망을 드러내기 시작했고, 교회는 이에 대해 매우 비판적이었다.

〈돈 조반니〉 잘츠부르크 페스티벌, 2014

〈돈 조반니〉의 내용은 누구나 마음속에 갖고 있던 욕망과 벌에 관한 것이기에 국경과 시대를 초월하여 오래도록 구전되면서 인기를 얻을 수 있었다. 도대체 죄인은 언제까지 죄를 회개해야 불지옥을 면할 수 있을까? 인간이 죽기 직전에 하는 회개는 과연 방탕했던 죄 많은 인생을 용서받게 해주는가? 당시의 사람들에게 위안이 된 공통적인 생각은 바로, 무겁지 않거나 오랜 기간에 걸친 죄가 아니면 죽기 직전의 회개를 통해 용서받을 수 있다는 것이었다.

문제는 죄가 무거울 경우와 오랜 기간에 걸쳐서 이루어진 죄도 간단한 회개로 용서받을 수 있는가 하는 것이었다. 이것은 16~17세기의 스페인에서 수많은 신자와 성직자가 마음속으로 고민하던 문제였다. 종교적이고 철학적인 문제인 '죄 사면권'은 이탈리아와 스페인에서 오랫동안 권선징악적인 내용의 전설들로 전해져 내려왔다. 전설의 한 예로 스페인 세비야에서 전해지는 이야기를 보자.

어느 젊은이가 석상의 수염을 잡아당기면서 오만불손한 태도로 석상을 만찬에 초대한다. 석상이 정말로 그의 집으로 찾아오고, 석상이 답례로 다시 그를 초대하자 마지못해 승낙하면서 무서움에 휩싸인다. 그는 약속을 지키기 위해 공동묘지로 가기 전에 젊은이는 사제에게 고해성사를 하고 호신용 십자가를 건네받는다. 만찬 자리에서 검은 옷을 입은 시동이 내온 것은 전갈과 살모사 요리였다. 젊은이는 공포로 부들부들 떨지만 기도문을 외워 공포에서 벗어난다.

밀턴 브레너, 『무대 뒤의 오페라』에서 "만일 성체를 입에 물고 있지 않았다면 너도 우리와 똑같은 신세가 되었을 거야"라고 유령이 젊은이에게 말한다. 그러고는 세상 사람들을 향해서 덧붙인다. "죽은 자를 조롱해서는 안 된다. 그렇지 않으면 누구든지 만찬에 초대받는다"

1630년경에 오페라가 하나의 장르로 등장한 후 처음으로 극화한 사람은 스페인의 수도사 가브리엘 테예스(Gabriel Tellez)였다. 티르소 데 몰리나(Tirso de Molina)라는 필명으로 쓴 극의 제목 『세비야의 바람둥이와 석상 손님(El Burlador de Sevilla)』은 권선징악을 보여주는 작품인데 총 3막 17장으로 된 운문 형식의 희곡이다. 몰리나의 최초 판본이 나오고 나서 수많은 다른 판본들이 뒤따르게 되었다.

슬라보에 지젝, 『오페라의 두 번째 죽음』에서 키르케고르는 모차르트의 〈돈 조반니〉를 그 신화의 절대적이고 특권적이고 유일한 참된 판본으로 간주했다. 모차르트의 판본은 내용과 형식의 완벽한 조화를 이루고 있어서 최종적인 작품으로 능가할 수 없다. 모차르드 이후에 돈 후안을 쓰는 것은 호메로스 이후의 일리아드(일리아스)[1]를 쓰려는 것과 같다고 하였다.

몰리나는 스페인에서 유명 극작가 중 몇 손가락에 꼽혔다. 그는 메르세드 수도회에 들어가 수도사가 된 후 희곡을 집필하기 시작했는데 신성모독을 둘러싸고 수도회와 몇 차례나 충돌했다. 몰리나는 수도회의 발령에 따라 스페인 각지에서 활동했기 때문에 각 지방의 전설들을 상세히 알고 있었다. 따라서 『세비야의 바람둥이와 석상 손님』의 배경은 세비야가 되었다.

몰리나 희곡의 주인공 돈 후안(돈 조반니)은 극 중에서 온갖 악행을 회개하도록 종용받는다. 그러나 그때마다 그는 회개할 시간은 충분하다며 똑같은 대답을 한다. 그러다 돈 후안은 어느 묘지에서 자

---

[1] 일리아드(일리아스, Iliad) 호메로스의 고대 그리스 서사시다. 키르케고르는 모차르트 이후에 돈 후안을 쓰는 것이 호메로스 이후의 일리아드를 쓰는 것과 같다고 평가하며 모차르트 오페라의 위대함을 강조했다.

신을 죽인 사람에게 천벌이 내리도록 기원하는 비문을 본다. 그 비문은 돈 곤잘로(돈 조반니에게 죽은 돈나 안나의 아버지)의 것이었다. 돈 조반니는 석상의 수염을 잡아당기고 복수의 기회를 주겠다고 조롱하며 석상을 만찬에 초대한다.

위에서 언급한 스페인 세비야 전설대로 돈 후안은 인간의 도덕적 법칙과 신의 계율을 위반한 것만이 아니라 죽은 자의 신성불가침도 위반한다. 죽은 자들에게 상징적으로 할당된 구역을 침범한 것이다. 그때 돈 조반니는 파멸의 길로 인도하는 석상의 손을 붙잡고 간청한다.

"고해성사를 하고 싶소. 죄를 사해줄 사람을 불러주시오" 그러자 석상은 대답한다. "그럴 시간이 없도다. 너무 늦었다" 그렇게 돈 후안은 지옥 불에 떨어진다. 악인 돈 조반니를 처단한다는 면에서 석상은 신의 대리인으로 볼 수 있다.

〈돈 조반니〉는 인간이 보편적으로 가진 욕망과 도덕률 그리고 신의 계율 사이에 관한 문제를 다룬다. 몰리나는 수도사였기 때문에 당시 내려오는 전설뿐만 아니라 대중들이 분출하는 욕망에 대한 신의 경고를 말하고 싶었을 것이다.

2. 돈 후안의 작품화 여정

돈 조반니 역의 프란시스코 단드라데의 초상화

돈 후안 전설의 기원과 역사적 배경

최초 작품화와 17세기 스페인 상황

돈 후안의 전설이 1630년에 수도사 가브리엘 테예스(Gabriel Téllez)[1]에 의해 작품화되었다. 17세기 스페인은 무적함대를 기반으로 유럽의 패권을 장악했다. 16세기에는 아메리카를 침략해서 아즈텍 제국을 정복했다. 피사로는 168명의 군대로 잉카제국을 멸망시켰다.

스페인은 아메리카와 다른 식민제국을 세움으로써 막대한 부를 축적했다. 아마도 스페인 역사의 전성기는 17세기였다고 볼 수 있다. 하지만 갑작스럽게 부가 축적되는 만큼 상류층을 중심으로 윤리적 타락 또한 심각했을 것이다.

문학적 배경과 의미

돈 후안의 전설은 아마도 중세 중반기 유행했던 기사들의 연애 문학을 보여준다. 중세 중반기 연애 문학은 기사 계급이 이상적 사랑을 추구하는 것이 대부분이었다. 그러나 돈 후안의 전설은 이상적 사랑이 아니라 세속적 욕망을 극단으로 보여주고 있었기에 대중들의 관심을 끌었으리라 예상된다. 지나치게 이상적인 사랑을 추구하

---

[1] 가브리엘 테예스(Gabriel Téllez, 1579-1648) 스페인의 수도사이자 작가다. 1630년에 돈 후안 전설을 최초로 희곡화했다.

는 기사의 연애담은 더 이상 대중의 관심을 끌지 못했기 때문이다.

가브리엘 테예스는 이와 같은 맥락에서 대중의 윤리적, 도덕적 타락을 심각하게 생각했을 것이다. 그는 대중들이 욕망에 빠져 살아간다면 더 이상 신성한 사랑을 숭고하게 여기지 않을 것이라 생각했다. 가브리엘 테예스의 『세비야의 바람둥이와 석상 손님』은 욕망에 빠진 인간 세상에 대한 신의 경고였다고 볼 수 있다.

18세기에 들어오며 유럽에서 사랑 혁명이 일어나자 돈 후안의 전설은 다시 프랑스와 이탈리아에서 희곡이나 오페라로 만들어졌다. 열정적 사랑이 나디내는 인간의 욕망을 극난석으로 보여주는 인물이 바로 돈 후안이기 때문이다.

유럽 각국의 돈 후안 작품화 과정

프랑스 – 몰리에르의 희극화

스페인과 이탈리아뿐만 아니라 프랑스에서도 17세기에 돈 후안을 소재로 한 극들이 있었다. 특히 이 시기 프랑스에서는 비극이 대세였음에도, 몰리에르(Molière, 1622~1773)[1]가 1665년 『돈 후안 혹은 석상의 잔치』이라는 제목으로 비극이 아닌 희극 작가로서 명성을 날렸다.

몰리에르는 돈 후안의 대사를 통해서 그의 위선을 다음과 같이

---

[1] 몰리에르(Molière, 1622-1673) 프랑스의 희극 작가다. 1665년에 '돈 후안 혹은 석상의 잔치'라는 제목으로 돈 후안의 위선을 희극화했다.

묘사했다. "요즘 세상에 위선은 전혀 수치스러운 일이 아니야. 위선은 유행하는 악덕이다. 어떤 악덕이라 해도 유행하기만 하면 미덕으로 간주되지"

원작에서 눈에 띄는 인물은 몰리에르 극에 등장하는 상인 디망쉬(Dimanche)다. 극에서 비중 있는 인물은 아니지만 돈이 많은 그는 어느 날 돈 후안을 찾아가 자신에게 빌린 돈을 갚으라고 말한다.

돈 후안은 입담과 재치로 상황을 잘 모면한다. 이는 당시 베르사유에 있던 귀족들 중에는 상인들에게 돈을 빌릴 정도로 가난하지만 귀족이라는 허울 속에 갇혀 살던 사람들이 적지 않았음을 알려준다. 몰리에르는 이와 같은 귀족들의 허상을 비판했다.

〈돈 조반니〉 잘츠부르크 페스티벌, 2014

오페라화 과정

그 후 다양한 장르로 유럽 전역에 퍼져나가, 1713년에 〈석상의 잔치〉이라는 제목의 희극이 처음 오페라 형태로 만들어졌다. 1761년에는 크리스토프 빌리발트 글루크(Christoph Willibald Gluck)가 만든 발레 〈돈 후안〉이 빈에서 공연되었다.

1787년 조반니 베르타티(Giovanni Bertati)의 대본과 주세페 가차니가(Giuseppe Gazzaniga)가 작곡한 오페라 〈돈 조반니 테노리오 혹은 석상〉이 함께 베네치아에서 막을 올렸다. 오늘날 우리가 알고 있는 모차르트의 〈돈 조반니〉는 이 오페라를 토대로 작곡된 것이다.

모차르트 〈돈 조반니〉 창작 과정

1787년 모차르트는 〈피가로의 결혼〉을 보기 위해 빈에서 프라하로 건너갔다. 〈피가로의 결혼〉은 빈에서와 달리 프라하에서는 대성공을 거두었다. 이에 힘입어 모차르트는 다음 시즌에 프라하에서 공연할 새로운 오페라 작곡 의뢰를 받았지만, 그는 〈피가로의 결혼〉 대본에 만족하고 있는 상태였다. 결국 그는 로렌초 다 폰테에게 신작 오페라 대본을 의뢰했고 『석상의 만찬』 대본은 4월 초에 모차르트의 손에 들어왔다.

모차르트는 그해 여름까지 작곡을 거의 끝냈으며 9월 초 미완성의 초고를 들고 두 번째로 프라하를 여행했다. 모차르트는 두섹(Dušek)에게 교외의 훌륭한 별장 빌라 베르트람카(Villa Bertramka)를 받아 좋은 환경 속에서 이 신작을 완성했다. 10월 28일 하룻밤 사이에 최종 연습으로 진행되던 서곡을 완성하였는데, 다음 날이 바로 공연 첫날이었다. 이렇게 완성된 〈돈 조반니〉는 10월 29일에 초연을 했다.

공연 성과와 평가

〈돈 조반니〉가 프라하에서 대성공을 거두자 요제프 황제는 칙령으로 1788년 5월 7일부터 빈 공연을 하게 했다. 그러나 모차르트가 빈 공연을 위해 3곡의 새로운 아리아까지 만들었음에도, 프라하에서의 성공과 달리 단 15회의 공연만을 한 채 실패로 막을 내렸다.

괴테(Johann Wolfgang von Goethe)는 1792년 바이마르에서의 초연을 본 후 실러에게 보낸 편지에 '이 작품은 둘도 없는 뛰어난 작품이며 모차르트가 죽은 뒤에 이런 오페라는 볼 수 없을 것'이라고 적었다.

카사노바 - 18세기 실존 바람둥이

기본 인적사항과 경력

스페인 역사상 최고의 바람둥이였으며 돈 후안과 쌍벽을 이룰 만큼의 바람둥이는 카사노바(Girolamo Casanova, 1725~1798)다. 카사노바는 여성을 성적 욕망의 대상으로 생각하며 산 18세기 실존 인물이다. 18세기 사랑 혁명 시기의 극단적인 인물이라고 할 수 있다. 그는 감각적 쾌락을 발달시키는 것이 자신의 인생에서 가장 중요한 목적이라고 생각했다.

〈돈 조반니〉 잘츠부르크 페스티벌, 2014

그는 여성에게 쾌락을 주기 위해 태어난 존재이므로 항상 그 점에 충실하도록 노력한다고 주장한다. 하지만 여성에게 쾌락을 주기 위해 성적 욕망에 빠졌다는 그의 주장은 자신의 욕망을 정당화하는 것일 뿐이다.

카사노바는 성직자, 외교관, 모험가, 시인, 소설가, 군인, 바이올린 연주가 등 여성들이 선망하는 직종에 종사하던 사람이었다. 이탈리아 베네치아 출신인 카사노바는 귀족 출신으로 다양한 직업 경험을 쌓았다. 그는 외모가 출중했으며 가난했던 어린 시절 파도바(Padova)에서 법학 공부를 하다가 성직자로 삭발례를 하여 네 가지 소품을 받기도 했다. 이후 라틴 문학, 이탈리아 문학, 프랑스어뿐만 아니라 의학과 화학에도 관심을 가졌다.

사회적 지위와 인맥

이로써 그는 작가적인 재능과 다양한 학문에 대한 지식을 획득했으며 의학적 지식을 바탕으로 의사의 오진을 밝혀, 원로원 마테오 조반니 브라가딘(Marco Antonio Bragadin) 의원의 양자로 들어갔다. 프랑스, 러시아의 왕족뿐 아니라 당시 이름을 날리던 계몽주의자 볼테르, 루소와도 교제를 나눌 만큼 다양한 인맥을 가진 사람이기도 했다.

회고록과 문학적 의미

카사노바는 60세가 되던 1785년에 프라하의 한 귀족의 사설 도서관 사서로 일하며 1789년까지 『나의 인생 이야기(Histoire de ma vie)』[1]를 집필했다. 그는 젊은 시절 쾌락주의자로서 즐긴 삶과 노년의 쓸쓸함, 권태를 이기는 방법을 회고록으로 썼다고 고백했다. 카사노

---

1 『나의 인생 이야기』(Histoire de ma vie) 카사노바가 60세에 집필을 시작한 회고록이다. 자신의 젊은 시절 쾌락주의적 삶과 노년의 쓸쓸함을 기록했다.

바는 이 책에서 과거에 만났던 여성들에 대한 3,700족에 달하는 이야기를 기록했다.

카사노바의 회고록(12권)은 격변하는 18세기 유럽 사회를 생생하게 체험하고 묘사하여 로코코 시대의 문화와 풍속도를 후대에 알리는 귀한 사료의 역할도 하고 있다. 그는 '철학자로 살다가 그리스도 교인으로 떠난다'라는 말을 남기며 1798년 73세를 일기로 세상을 떠났다.

카사노바의 연애관과 방식

카사노바는 돈 후안과 달리 많은 여자를 사귀고 헤어졌음에도 원한을 사지 않은 바람둥이로 알려져 있다. 오히려 여성들의 마음에 영원히 살아 있었다고 전해진다. 물론 이 말을 글자 그대로 받아들이기는 어렵다. 카사노바가 본인의 저서에 마치 수많은 여성의 마음에 자신이 남아 있었을 것이라고 정당화했기 때문이다.

만일 카사노바의 주장을 받아들인다면 그것은 자신의 욕망을 충족시키기 위해 돈 후안처럼 욕망 자체에만 관심을 기울인 것이 아니라 상대방의 관점에서 접근했기 때문일 것이다. 로버트 그린은 『유혹의 기술(The Art of Seduction)』[1]에서 "카사노바는 언제나 여자들의 이상형에 맞추어 자신을 그녀들의 이상형으로 변모시켰다. 그는 여자들이 원하고 생각했던 꿈꾸는 것들을 현실로 바꾸어 주었다"라고

---

[1] 『유혹의 기술(The Art of Seduction)』 로버트 그린의 저서다. 카사노바가 여성들의 이상형에 자신을 맞추어 유혹했다고 설명한다.

설명한다. 18세기 프랑스나 이탈리아 상류사회에서는 카사노바와 같은 취미적 사랑이 유행했다. 귀족들은 남녀노소 수많은 사람과 연애했다는 사실을 빈번하게 자랑하거나 과장했다.

카사노바와 〈돈 조반니〉의 연관성

직접적 연결점

카사노바는 〈돈 조반니〉와 직간접적으로 관련되어 있다. 카사노바 전기를 쓴 미셸 들롱(Michel Delon)은 카사노바가 〈돈 조반니〉의 대본가 다 폰테와 만났다는 점을 지적한다.

"공연 기획자이자 연출가, 그리고 배우였고, 두흐초프 사서였던 카사노바와 모차르트의 만남은 알 수 없으나 다 폰테와의 관계만 확인된다. 두흐초프 성에 있는 카사노바의 서류들 속에서 〈돈 조반니〉 제2막 10장의 다른 판본들을 포함한 종이 2장이 발견된다. 늙은 모험가 카사노바가 돈 조반니와 레포렐로라는 인물을 완벽히 보완하기 위해 대본작가와 음악가에게 몇 가지 충고를 했을 것이라는 확신이 드는 부분이다."

레포렐로의 〈카탈로그의 노래〉 영향

미셸 들롱은 계속해서 설명한다. "즉, 돈 조반니는 유혹하고 정복하며, 졸렬한 하인은 정복한 여인들의 목록을 작성한다" 이렇듯

〈돈 조반니〉에서 레포렐로의 "카탈로그의 노래(Madamina il Catalogo e Questo)"는 카사노바의 경험적 충고로 이 세상에 태어났다고 볼 수 있다. 레포렐로가 돈 조반니의 여성 편력을 노래하는 장면은 카사노바의 조언에서 영향을 받았을 것이다.

두 인물의 차이점과 의미

돈 후안 vs 카사노바의 특성

〈돈 조반니〉와 『돈 후안 혹은 석상의 잔치』는 등장인물들의 이름도 다르고 인원 수에도 차이가 있다. 가장 눈에 띄는 차이점은 모차르트의 오페라에서 돈 조반니가 미혼인 상태로 바람둥이 생활을 하지만, 몰리에르의 작품에서는 돈 후안과 엘비라가 결혼한 상태로 나온다는 것이다. 그런데 여기서 문제가 된 것은 돈 후안이 수녀원에 있던 엘비라를 납치해서 결혼한다는 점이었다.

돈 조반니역 조반니 마리오의 초상화

 카사노바 또한 자신에 대해 다음과 같이 고백했다. "나는 인생을 살아오면서 내가 행한 모든 일이 선한 일이든 악한 일이든 자유인으로서 나의 자유의지에 의해 살아왔음을 고백한다."『나의 인생 이야기(Histoire de ma vie)』

시대적 의미와 문학사적 가치

돈 후안은 17세기 스페인 상류층의 윤리적 타락에 대한 경고의 성격을 가진 문학적 허구 인물이었다. 반면 카사노바는 18세기 사랑 혁명 시대 "취미적 사랑"의 극단적 실현을 보여준 실존 인물이었다. 두 인물 모두 인간의 욕망과 사랑의 본질에 대한 서로 다른 접근법을 제시했다.

이들의 이야기는 18세기 유럽 상류사회의 문화와 풍속을 이해하는 데 중요한 자료가 되었다. 특히 모차르트 〈돈 조반니〉를 통해 예술적 승화와 재창조의 과정을 보여주었으며, 문학과 음악사에서 중요한 위치를 차지하게 되었다.

3. 선율에 숨겨진 유혹의 기술

자코모 지롤라모 카사노바 데 세인갈트

모차르트의 〈돈 조반니〉는 〈피가로의 결혼〉과 직접적으로 연결되어 있다. 〈피가로의 결혼〉에서 백작은 마지막 순간 참회하고 부인에게 용서를 구하지만, 돈 조반니는 자신의 비도덕성을 도덕과 자비 아래 감추지 않고 오히려 자신의 강점으로 삼는 파렴치한 행동을 한다. 다른 태도를 보이는 두 사람이지만, 백작은 하녀 수잔나를 얻지 못했고 돈 조반니도 시골 여성 체를리나의 사랑을 받지 못했다는 공통점이 있다.

백작은 자신의 아내를 수잔나로 착각하고, 돈 조반니는 엘비라를 알아보지 못한 채 사랑 고백을 한다. 〈피가로의 결혼〉의 첫 장면에서는 백작이 아닌 피가로가 등장한다. 〈돈 조반니〉에서도 막이 올라가면 곧이어 레포렐로가 자신의 주인을 기다리며 노래를 부른다.

"밤낮으로 일만 하네. 주인은 집에서 재미를 보고 있는데, 나는 밖에서 망을 본다" 이는 귀족이 되고 싶은 마음과 일의 고단함을 표현한 것이다. 이처럼 〈피가로의 결혼〉은 〈돈 조반니〉와 오페라의 구조적 연관성을 지닌다고 볼 수 있다. 대부분 오페라는 주인공의 대표적인 아리아가 있지만, 〈돈 조반니〉의 경우는 돈 조반니의 주목할 만한 아리아가 별로 없다.

〈돈 조반니〉 중 유명한 곡이 있다면 〈샴페인의 아리아〉로, "포도주가 익었으니"로 시작하는 1분 30초짜리의 아리아다. 이 아리아는 눈앞에 둔 쾌락을 상상하고 유쾌하게 부르는 노래로써 돈 조반니가 낙천적이며 강한 생명력을 가진 사나이임을 보여준다.

"정신을 잃을 때까지 술에 취하면 다음에는 광기 어린 춤을 추

자. 거리의 젊고 예쁜 여자들을 모두 데려오라. 춤을 미뉴에트, 폴리아, 알르망드, 무엇이든 마음대로이다. 그사이 나는 상대를 가릴 것 없이 내일 아침까지는 명부에 10명의 여인 이름을 추가시켜야 한다."

돈 조반니의 아리아는 여성을 유혹하는 것으로 많이 알려져 있다. 몰리에르의 작품에 따르면 돈 후안은 결혼 후 신혼생활이 채 끝나기 전에 하인 스가나렐을 데리고 가출한다. 새로운 여자를 만나기 위해서다. 그는 길을 가다 처음 만나는 샤를로트라는 아가씨마저 유혹한다. "무척 성급한 사랑이라고 생각할지 모르겠으나, 아가씨가 너무나 아름답기 때문이지요. 다른 여자라면 여섯 달이 걸릴 것을, 당신을 보니 15분 만에 사랑에 빠지게 되네요."

이 대목이 〈돈 조반니〉에 나오는 돈 조반니와 체를리나의 2중창인 〈저곳으로 갑시다〉이다. 돈 조반니는 "우리 손을 맞잡고 보금자리인 저곳으로 갑시다. 그대는 내 아내가 되겠다고 맹세해주오"라고 노래하고, 체를리나는 "갈까? 가지 말까? 마음이 떨리네. 행복이 그리도 쉽게 찾아올까…… 가고는 싶지만, 아니야 나를 속이는 것일 거야"라고 응답한다.

돈 조반니는 "염려 말고 갑시다. 내 그대 운명 바꿔주겠소"라고 하고, 체를리나는 "마제토가 가여워! 그러나 더 이상 버틸 힘이 내겐 없어"라고 하며, 둘이 함께 "어서 갑시다. 순결한 사랑의 모험을 합시다"라고 노래한다. 이 장면은 돈 조반니가 결혼식을 앞둔 시골 신부 체를리나를 유혹하고, 그녀가 유혹에 끌려 돈 조반니를 따라가는 모습이다.

또한 돈 조반니는 만돌린을 아름답게 연주하며 자신을 사랑하는 엘비라의 하녀를 유혹하는 아리아 〈그대 창가로 나와주오〉를 노래한다. "그대 창가로 나와 주오. 내 사랑아! 내 눈물을 위로하러 이리 오시오. 만일 내 위로를 거절한다면, 나는 당신 앞에서 죽어버리겠소. 그대의 입술은 꿀보다 더 달고 그대의 마음은 꽃보다 더 고와 나에게 가혹한 짓 하지 않으리. 여기 나와, 그대 찬미하게 해주오"

1막에 나오는 레포렐로의 〈카탈로그의 노래〉는 돈 조반니의 파란만장한 연애사를 희극적으로 보여준다. 이 아리아는 모차르트가 '텍스트 페인팅' 기법을 사용하여 큰 여인은 길고 웅장한 선율로, 작은 여인은 짧고 스타카토의 선율로 묘사하며 돈 조반니의 무분별한 욕망을 음악적으로 풍자한다. 더불어 주인에게 버림받은 엘비라를 동정하여 그녀에게 주인의 여성 편력을 고발한다. 이 부분은 대본가 다 폰테가 카사노바를 만나면서 영향을 받은 것으로 추측된다.

이 아리아를 통해 관객들은 처음으로 돈 조반니에 대한 구체적인 정보를 얻는다. 전반부의 노래는 명부에 대한 설명이므로 빠르고 경쾌한 알레그로로 노래하며, 중반부 '금발은 마음이 상냥하다고'부터는 조금 느리게 안단테 콘 모토로 레포렐로의 능글맞음을 노래한다. 내용과는 대조적으로 아름다운 선율과 테크닉이 돋보이는 곡이다.

레포렐로는 다음과 같이 노래한다.

"부인, 나리께서 정복하신 미녀들의 명단입니다. 제가 공들여 꾸몄습니다. 이탈리아에서는 640명, 독일에서는 231명, 프랑스에서는 100명, 터키에서는 91명 하지만 스페인에서는 1,000명하고도 3명. 이 중에는 농부 여자도 있고, 하녀, 도시 처녀, 백작부인, 남작부인, 후작부인, 공작부인 그리고 공주도 섞여 있답니다.

〈돈 조반니〉 잘츠부르크 페스티벌, 2014

모든 신분과 체형, 나이를 꿰뚫죠. 금발은 마음이 상냥하다고 칭송하여 유혹하고 갈색 머리의 여자는 지조 있다고 하면서 유혹하며 겨울에는 살찐 여자, 여름에는 마른 여자를 좋아하죠. 키 큰 여자에게는 씩씩하다고 하고 작은 여자에게는 귀엽다고 하고 나이든 여자는 건수 하나 더 올리려고 장난삼아 유혹합니다.

그가 가장 좋아하는 여성은 나긋나긋한 나이 어린 여자! 누구든 치마를 두르기만 하면 나리는 가난하건 부자건 가리지 않아. 자, 이제는 아셨지요?"

2막 후반부에 오타비오는 안나가 더 이상 결혼을 연기하는 것을 참을 수 없다고 말한다. 안나가 죽은 아버지에게만 마음을 쏟아 자신에게 소홀하다는 것이다.

안나는 오타비오의 원망을 듣고 아리아 〈나를 무정한 여자라고 말하지 말아요〉를 부른다. "아름다운 내 사랑이여, 나를 무정한 여자라고 말하지 말아요. 당신은 내가 당신을 얼마나 사랑하는지 잘 알고 있어요. 당신이 너무 괴로워하시면 내가 더 죽을 것 같아요. 아마도, 하늘이 모두 알게 되어 내게 자비를 베풀겠지요"

이밖에도 모차르트기 빈 공연을 위해 새로 첨가한 세 곡이 있다. 첫 번째 곡은 1막에 나오는 오타비오의 아리아 〈그대의 행복은 나의 행복〉으로, 테너 프란체스코 모렐리를 위해 삽입되었다. 두 번째 곡은 체를리나가 레포렐로를 붙잡아 혼내주는 〈용서없다 이놈아! 나는 성난 호랑이요, 성난 사자다〉이며 세 번째 곡은 2막에 나오는 엘비라의 〈저 배은망덕한 사람, 나를 속이고〉다. 이 아리아는 소프라노 카테리나 카발리에리를 위해 추가된 어려운 곡이다. 여기서 체를리나와 레포렐로의 이중창은 빈 관객을 기쁘게 해주기 위한 목적으로 쓰인 곡이며 오늘날은 대부분 생략한다.

〈돈 조반니〉에서 음악적으로 주목할 만한 부분은 1막 피날레에 나온다. 돈 조반니 저택의 무도회장에서 안나, 오타비오, 엘비라, 체를리나, 마제토 등 모든 신분과 계급의 대표자들이 "이 무도장은 모두에게 열려 있답니다. 자유롭게 들어오세요"를 부르며 연회에 참석한다. 돈 조반니와 레포렐로는 빈틈없이 손님들을 맞이한다.

일반적인 경우라면 이 사람들은 함께 참석하지 못했을 것이다. 모차르트는 이 불가능한 현실을 미뉴에트, 콩트르당스, 왈츠 세 곡의 춤곡을 동시에 연주하며 해결했다. 제1의 오케스트라는 미뉴에트를 시작한다. 이때 돈 조반니는 체를리나를 유혹하기 위해 춤을 추기 시작하고, 제2의 오케스트라가 콩트르당스를 연주한다. 이어서 레포렐로가 억지로 마제토를 춤추게 하자 제3의 오케스트라는 왈츠를 연주하기 시작한다.

　박자가 다른 3개의 무곡이 동시에 교차해서 들리는 것이다. 이 순간 돈 조반니는 체를리나를 데리고 별실로 들어가 버린다. 이는 사회적 신분과 한계를 초월한 온갖 계층의 여성들이 그의 명부에서 발견될 수 있는 것처럼, 계급 차이를 뛰어넘는 것을 의미한다.

4. 사랑의 삼각이론으로 읽는 《음악적 인간 군상》

돈 조반니역의 필자

볼프강 아마데우스 모차르트(Wolfgang Amadeus Mozart, 1756-1791)의 〈돈 조반니〉(Don Giovanni, K.527, 1787)는 단순히 방탕한 귀족의 이야기가 아니라, 인간 사랑의 본질을 음악적 언어로 해부한 심리학적 걸작이다.

심리학자 로버트 스턴버그(Robert Sternberg)가 제시한 사랑의 삼각이론[1] – 친밀감(Intimacy), 열정(Passion), 헌신(Commitment)의 관점에서 이 오페라를 분석하면, 각 인물의 아리아와 앙상블이 사랑의 서로 다른 차원을 음악적으로 형상화하고 있음을 발견할 수 있다. 모차르트는 18세기 후반이라는 시대적 한계에도 불구하고, 인간 감정의 복합성을 놀랍도록 정확하게 포착했다.

돈 조반니: 열정만 남은 음악적 초상

돈 조반니의 음악적 특징은 그의 심리적 결핍을 정확히 반영한다. 그의 대표 아리아 "La ci darem la mano(저 손을 내게 주오)"는 A장조의 밝고 경쾌한 선율로 시작하지만, 그 단순함 뒤에 숨은 공허함이 섬뜩하다. 이 아리아는 안단테 6/8박자로 진행되는데, 왈츠 리듬의 부드러운 흔들림이 상대방을 최면에 빠뜨리는 듯한 효과를 만들어낸다.

특히 주목할 점은 선율선의 하강 진행이다. 〈La ci darem la mano, la mi dirai di si(저 손을 내게 주오, 그대 예스라고 말해주오)〉에서 'la mano'와 'di si' 부분의 선율이 점진적으로 하강하면서 마치 상대방을 끌어내리는 듯한 심리적 효과를 만든다.

그리고 이 아리아의 화성 진행은 더 흥미롭다. A장조-E장조-A장조로 이어지는 단순한 토닉-도미넌트 관계는 복잡한 감정적 갈등이 전혀 없음을 의미한다. 진정한 사랑의 음악이라면 으뜸화음과 딸

---

[1] 사랑의 삼각이론(Triangular Theory of Love) 로버트 스턴버그가 제시한 심리학 이론이다. 친밀감, 열정, 헌신이라는 세 가지 요소의 조합으로 사랑을 설명한다.

림화음 사이에 더 복잡한 중간 화성들이 개입해야 하지만, 돈 조반니의 음악에는 그런 깊이가 없다. 이는 스턴버그가 정의한 "순수한 열정(Infatuation)"의 특징과 정확히 일치한다. 순간적이고 강렬하지만 지속적 깊이가 없는 감정 말이다.

돈 조반니의 또 다른 특징적 아리아 〈Fin ch'han dal vino(샴페인의 아리아)〉는 프레스토 2/4박자의 급박한 리듬으로 진행된다. 이 샴페인 아리아는 그의 충동적 성격을 음악적으로 완벽하게 드러낸다. 16분음표로 이어지는 급속한 패시지들은 마치 멈출 수 없는 욕망의 질주를 연상시킨다. 특히 "Senza alcun ordine la danza sia(무질서하게 춤을 추게 하라)"에서 나타나는 불규칙한 액센트와 당김음(syncopation)은 그의 내적 혼란을 음향적으로 형상화한다.

돈나 엘비라: 왜곡된 사랑의 음악적 비극

돈나 엘비라의 첫 등장 아리아 〈Ah chi mi dice mai(아, 누가 말해주리)〉는 사랑의 삼각이론에서 "어리석은 사랑(Fatuous Love)"의 음악적 표현이다. 이 아리아는 B♭장조로 시작하지만 곧 g단조로 전조되면서 밝은 기대와 어두운 현실 사이의 괴리를 보여준다. 특히 주목할 부분은 선율의 도약이다. "chi mi dice mai" 부분에서 옥타브 이상의 큰 도약이 반복되는데, 이는 감정적 극단성을 음악적으로 구현한다.

엘비라의 음악에서 가장 인상적인 것은 그녀의 아리아들이 모두 복합박자(6/8, 9/8)로 이루어져 있다는 점이다. 이는 심리적 불안정성의 음악적 표현이다. 단순박자의 안정감 대신 복합박자의 불규칙한 강세가 그녀의 내적 갈등을 드러낸다.

〈Mi tradi quell'alma ingrata(그 배은망덕한 자가 나를 배신했다)〉에서 나타나는 반음계적 진행들은 특히 중요하다. E♭장조에서 시작하여 c단조, f단조를 거쳐 다시 E♭장조로 돌아오는 복잡한 조성 변화는 사랑과 증오, 원망과 그리움이 뒤섞인 그녀의 복잡한 심리를 음악적으로 재현한다.

엘비라의 음악에서 가장 비극적인 순간은 3중창 〈Ah taci, ingiusto core(아, 그만해라, 불의한 마음아)〉이다. 돈 조반니와 레포렐로가 그녀를 조롱하는 동안, 엘비라의 선율선은 계속해서 상승하려 하지만 결국 하강할 수밖에 없는 구조로 이루어져 있다. 이는 체념할 수 없지만 현실적으로는 포기해야 하는 그녀의 실존적 딜레마를 음악적으로 형상화한다.

돈나 안나와 돈 오타비오: 헌신의 음악적 형식화

돈나 안나의 아리아 〈Or sai chi l'onore(이제 그대는 알리라)〉는 D장조의 당당한 조성으로 시작되지만, 그 음악적 구조는 역설적으로 감정적 메마름을 드러낸다. 이 아리아는 엄격한 소나타 형식을 따르는데, 이는 즉흥성이나 감정적 자유로움보다는 형식적 완결성을 추구함을 의미한다. 스턴버그의 이론에서 "공허한 헌신(Empty Love)"에 해당하는 상태를 음악적으로 구현한 것이다.

특히 돈나 안나의 선율은 대부분 화음의 기본음(1도, 3도, 5도)을 중심으로 구성되어 있다. 이는 안정감을 주지만 동시에 감정적 긴장이나 열정적 도약을 배제한다. "vendetta ti chieggio(복수를 요구하노라)" 부분에서도 선율은 차분하게 상승했다가 규칙적으로 하강하는 패턴을 보인다. 진정한 분노나 열정이라면 더 불규칙하고 충동적인 선율선을 보여야 하지만, 안나의 음악은 철저히 통제되어 있다.

돈 오타비오의 아리아 〈Dalla sua pace〉, 〈Il mio tesoro〉는 더욱 흥미로운 음악적 분석을 제공한다. 두 아리아 모두 A장조와 D장조라는 밝은 조성을 사용하지만, 선율의 진행은 극도로 절제되어 있다. 〈Dalla sua pace la mia dipende(그녀의 평화가 나의 평화)〉에서 "pace(평화)"라는 단어가 나올 때마다 선율이 하강하여 안정감을 추구하는 것은 의미심장하다. 이는 사랑이 열정적 상승이 아니라 평온한 안정을 추구함을 보여준다.

오타비오의 음악에서 가장 특징적인 것은 꾸밈음의 사용이다. 바로크 시대의 전형적인 Ornament들이 과도하게 사용되면서, 감정의 직접적 표현보다는 기교적 완성도에 치중한다. 이는 진정한 열정보다는 "사회적으로 기대되는 사랑의 표현"에 더 가까워 보인다.

체를리나: 경계에서 흔들리는 음악적 정체성

체를리나의 아리아 〈Batti, batti, o bel Masetto(때려요, 때려요, 귀여운 마세토)〉는 사랑의 삼각이론에서 가장 복합적인 형태를 보여준다. 이 아리아는 F장조 6/8박자로 시작되는데, 목가적이고 순수한 느낌을 주지만 동시에 조작적인 면도 엿보인다. 선율의 특징은 매우 단순한 음계 진행이지만, 그 단순함이 오히려 계산된 순진함처럼 들린다는 점이다.

가장 흥미로운 부분은 "pace, pace, o vita mia(평화여, 평화여, 내 인생이여)" 부분에서 나타나는 음악적 이중성이다. "pace"를 노래할 때 선율은 안정적으로 하강하지만, 바로 직전의 장식음들은 불안정한 움직임을 보인다. 이는 겉으로는 평화를 추구하지만 내적으로는 여전히 갈등하고 있음을 의미한다.

체를리나와 돈 조반니의 이중창 〈La ci darem la mano〉에서 체를리나 파트의 변화도 주목할 만하다. 처음에는 돈 조반니의 선율을 단순히 따라하지만, 점차 자신만의 장식음을 추가하면서 독립적인 선율선을 만들어간다. 이는 유혹에 넘어가는 과정을 음악적으로 세밀하게 묘사한 부분이다.

레포렐로: 냉소적 관찰자의 음악적 해설

레포렐로의 카탈로그 아리아 〈Madamina, il catalogo è questo〉는 모차르트의 천재성이 가장 빛나는 부분 중 하나다. 이 아리아는 D장조 알레그로로 시작되지만, 각 나라별 여성들을 열거할 때마다 서로 다른 음악적 특징을 사용한다. 이탈리아 여성들을 언급할 때는 칸타빌레한 선율을, 독일 여성들을 언급할 때는 묵직한 리듬을, 프랑스 여성들을 언급할 때는 경쾌한 스타카토를 사용한다.

이는 단순한 희극적 효과를 넘어서 사랑의 본질에 대한 음악적 비평이다. 각각의 음악적 스타일이 서로 다른 사랑의 형태를 패러디

하면서, 결국 모든 것이 숫자로 환원되는 허무함을 드러낸다. 특히 "Ma in Ispagna son gia mille e tre(하지만 스페인에서는 벌써 1003명)" 부분에서 나타나는 상승 스케일은 끝없는 욕망의 상승을 의미하지만, 바로 이어지는 하강 진행은 그 허무함을 보여준다.

앙상블의 음악적 복합성: 사랑의 다층적 구조

〈돈 조반니〉의 진정한 음악적 성취는 개별 아리아가 아니라 앙상블 부분에서 드러난다. 특히 1막 피날레의 6중창 〈Sola, sola in buio loco〉는 여섯 명의 인물이 각각 다른 감정 상태에 있으면서도 하나의 음악적 구조를 이루는 놀라운 작품이다.

돈나 엘비라는 e♭단조의 슬픈 선율로 자신의 절망을 노래하고, 돈나 안나와 돈 오타비오는 B♭장조의 안정된 화음으로 도덕적 확신을 표현한다. 체를리나와 마세토는 F장조의 단순한 민요풍 선율로 소박한 사랑을 나타내며, 돈 조반니와 레포렐로는 반음계적 진행으로 불안과 교활함을 드러낸다. 이 모든 것이 동시에 진행되면서도 음악적으로 완벽하게 조화를 이룬다.

이는 18세기 후반 계몽주의 시대의 인간관을 반영한다. 각 개인은 서로 다른 내적 동기를 가지고 있지만, 사회적 질서라는 큰 틀 안에서 공존해야 한다는 철학적 통찰이 음악적으로 구현된 것이다. 모차르트는 이를 통해 사랑이라는 감정이 결코 단일한 것이 아니라, 수많은 개별적 욕망들이 복합적으로 얽힌 사회적 현상임을 보여준다.

현대적 해석: 음악심리학적 통찰

21세기 음악심리학의 관점에서 〈돈 조반니〉를 분석하면, 모차르트가 이미 현대 심리학이 발견한 많은 통찰들을 음악적 직관으로 포착했음을 알 수 있다. 각 인물의 음악적 특징은 그들의 애착 유형(attachment style)과 정확히 일치한다.

돈 조반니는 회피형 애착(avoidant attachment)의 전형으로, 그의 음악은 깊이 있는 화성적 진행을 피하고 표면적인 선율 진행에만 머문다. 돈나 엘비라는 불안형 애착(anxious attachment)으로, 복잡한 조성 변화와 불안정한 리듬이 이를 반영한다. 돈나 안나와 돈 오타비오는 안정형 애착이지만 열정이 억압된 상태로, 음악적으로는 과도하게 형식화된 구조를 보인다.

음악심리학적 분석은 〈돈 조반니〉가 단순한 18세기 오페라가 아니라 인간 감정의 보편적 구조를 다룬 시대를 초월한 작품임을 증명한다. 모차르트는 스턴버그의 사랑의 삼각이론(그림 1)이 등장하기 200년 전에 이미 사랑의 복합적 구조를 음악적으로 완벽하게 분석해냈던 것이다.

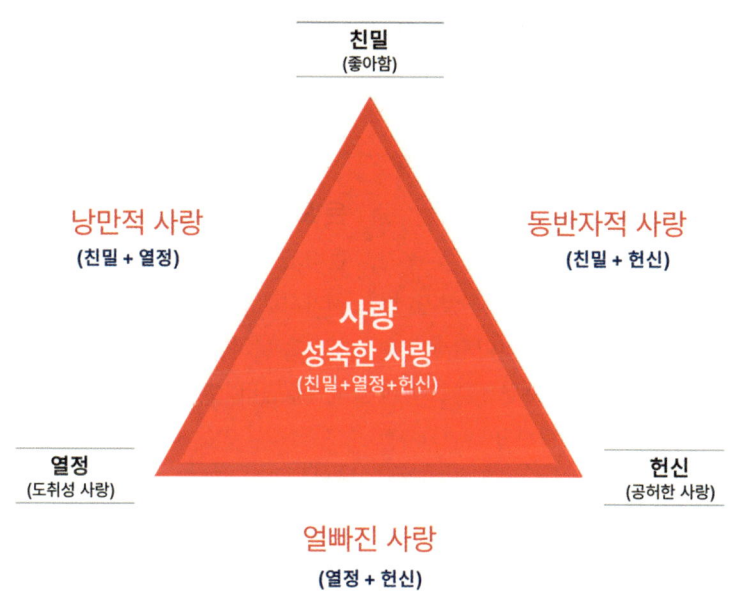

(그림 1) 사랑의 삼각형, 로버트 스턴버그

　〈돈 조반니〉는 사랑의 화려한 색깔을 보여주는 것이 아니라, 사랑의 삼각형이 만들어내는 기울어진 무대에서 인간의 욕망과 상실, 자기기만을 드러내는 음악적·심리학적 걸작이다. 각 인물의 아리아와 앙상블은 사랑이라는 감정의 서로 다른 차원들이 어떻게 음악적 언어로 번역될 수 있는지를 보여주는 교본이며, 그 감정들이 얼마나 파괴적인 힘을 지닐 수 있는지를 경고하는 심리적 비극이기도 하다.

〈돈 조반니〉 등장인물

돈 조반니 Don Giovanni, 베이스
방탕한 욕망에 사로잡혀 있는 젊은 기사다. 자신의 지위를 이용해 살인, 배신, 혼인빙자 사기 등 갖가지 범죄를 저지른다. 그에게 진실이나 도덕은 없다. 돈나 안나를 겁탈하려다가 기사장인 그녀의 아버지를 죽인다. 자신의 악행을 회개悔改하라는 요구를 거부하던 돈 조반니는 결국 지옥 불에 떨어져 죽는다.

돈나 안나 Donna Anna, 소프라노
귀족층 여인들을 대표하는 인물로 돈 조반니가 죽인 기사장의 딸이다. 그녀는 온실 속 화초처럼 자랐기에 타인에게 의존하며 살아간다. 돈 조반니가 아버지를 살해했음에도 불구하고 복수를 위한 어떠한 행동도 실행에 옮기지 못한다.

돈 오타비오 Don Ottavio, 테너
돈나 안나의 약혼자다. 돈나 안나와 마찬가지로 귀족 신분이지만 용기 있는 행동을 보여주지 못한다. 그는 극 중에서 돈 조반니의 경쟁 상대가 되지 못한다. 복수로 인해 안나와의 결혼이 미뤄지는 것에 대해 투정하는 소심한 모습까지 보인다.

돈나 엘비라 Donna Elvira, 소프라노
돈 조반니를 진정으로 사랑하는 인물이다. 정열적이고 집착이 강하며 돈나 안나와는 대조적으로, 시대의 관습에 얽매이지 않는 새로운 시민계급의 신여성이다. 그녀는 자신을 버린 돈 조반니에게 복수를 다짐하지만, 그에 대한 믿음을 저버리지 않는다.

레포렐로 Leporello, 베이스
돈 조반니의 하인이자 수행원이다. 그는 오페라에서 시작과 끝을 알리는 역할자이며 해설자다. 레포렐로는 돈 조반니의 애정행각을 부러워하면서도 비판한다. 익살맞은 성격으로 돈 조반니를 따라다니며 그의 악행을 수습한다.

체를리나 Zerlina, 소프라노
마제토의 약혼녀로 농부의 딸이다. 매우 현실적이며 유혹에 약하다.

기사장 Il Commendatore, 베이스
돈나 안나의 아버지다. 사후에 돈 조반니를 지옥으로 이끈다.

마제토 Masetto, 바리톤
체를리나의 약혼자로 우직하고 순진한 젊은 농부다. 체를리나의 배신으로 일어난 마제토의 분노는 신분계급에 대한 도전으로 발전한다.

OPERA INFO

원작 티르소 데 몰리나Tirso de Molina가 쓴 『세비야의 바람둥이와 석상 손님(El Burlador de Sevilla)』
대본 로렌초 다 폰테(Lorenzo da Ponte)
초연 1787년 10월 29일 프라하 에스타테츠 극장
시간과 장소 17세기 스페인의 어느 도시

〈돈 조반니〉 줄거리

서곡

초연 직전 27일부터 28일에 걸친 하룻밤 사이에 작곡되었다고 전해지는 이 서곡은 소나타 형식이다. 제2막 제5장에서 석상(石像)이 돈 조반니를 찾아가는 클라이맥스에서 악상을 빌리고 있다. 석상의 출현과 이를 맞이하는 돈 조반니의 음악이 그의 운명을 암시하는 내용으로 전개된다.

제 1 막

기사장이 사는 저택의 뜰에서 돈 조반니는 기사장의 딸 안나를 겁탈하려다 실패한다. 딸의 비명을 들은 기사장이 상황을 발견하고 두 사람은 결투를 벌인다. 결국 돈 조반니가 기사장을 살해하고 도망친다. 아버지 죽음을 목격한 안나는 약혼자 오타비오에게 도움을 청한다. 안나와 오타비오는 복수를 결심하고 2중창 〈신이여, 이렇게 무서운 일이(Ma qual mai s'offre, oh Dei)〉를 노래한다. 돈 조반니는 기사장을 살인했음에도 죄책감 없이 새로운 여성을 찾아 길을 떠난다.

돈 조반니에게 버림받은 엘비라는 복수를 다짐하는 아리아 〈누가 나를 위로해 줄 수 있을까?(Ah! chi mi dice mai?)〉를 부른다. 돈 조반니가 새로운 여인을 유혹했는데 알고 보니 그녀가 자신이 과거에 버린 여자 엘비라였다. 그래서 돈 조반니는 하인인 레포렐로에게 그녀를 넘긴 채 도망간다. 레포렐로는 엘비라에게 돈 조반니가 그동안 유혹한 여자들의 리스트를 알려주는 유명한 아리아 〈카탈로그의 노래(Madamina il Catalogo e Questo)〉를 부른다. 노래에 등장하는 여성은 2000명이 훨씬 넘는다. 엘비라는 복수를 다짐하고 퇴장한다.

돈 조반니는 어느 농촌 동네에 있는 결혼식장에 나타난다. 농부인 마제토와 체를리나의 결혼식이었다. 그런데 돈 조반니는 신부의 미모에 빠져 그녀를 유혹할 계획을 세운다. 그에게 죄책감이나 도덕성이라곤 찾아볼 수 없다. 오로지 자신의 성적 욕망을 채우는 것이 목표다.

돈 조반니는 마제토를 칼로 위협해 쫓아버린 후 체를리나와 함께 이중창 〈저곳으로 갑시다(La ci darem la mano)〉를 부르며 그녀를 유혹한다. 이때 엘비나가 나타나서 "이 배신자에게서 도망쳐요(Ah, fuggi il traditor)"를 노래한다. 결국 엘비라의 방해로 돈 조반니는 뜻을 이루지 못한다.

한편 돈 조반니 앞에 안나와 그녀의 약혼자인 오타비오가 등장한다. 돈 조반니는 자신의 정체가 탄로 날까 봐 긴장하지만 다행히 두 사람은 알아차리지 못한다. 그런데 그때 다시 엘비라가 등장해 돈 조반니가 악당이라는 것을 말한다. 돈 조반니는 이 여자는 미쳤다고 주장한다.

안나는 돈 조반니의 목소리를 듣고 자신의 방에 침입했던 사나이와 같은 사람이라는 것을 알게 된다. 안나는 오타비오에게 복수를 부탁하는 아리아 〈내 명예를 빼앗으려고 한 자(Or sai chi l'onore)〉를 부르고 퇴장한다. 홀로 남겨진 오타비오는 복수를 맹세하는 아리아 〈그대 행복은 나의 행복(Dalla sua Pace)〉을 부른다. 체를리나는 돈 조반니에게 흔들렸던 자신을 원망한다.

그리고 돈 조반니의 정원에서 마제토에게 용서를 구하는 〈때려 주세요 마제토(Batti, batti o bel Masetto)〉를 부른다. 그런데 다시 돈 조반니가 나타나 그녀를 유혹한다. 마제토가 나타나자 돈 조반니는 임기응변으로 상황을 넘기며 두 사람을 데리고 저택으로 들어간다.

무도회장에서는 엘비라, 안나 그리고 오타비오가 돈 조반니를 응징하기 위해 가면을 쓰고 등장한다. 돈 조반니는 체를리나를 별실로 끌고 가서 겁탈하려 하지만, 울려 퍼지는 체를리나의 비명에 난처한 상황에 처한 돈 조반니는 레포렐로에게 칼을 빼들고 모든 죄를 뒤집어씌운다. 한편 체를리나가 도망쳐 나오면서, 모두 함께 "이제 모든 것이 밝혀졌다"고 노래한다. 돈 조반니는 도망을 치면서 1막이 끝난다.

제 2 막

돈 조반니와 레포렐로가 말다툼을 하면서 2중창 〈멍청아! 나를 화나게 하지마라(Eh via buffone)〉를 부른다. 레포렐로가 하인 일을 그만두고 떠나겠다고 하자 돈 조반니는 금화로 그를 붙잡는다. 이번에는 돈 조반니가 엘비라의 하녀를 유혹하려 한다. 그는 방해자인 엘비라의 눈을 피하기 위해 레포렐로와 옷을 바꾸어 입고 잘못을 뉘우치는 노래를 부른다.

돈 조반니에게 미련이 남은 엘비라는 발코니에서 내려와 레포렐로가 조반니인 줄 알고 퇴장한다. 방해꾼이 제거되자 돈 조반니는 하녀에게 다가가 만돌린을 들고 창가로 가서 사랑의 세레나데인 〈그대 창가로 나와주오(Deh, vieni alla finestra)〉를 부른다. 한편 마제토는 자신의 신부를 유혹한 돈 조반니를 잡기 위해 무장한 농부들을 데리고 등장한다.

그러나 오히려 돈 조반니의 꾐에 빠져 마제토가 역으로 폭행을 당한다. 체를리나는 마제토의 신음을 듣고 나타나 〈사랑하는 임이여 당신이 착하게만 있다면(Vedrai Carino)〉를 부른다. 이는 치유의 아리아로, '나는 당신을 낫게 하는 성스러운 묘약을 가지고 있어요. 그 약은 내 몸에 내가 소중히 지닌 향기로운 약이라오'라는 내용의 사랑스러운 아리아다.

안나의 집 앞에 돈 조반니의 옷을 입은 레포렐로는 돈나 안나, 돈 오타비오, 체를리나, 마제토에게 붙잡힌다. 이들은 레포렐로를 돈 조반니라고 생각하고 그가 저지른 온갖 악행들을 열거하며 험악한 분위기에 겁을 먹은 돈 조반니로 변장한 레포렐로와 자신의 죄 많은 남편을 살려달라고 간청하는 엘비라의 6중창 〈혼란스러운 예감이(Mille torbidi pensieri)〉를 부른다.

겁에 질린 레포렐로는 자초지종을 말하고 서둘러 도망친다. 오타비오는 사랑하는 안나를 위해 복수를 하겠다는 〈나의 연인을 위로해 주오(Il mio tesoro intanto)〉를 노래한다. 그리고 다시 한번 돈 조반니에게 속은 엘비라는 아리아 〈저 배은망덕한 사람, 나를 속이고(Mi tradi quell'alma ingrata)〉를 처절하게 부른다. 돈 조반니와 레포렐로는 공동묘지 근처로 도망친다.

여기서 돈 조반니는 자신이 죽인 안나의 아버지인 기사장 석상(石像)을 만난다. 비문에는 '나를 죽인 자에게 복수하기 위해 기다린다'라는 글이 쓰여 있다. 석상의 움직임을 본 레포렐로는 유령을 본 듯 겁에 질려 떨지만, 돈 조반니는 호기를 부리며 기사장 석상을 자신의 집에 초대하는 2중창 〈친절하신 석상이시여(O statua gentillissima)〉를 호기롭게 부른다. 오타비오는 결혼까지 미루며 자신에게 냉담한 안나에게 섭섭함을 토로한다. 그러자 안나는 그런 것이 아니라며 아리아 〈나를 무정한 여자라고 말하지 말아요(Non mi dir, bell'idol mio)〉를 부른다.

돈 조반니의 저택은 만찬 준비가 한창이다. 이때 엘비라가 나타나 돈 조반니에게 회개를 촉구한다. 하지만 그에게 반성과 회개란 없다. 상심한 엘비라는 복도에 있는 기사장 석상을 보고 놀라 비명을 지른다. 레포렐로 역시 두려움에 떤다. 돈 조반니 앞에 나타난 석상은 마지막으로 악행을 회개하고 새로운 사람으로 거듭날 것을 요구하지만, 돈 조반니는 거절한다.

그러자 석상이 손을 내밀었고 돈 조반니가 이를 성큼 잡자, 갑자기 땅이 갈라지고 지옥문이 열리며 불타오르기 시작한다. 지옥에서 들려오는 합창과 함께 돈 조반니는 지옥 불에 떨어진다.

안나, 오타비오, 체를리나, 마제토, 엘비라, 레포렐로 6인은 〈악인의 최후는 이렇다(Questo e il fin di chi fa mal)〉를 합창한다. "악당은 지옥에서 프로세르피나(Proserpina)와 플루톤(Pluton)과 함께 머물고, 우리 같이 선량한 사람들은 옛 노래 즐겁게 부르세"라고 돈 조반니의 최후를 노래하며 각자의 길을 떠나면서 대단원의 막이 내린다.

〈돈 후안 테노리오〉 호세 클레멘테 오로스코의 작품

전설의 돈 조반니, 체사레 시에피(Cesare Siepi)

모차르트의 〈돈 조반니〉

에필로그

여덟 장의 여정을 마치고 다시 철학의 자리로 돌아왔다. 그런데 이상하다. 처음 던졌던 질문들이 그대로 있는데, 그 질문들이 완전히 달라 보인다. "나는 누구인가?", "어떻게 살아야 하는가?", "무엇이 진실인가?" 같은 말들은 여전하지만, 이제 그 안에 쇼팽의 루바토가 흐르고, 파우스트의 갈망이 숨쉬며, 쇼스타코비치의 침묵이 울린다.

철학은 삶을 묻는 일이고, 예술은 삶을 사는 일이다. 이 책을 통해 우리는 그 둘이 결코 분리될 수 없음을 확인했다. 사르트르의 "실존이 본질에 앞선다"는 명제도, 쇼팽의 발라드도, 괴테의 『파우스트』도 모두 같은 이야기를 하고 있었다. 인간은 미리 정해진 존재가 아니라 스스로를 창조해 나가는 존재라는 것을.

이 창조 과정이 결코 쉽지 않다는 것도 확인했다. 프롤로그에서 솔직하게 고백했듯이, 클래식과 오페라는 스스로 고귀함을 버린 적이 없다. 이 책의 여정 역시 마찬가지였다. 어려운 철학적 개념들, 복잡한 음악 이론들, 깊이 있는 문학적 해석들을 통과해야 했다. 하지만 그 어려움을 견뎌낸 독자들은 이제 알 것이다. 진정한 감동은 쉬운 길에서 오지 않는다는 것을.

삶의 여러 무대에서, 우리는 각자 다른 역할을 연기한다. 인생의 어느 시점에서는 선택의 무게를 감당하며 "내가 원하는 것이 무엇인가?"를 묻는다. 직업과 사랑, 가치관과 생활방식의 선택 앞에서 우리는 파우스트처럼 갈등한다. 완벽한 선택이란 존재하지 않으며, 중요한 것은 선택 후에 그 선택을 어떻게 의미 있게 만들어가느냐라는 것을.

또 다른 시점에서는 책임의 의미를 깨달으며 "내 선택이 다른 사람들에게 어떤 영향을 미치는가?"를 고민한다. 개인의 자유로운 선택이 가족과 동료들에게 미치는 파급효과를 고려해야 하는 순간들이 온다. 쇼스타코비치가 체제 하에서 겪었던 딜레마가 바로 이것이었다. 진실을 말하고 싶지만 그것이 주변 사람들에게 해를 끼칠 수 있을 때, 우리는 어떤 선택을 해야 할까? 이제 우리는 답을 안다. 때로는 침묵이 가장 강력한 발언이 되고, 우회적 표현이 직접적 저항보다 더 효과적일 수 있다는 것을.

그리고 언젠가는 유한성과 화해하며 "남은 시간에 진정으로 의미 있는 것이 무엇인가?"를 선별하게 된다. 쇼팽이 결핵으로 죽음을 예감하면서도 아름다운 음악을 만들어낸 것처럼, 시간의 제약이 오히려 더 깊이 있는 창조를 가능하게 만들기도 한다. 무한할 것 같았던 시간이 한정되어 있음을 인정할 때, 우리는 비로소 진정으로 중요한 것과 그렇지 않은 것을 구별할 수 있게 된다.

그 연기가 가짜가 아니라는 것을. 무대 위의 햄릿이 진짜 햄릿인 것처럼, 우리의 일상적 역할들도 진짜 우리 자신이다. 완벽한 진정성이란 존재하지 않는다. 다만 매 순간 주어진 상황에서 최선의 선택을 하려는 의지가 있을 뿐이다. 회사에서 성실한 직장인을 연기하고, 가정에서 다정한 배우자를 연기하며, 소셜미디어에서는 또 다른 자아를 연기한다. 중요한 것은 이 모든 연기가 하나의 일관된 가치관으로 연결되어 있느냐다.

21세기 디지털 시대는 우리에게 새로운 형태의 무대를 제공했다. 페이스북, 인스타그램, 링크드인에서 우리는 끊임없이 자신을 연출한다. 하지만 이것이 반드시 부정적인 것만은 아니다. 쇼팽이 피아노라는 제한된 무대에서 무한한 감정을 표현했듯이, 우리도 소셜미디어라는 새로운 무대에서 자신만의 진실을 표현할 수 있다. 중요한 것은 알고리즘의 노예가 되지 않고, 타인의 시선에만 매몰되지 않으며, 자신의 핵심 가치를 잃지 않는 것이다.

쇼팽이 88개 건반이라는 제약 속에서 무한한 아름다움을 창조했듯이, 우리도 각자의 제약 속에서 자신만의 음악을 만들어낸다. 직장이라는 무대, 가정이라는 무대, 사회라는 무대에서 말이다. 중요한 것은 그 제약을 원망하는 것이 아니라 그것을 창조의 조건으로 받아들이는 것이다. 모든 위대한 예술가들은 제약 속에서 자유를 찾았다. 소네트의 14행이라는 제약 속에서 셰익스피어는 불멸의 시를 썼고, 교향곡의 4악장 구조 속에서 베토벤은 운명을 극복하는 의지를 표현했다.

파우스트의 마지막 깨달음처럼, "자유와 삶을 날마다 새롭게 쟁취해야 한다." 한 번의 성취로 완성되는 삶은 없다. 매일 아침 일어나서 다시 선택하고, 다시 창조하고, 다시 사랑해야 한다. 이것이 번거로울 수도 있지만, 동시에 무한한 가능성이기도 하다. 어제의 실패가 오늘의 성공을 방해하지 않고, 과거의 상처가 미래의 아름다움을 막지 않는다. 매일이 새로운 무대이고, 매 순간이 새로운 연기의 기회다.

쇼스타코비치가 보여준 것처럼, 때로는 침묵이 가장 강력한 발언이 된다. 모든 것을 말할 필요도, 모든 것을 증명할 필요도 없다. 중요한 것은 자신의 핵심을 잃지 않으면서도 상황에 지혜롭게 적응하는 것이다. 완전한 진실도 완전한 거짓도 아닌, 그 사이의 어디선가 자신만의 목소리를 찾는 것이다. 현대 사회의 여러 압력들 - 정치적 올바름, 사회적 기대, 경제적 불안 - 속에서도 우리는 자신만의 방식으로 진실할 수 있다.

음악은 시간 안에서만 존재한다. 한 번 지나간 음표는 다시 돌아오지 않는다. 하지만 그 덧없음 때문에 더욱 소중하다. 우리의 삶도 마찬가지다. 유한하기 때문에 의미가 있고, 반복할 수 없기 때문에 더욱 진실하다. 오페라의 마지막 아리아처럼, 끝이 있기 때문에 아름다운 것들이 있다. 죽음이 있기 때문에 삶이 소중하고, 이별이 있기 때문에 만남이 의미 있다.

이 책의 여정을 통해 우리가 배운 것은 결국 하나다. 예술과 철학은 삶에서 분리된 고상한 취미가 아니라, 삶을 더 깊이 이해하고 더 아름답게 살아가기 위한 실용적 도구라는 것. 베토벤의 교향곡을 들으며 고난을 극복하는 의지를 배우고, 모차르트의 오페라를 통해 인간 감정의 복잡함을 이해하며, 쇼팽의 발라드에서 제약 속의 자유를 체험한다. 이것들은 단순한 감상이 아니라 삶의 기술이다.

출판관계자들이 아무리 쉽게 써달라고 요청해도, 우리는 정공법을 택했다. 명문대를 목표로 하는 입시생이 국영수를 포기할 수 없듯이, 진정한 음악적 감동은 어느 정도의 노력과 집중을 요구한다. 하지만 그 노력을 기울인 독자들은 이제 확인했을 것이다. 지식 창고가 채워질수록 음악적 감성도 더욱 풍부해진다는 것을. 어려웠던 개념들이 하나씩 이해될 때마다 음악이 더 깊이 들리고, 오페라가 더 생생하게 다가온다는 것을.

이제 당신은 이 책의 마지막 페이지를 덮고 일상으로 돌아갈 것이다. 하지만 정말로 돌아가는 것일까? 프롤로그에서 시작된 무대는 아직 끝나지 않았다. 오히려 이제 진짜 무대가 시작된다. 책 속의 무대가 아니라 삶이라는 무대가. 이론이 아니라 실천의 무대가. 개념이 아니라 체험의 무대가.

고요하게 철학하되, 그 고요함 속에서 쇼팽의 루바토처럼 자유로운 표현을 잃지 말라. 음악처럼 존재하되, 그 존재가 시간을 채우는 것이 아니라 시간을 의미로 변환시키는 것이어야 한다. 각자의 무대에서, 각자의 방식으로, 각자의 진실을 연기하라. 하지만 그 연기가 가면이 아니라 진정한 자아 표현이 되도록 하라.

사르트르가 말했듯이 "인간은 자유롭도록 선고받았다." 이 자유는 축복이면서 동시에 무거운 책임이다. 하지만 이제 우리에게는 길잡이가 있다. 수백 년 동안 같은 고민을 했던 철학자들과 예술가들의 목소리가. 그들의 지혜를 통해 우리는 더 이상 혼자가 아니다. 베토벤의 용기, 쇼팽의 섬세함, 괴테의 탐구정신, 모차르트의 균형감각이 우리와 함께한다.

무대의 막은 내리지 않는다. 다만 장면이 바뀔 뿐이다. 그리고 그 다음 장면에서 당신은 더 깊이 있는 연기를, 더 아름다운 음악을, 더 진실한 존재를 보여줄 것이다. 이 책에서 배운 모든 것들이 일상의 작은 순간들에서 빛을 발할 것이다. 어려운 선택의 순간에는 파우스트의 용기를, 고독한 밤에는 쇼팽의 위로를, 부당한 압력 앞에서는 쇼스타코비치의 지혜를 떠올리게 될 것이다.

지금, 새로운 막이 오른다. 이번에는 당신이 주인공이다.

오페라(음악) 노트

1. 오페라(Opera)란 무엇인가?

"Opera" 어원적으로는 '작품'을 뜻하는 라틴어의 복수형이며, 오페라 탄생 당초에 opera in musica 등으로 불리던 것이 뒤에 생략되어서 오페라로 되었다. 우리 나라에서는 보통 가극이라고 번역된다.

오페라는 다음과 같은 여러 가지 요소가 하나로 구성되어 있는 음악예술이다. 즉 성악과 오케스트라에 의해서 이룩되는 음악적 요소, 연기나 연출 등을 가지는 연극적 요소(이 가운데에는 발레 장면의 무용적 요소가 포함된다), 대본으로 대표되는 문학적 요소, 무대장치나 가수들이 몸에 걸치는 의상 등의 미술적 요소 등이다.

이와 같은 요소가 서로 혼합되는 밸런스는 그 작품이 생긴 시대, 그리고 작곡가의 개성이나 국민성에 의하여 미묘하게 변화하고 있다. 가령 아름다운 목소리의 나라로 알려진 이탈리아의 오페라는 목소리의 아름다움을 돋보이게 한 작품이 많고, 프랑스 오페라는 발레를 즐기는 프랑스 사람의 기호를 반영하여 발레를 포함하는 장면이 많다고 일반적으로 말할 수 있다.

미시적(微視的)으로 생각하면 음악적 요소인 목소리와 오케스트라의 운용법의 밸런스도 제각기 다르다. 대부분이 반주에 그치는 소극적인 오케스트라의 운용방식이 있는가 하면, 목소리 이상으로 적극적인 일을 하는 경우도 있다. 오페라는 일반적으로 가창을 중심으로 한 극이라 할 수 있다.

아리아로 대표되는 독창곡, 복수의 등장인물에 의하여 노래되는 중창곡, 군중들에 의하여 노래되는 합창곡, 서곡이나 간주곡을 포함한 오케스트라곡 등으로 운영된다. 성악곡은 어느 것이나 등장인물들에 의하여 노래되는 것으로, 그 때의 가사는 연극의 대사(臺辭)에 해당한다. 즉 오페라의 가수는 노래하는 것만이 아니라 연기자로서의 자질도 지녀야 한다

오페라가 그 독자적 양식을 획득하기 전에도 음악과 극은 결합되고 있었다. 예컨대 교회음악에서 전례극(典禮劇)이니 신비극이니 하는 것도 그 중 하나지만 음악극적 흥미와 드라마틱한 흥미가 완전히 일치한 것은 17세기 이탈리아의 피렌체에서 활약한 카메라타라 불리는 귀족적인 음악가와 문학가의 한 무리가 오페라를 확립하고서부터이다. 그 탄생 당초의 대표작으로는 몬테베르디의 〈오르페오〉가 있다.

2. 오페라의 역사

1) 오페라의 탄생: 피렌체 카메라타

오페라는 마치 사람의 생일처럼 명확하게 그 탄생의 때와 장소를 가지고 있다. 16세기 말, 르네상스 정신이 꽃피던 이탈리아 피렌

체에서 탄생했다. 1597년, 바르디 백작의 궁정에 모인 예술가와 지식인 모임 '피렌체 카메라타(Florentine Camerata)'는 고대 그리스 비극을 재현하고자 했다. 당시의 귀족이나 멋쟁이들이 고대 그리스의 극을 공연해보고자 하여 시인 리누치니, 작곡가 페리, 카치니 등의 협업을 통해 그리스 신화를 바탕으로 한 음악극 〈다프네(Dafne)〉를 무대에 올렸다. 이것이 최초의 오페라로 기록된다.

당시 이들은 그리스극이 모든 대사를 노래로 표현했다고 생각하여, 기악 반주에 맞춰 가사를 명확하게 전달하는 '모노디(Monody)' 양식의 독창을 중심으로 작품을 구성했다. 〈다프네〉의 악보는 소실되었지만, 1600년에 같은 그룹이 제작한 〈에우리디체(Euridice)〉는 현존하는 가장 오래된 오페라로 남아있다. 이 새로운 장르는 곧 피렌체를 넘어 이탈리아 전역으로 퍼져나갔다.

이 초창기 오페라의 역사적 의의는 다음과 같다: (a) 독창 중심이며, 당시 단음악(단선율음악)이 차츰 세력을 얻게끔된 풍조에 어울렸던 것, (b) 르네상스의 현실적 경향을 대표했던 사람들에 의해서 작곡된 오페라는 처음부터 현세적, 세속적이었고, (c) 노래의 나라 이탈리아에서 발생했으며, (d) 일부의 지식인들에 의해 인위적으로 작성된 것이며, 이론적으로는 여러 가지 모순을 내포한다.

2) 바로크 시대: 몬테베르디와 유럽으로의 확산

초기 오페라는 베네치아에서 클라우디오 몬테베르디에 의해 극적인 발전을 이루었다. 그는 음악을 통해 인물의 감정과 극적 갈등을 생생하게 표현하며 오페라를 한 단계 높은 예술로 끌어올렸다. 그의 걸작 〈오르페오(L'Orfeo)〉(1607)는 오페라 역사상 중요한 이정표가 되었다. 17세기 말 베네치아에는 오페라 전용 극장이 10여 개나 생길 정도로 대중적인 인기를 누렸다.

18세기에 오페라의 중심지는 나폴리로 옮겨갔다. 이곳에서는 알레산드로 스카를라티와 조반니 페르골레시 같은 작곡가들이 활약했다. 특히 페르골레시의 〈마님이 된 하녀(La serva padrona)〉는 희극 오페라인 '오페라 부파(Opera Buffa)'의 효시가 되었고, 오페라 부파의 걸작으로서 가장 오래된 작품일 것이다.

이 시기 나폴리에서는 화려하고 기교적인 창법인 '벨칸토(Bel Canto)'가 발전했다. 로마에서도 번창하였으나, 법왕의 소재지여서 세속적 오페라는 압박을 받았다. 베네치아에서는 오페라의 악기 방면이, 나폴리에서는 벨칸토가 발전했던 것에 비해서 로마에서는 합창 부분이 심화되었다.

오페라는 곧 유럽 전역으로 확산되었다. 프랑스에서는 륄리와 라모가 발레를 결합한 프랑스 특유의 오페라 양식을 확립했고, 영국에서는 헨리 퍼셀이 〈디도와 에네아스(Dido and Aeneas)〉라는 걸작을 남겼다. 독일에서는 쉬츠가 〈다프네〉를 바탕으로 작곡을 시도했으나, 대중은 이탈리아 오페라를 편애했으며 단지 함부르크에서만 독일 오페라가 성했다. 헨델의 진면목은 오라토리오에 있다고 생각되며, 그의 오페라는 다분히 오라토리오적이나, 그런대로 40편 이상의 오페라를 남겼다.

3) 18세기 후반: 글루크의 개혁과 모차르트

18세기 중반, 오페라는 가수의 기교 과시를 위한 아리아가 극의 흐름을 방해하는 문제점을 드러내기 시작했다. 이에 작곡가 크리스토프 빌리발트 글루크는 개혁을 단행했다. 그는 불필요한 음악적 장식을 배제하고, 음악이 드라마에 충실히 봉사해야 한다고 주장하며 〈오르페오와 에우리디체(Orfeo ed Euridice)〉, 〈알체스테(Alceste)〉 등을 작곡했다.

이러한 개혁 정신은 볼프강 아마데우스 모차르트에게서 완성되었다. 모차르트는 이탈리아 오페라의 전통 위에 깊이 있는 심리 묘사와 천재적인 음악을 결합했다. 〈피가로의 결혼〉, 〈돈 조반니〉, 〈여자는 다 그래〉와 같은 오페라 부파는 희극 속에 인간 본성에 대한 깊은 통찰을 담았고, 독일어 대본의 오페라인 '징슈필(Singspiel)' 양식으로는 〈후궁으로부터의 도피〉와 〈마술피리〉 같은 위대한 작품을 남겼다.

4) 19세기 낭만주의: 벨칸토, 그랜드 오페라, 그리고 바그너와 베르디

19세기 이탈리아에서는 벨칸토 오페라가 절정에 달했다. 조아키노 로시니(〈세비야의 이발사〉), 가에타노 도니체티(〈람메르무어의 루치아〉), 빈첸초 벨리니(〈노르마〉)는 유려하고 서정적인 선율로 오페라의 황금기를 이끌었다. 한편 프랑스에서는 역사적 소재, 화려한 무대, 발레

등을 특징으로 하는 '그랜드 오페라'가 유행했고, 마이어베어가 대표적인 작곡가로 활약했다.

독일에서는 카를 마리아 폰 베버의 〈마탄의 사수〉가 독일 낭만주의 오페라의 시작을 알렸고, 이 흐름은 리하르트 바그너에 이르러 '악극(Music Drama)'이라는 혁명적인 형태로 완성되었다. 바그너는 아리아와 레치타티보의 구분을 없앤 '무한선율', 극의 인물이나 상황을 상징하는 '유도동기(Leitmotif)' 등을 사용하여 음악과 극의 완전한 통합을 추구했다. 〈트리스탄과 이졸데〉, 〈니벨룽의 반지〉 4부작 등은 그의 악극 철학이 집대성된 걸작이다.

같은 시대 이탈리아에서는 주세페 베르디가 바그너와는 다른 방식으로 오페라의 정점을 이룩했다. 그는 인간의 드라마와 보편적 감정에 집중하며 〈리골레토〉, 〈라 트라비아타〉, 〈아이다〉, 그리고 만년의 걸작 〈오텔로〉, 〈팔스타프〉 등 수많은 명작을 남겼다.

5) 19세기 후반: 민족주의와 베리스모

19세기 후반에는 각국의 민속 음악과 정서를 오페라에 담으려는 민족주의 경향이 두드러졌다. 러시아에서는 글린카를 시작으로 무소륵스키(《보리스 고두노프》), 차이콥스키(《예브게니 오네긴》) 등이 러시아 오페라의 시대를 열었고, 체코에서는 스메타나의 〈팔려간 신부〉가 큰 사랑을 받았다. 프랑스에서는 비제의 〈카르멘〉이 사실주의적인 스토리와 이국적인 선율로 오페라계에 큰 충격을 주었다.

이탈리아에서는 동시대 서민들의 삶을 사실적으로 묘사하는

'베리스모(Verismo, 사실주의)' 오페라가 등장했다. 마스카니의 〈카발레리아 루스티카나〉와 레온카발로의 〈팔리아치〉가 그 대표작이며, 이 흐름을 이어받은 자코모 푸치니는 〈라 보엠〉, 〈토스카〉, 〈나비부인〉 등 서정적인 선율과 극적인 스토리로 오늘날까지 가장 사랑받는 오페라들을 탄생시켰다.

6) 20세기와 현대 오페라

20세기에 들어 오페라는 더욱 다양하고 실험적인 양상으로 발전했다. 독일에서는 리하르트 슈트라우스가 〈살로메〉, 〈장미의 기사〉 등으로 후기 낭만주의 오페라의 대미를 장식했다. 프랑스에서는 클로드 드뷔시의 〈펠레아스와 멜리장드〉가 인상주의 음악을 오페라에 도입하며 새로운 길을 열었다.

이후 오스트리아의 알반 베르크는 무조음악을 사용한 〈보체크〉로 표현주의 오페라의 걸작을 남겼고, 러시아에서는 프로코피예프와 쇼스타코비치가, 미국에서는 조지 거슈윈이 재즈를 결합한 〈포기와 베스〉를 발표했다. 영국의 벤저민 브리튼(〈피터 그라임스〉), 이탈리아계 미국인인 잔 카를로 메노티(〈영사〉) 등 수많은 작곡가들이 각자의 개성과 시대정신을 담은 오페라를 선보이며 오늘날까지 그 역사를 이어오고 있다.

3. 오페라의 형태 분류

1) 벨칸토 오페라 (Bel canto opera) 이탈리아

벨칸토는 17~19세기의 작품에서 중시했던 뛰어난 기량의 이탈리아 가창기법이다. 다른 장르보다 더 섬세한 발성과 소리의 아름다움을 중시하는데 19세기 전반기를 화려하게 수놓았던 로시니, 도니체티, 그리고 벨리니에 이르러 절정을 맞이한다. 이들 세 명의 작곡가가 중심이 돼서 만든 이탈리아 오페라를 '벨칸토 오페라'라고 부른다.

벨칸토(bel canto)는 '아름답게 노래 부르기' 또는 '아름다운 목소리' 정도의 의미로 이탈리아의 전통적인 창법으로 사용되었으며 가수들의 성악적인 면을 중요시하던 시대를 말하기도 한다. 즉, 연기나 춤, 외모 등 다른 어떤 요소보다도 오페라 가수들의 목소리를 중시한다는 말이다. 이때의 성악가들에게는 연기보다도 노래 솜씨가 가장 중요했기에 아주 복잡한 기교를 사용하고 고음을 구사하며 어려운 멜로디로 만들어진 노래를 많이 사용하고 불렀다. 이들의 벨칸토 오페라 덕분에 오페라의 성악적인 부분이 많은 발전을 할 수 있었는데, 반면에 너무나 극도로 가수들의 성악만을 중시해서 오페라의 문학적인 부분과 연극적인 부분에는 소홀했다는 비판을 받기도 했다. 벨칸토를 대표하는 작곡가들과 작품으로는 로시니의 〈세비야의 이발사〉를 비롯해서 도니체티의 〈사랑의 묘약〉과 〈람메르무어의 루치아〉 그리고 벨리니의 〈노르마〉와 〈청교도〉 등이 있다.

2) 오페라 세리아 (정가극) 이탈리아

18세기 이탈리아 오페라에서 오페라 부파와 더불어 가장 흔히 쓰였던 용어로 그리스 신화를 바탕으로 한 엄숙하고 비극적인 이탈리아 오페라이다. 바로크 시절 오페라는 왕과 귀족들의 후원에 힘입어 비약적인 발전을 하게 되는데 진지하고 비극적인 내용을 가진 이런 오페라를 특별히 오페라 세리아라고 불렀다. 흔히 오페라 세리아를 앞서 말했듯이 '진지한 오페라' 또는 '엄숙한 오페라'로 불렀는데 그 이유는 당시의 관객들이었던 왕족이나 귀족들과 관련이 있다.

당시의 오페라 공연에는 보통 지체 높은 사람들이 많이 왔는데 이 사람들은 우리 옛날 조선시대의 양반들처럼 무엇보다 전통과 체면을 중시하는 사람들이었다. 그래서 이들은 오페라 공연 중 신기한 장면이 나오거나 감동적인 장면이 나와도 1층에 있는 평민들처럼 자신들의 솔직한 감정을 표현하는 데 매우 인색했다. 즉 재미있거나 특별한 장면이 나와도 늘 진지하거나 혹은 엄숙한 표정을 유지하느라 애를 썼다는 말이다. 그래서 결국 이런 오페라에 '심각한 또는 진지한'이라는 수식어가 생기게 된 것이다.

오늘날 우리가 흔히 보는 대부분의 오페라가 내용이나 주제가 무겁거나 진지한 극이기 때문에 통상적으로 오페라 그러면 오페라 세리아를 연상하는 것도 크게 무리가 있는 것은 아니다. 오페라 세리아는 가장 일반적인 오페라인데 17세기 말 문학을 개혁하면서 발달했으며 오페라에서 희극과 비극이 혼합된 것을 분리시켰고 아리아가 남발되는 것을 줄이기 시작했다.

극의 내용은 주로 고대 신화나 역사 또는 전설에 바탕을 두고 있으며 주인공들의 노래는 도덕적이거나 교훈적인 내용의 가사로 되어 있다. 그리고 오페라 세리아에서는 신에게 부여받은 운명이나 가혹한 숙명에 맞서 싸우는 영웅이나 존경받는 귀족들이 주로 주인공으로 등장한다.

그렇다면 음악적인 요소와 신화적인 내용으로 무장한 오페라 세리아에서 가장 중요시되는 것은 무엇일까? 그것은 바로 주인공이 자신의 개인적인 느낌이나 감정들을 토로하는 노래인 아리아이다. 흔히 오페라에서 아리아가 하는 일은 극을 일시적으로 정지시키고 인물의 정서적인 반응을 증폭시키는 기능을 한다. 이처럼 아리아가 매우 중요하다는 것에서 알 수 있듯이 오페라 세리아에서는 노래의 아름다움과 성악가의 기교가 매우 중시됐다.

공연된다는 특징이 있다. 이것은 생각보다 중요한 조건으로 흔히 그랜드 오페라의 여러 조건 중에서 가장 중요한 것이 바로 프랑스어로 공연되어야 한다는 것과 동일한 경우이다.

3) 오페라부파 Opéra Buffa (이탈리아)

오페라 세리아와 반대되는 말로서 〈희가극〉〈경가극〉등으로도 번역되는데, 오페레타. 오페라 코미크 등과는 다소 차이가 있다.

16세기 중엽이후 이탈리아에서 비극 혹은 희극을 공연할 때 막간에 노래를 삽입하는 습관이 있었는데, 이러한 일종의 여흥으로서, 막간에 나오는 노래를 인테르메초라 일컬었다. 그것이 형태를 바꾸어 독립된 소극(笑劇) 스타일의 촌극이 되었으며, 18세기에 들어와서 서민생활이나 인정 미담을 소재로 한, 현대어에 의한 작은 희가극으로 발달했다. 그 취재나 형식을 확립한 것은 페르골레지로서, 그가 1733년 나폴리에서 막간극으로 공연하여 호평을 받았던 〈마님이 된 하녀〉는 오페라 부파의 원형이 되었고, 그것이 치마로자.

핏치니등에 의해 계승, 발전되었으며, 또 후일의 롯시니의 〈세빌리아의 이발사〉나 모차르트의 〈여자는 모두 다그래〉등도 오페라 범주에 들어간다. 그 일반적인 특징은 현대 생활에서 취재를 하고 있다는 것, 레치타티보 세코, 즉 박자와 쳄발로 화음만의 반주에 의해 서창되는 대화 부분이 있는 것을 들 수 있다.

프랑스의 오페라 부프-Opéra bouffe는 명칭이나 형식이나 이탈리아의 오페라 부파에서 온 것이다. 프랑스의 오페라는 이탈리아 태생의 륄리에 의해서 그 기초가 마련되었으며, 18세기 중기에 파리에 정착하게 된 나폴리 태생의 뒤니-Egidio Romoaldo Duni(1709~1775)가 작곡한 많은 희각극이 오페라 부프의 표본이 되었다. 뒤니의 작품은 밝은 대본, 명쾌하고 우아한 음악에 특색이 있고, 당시는 이것을 코메디 아 아리에트라 부르고 있었으나, 레치타티보 세코를 대신하여 〈대사〉가 사용되고 있었다. 그것이 이탈리아의 오페라 부파와 다른 점으로서, 대사를 넣고 있는 점에서는 오페라 코미크와 다를 것이 없었다. 프랑스의 오페라 부프의 창시자인 뒤니를 잇달아 몽시니, 필리도르, 그레트리등에 의해서 순전히 프랑스적인것으로서 발전했으며, 그들의 작품도 오페라 코미크라고 일컬어지고 있었다.

4) 그랜드 오페라 (프랑스)

Grand opera 광의로 이해하면 비극적인 제재로 된 대규모의 오페라라고 하겠으나, 프랑스어의 Grand opera는 개념으로서는 오페라 코미크에 대립되는 것이고 음악적으로는 발레나 합창의 중시, 나아가서는 스펙터클하고 화려한 무대를 특징으로 갖추고 있다.

이는 프랑스의 오페라가 루이 왕조의 비호 아래 육성되었다는 사실 및 프랑스 사람의 기호와 깊은 관계가 있다. 이 프랑스의 그랜드 오페라는 19세기 전반까지 이탈리아의 오페라 세리아와 더불어 다소 변화를 보이면서 음악사상 중요한 역할을 해왔으나, 결국은 시대정신의 진보에 따르지 못하게 되었으며 예컨대 무대효과만을 의도한 것 같은 작품을 낳게 되고 말았다.

이 그랜드 오페라 역사의 최후에 위치하는 작곡가로서 마이어베어를 들 수 있다. 그리고 그랜드 오페라의 정신과 작법을 잘 소화하여 독자적인 오페라를 확립한 사람이 베르디이다.

5) 오페라 코미크 (Opéra-Comique, 프랑스)

희가극의 뜻이지만, 프랑스의 오페라 코미크는 영어의 코믹 오페라와는 다른 특수한 의미를 가지고 있다. 이 오페라 코미크의 바탕이된 것은 18세기의 오페라 부파, 보드빌, 피에스 아 아리에트-Pièce à ariette으로서, 초창기 무렵은 그랜드 오페라의 풍자적인 모방 혹은 패러디로서의 오페라의 의미로 이 명칭이 사용되었다. 오늘날에는 코믹한 내용의 것이 아니더라도 연극적 대사와 노래를 병용하는 프랑스식 오페라의 총칭으로서 이 이름을 사용한다.

따라서 내용은 참으로 비극적인 것이나, 비제의 〈카르멘〉은 오페라 코미크의 대표작이다

6) 징슈필(Singspiel, 독일 희가극)

징슈필이란 독일어로 〈노래의 연극〉이라는 뜻. 18세기 후반 이후 독일에서 행해진 민속적인 연극 형체로서, 이름 그대로 노래가 푸짐하게 삽입되어있다. 독일어로 쓰여지고, 대화체의 연극대사가 포함되어있으며, 희극적 내용을 갖는 것을 특색으로 한다. 원래 독일에서는 이탈리아 오페라의 도입에 따라 하인리히 쉬츠등이 1627년 무렵 독일어의 오페라를 작곡했으나, 함부르크이외의 독일에서는 완전히 이탈리아 오페라에 지배되어있었다.

1743년 영국의 발라드 오페라를 독일식으로 고친 〈악마는 풀려났다-Der Teufel ist los〉가 공연되었다. 이것이 성공했기 때문에 베를린에서는 차차 발라드 오페라의 번안이 공연되고, 드디어 요한 아담 힐러-Johann Adam Hiller(1728~1804)가 작곡한 새로운 〈악마는 풀려났따〉가 라이프치히에서 공연되어 대단한 환영을 받았다.

이같이 해서 독일의 징슈필은 일어났고, 각지에서 여러 가지 신

작이 공연되었다. 따라서 힐러는 〈징슈필의 시조〉로 간주되고 있다. 힐러는 전부 11개의 징슈필을 작곡했는데 유명한 것은 파바르의 오페라 코미크에 의한 〈궁정의 로테-Lottchen am Hof〉(1767)와 〈사냥-Die Jagd〉(1770)등이 있다. 징슈필 속의 노래는 처음에는 극히 간단한 노래로서, 보통 배우가 쉽게 노래할 수 있는 것이었으나, 뒤에는 오페라 부파나 오페라 코미크의 영향을 받아 음악적으로도 차차 형태를 갖추게 되었다.

이 북독일의 징슈필은, 처음에 빈에서는 환영받지 못했다. 빈은 이미 음악이 딸려 있는 즉흥희극이 유행하고 있었고, 오스트리아의 지방 도시에는 인형극이 유행했는데, 여기에 풍자적인 노래가 삽입되고 있었기 때문에 새로운 것을 필요로 하지 않았던 것이다.

그러나 18세기 중엽 빈에서 프랑스의 극단이 오페라 코미크를 공연하여 성공을 거두고, 이윽고 이들이 독일어로 번안되어 또다시 크게 인기를 얻었다. 1770년 공연된 글룩 작곡의 〈메카의 순례-Die Pilgrime von Mekka〉도 그 한 예이다. 빈의 징슈필이 이탈리아의 영향 외에 오페라 코미크의 야식이 상당히 채용되고있는 것도 당연할 것이다. 1768년 빈에서 초연된 모차르트 소년시절의 작품 〈바스티안과 바스티엔느〉는 징슈필이다.

한편, 북독일에서는 징슈필이 더욱 활발해져, 베를린에서는 1781년부터 83년 동안 실로 409편의 독일오페라가 공연되었다. 힐러 다음에 인기를 얻은 것은 게오르그 벤다-Georg Benda(1722~1795)로서, 그는 멜로 드라마의 형식을 많이 도입했는데, 이것은 음악이 연주되는 가운데, 대사를 말하는 형식으로서 그의 〈피그말리온(Pigmalion)〉(1779)등 그 밖의 작품에 사용되었다. 모차르트는 벤다의 멜로드라마에 흥미를 느끼고 〈타모스〉의 음악이나 〈짜이데〉에 응용했다.

빈에서는 1778년 요제프 2세에 의해 궁정극장이 국민극장으로 되어, 그의 명령에 의해 독일 징슈필이 공연되게 되었다. 이 국민극장은 7년밖에 계속되지 않았으나, 훗날 이탈리아 오페라에 의하여 대체되었는데, 그동안 모차르트의 〈후궁으로부터의 도주〉와 같은 뛰어난 징슈필을 낳는 결과가 된 것은, 주목할만한 일이다.

모차르트는 이상의 작품외에도 〈극장 지배인(Schauspiel Direktor)〉이나 〈마적(Die Zauberflöte)〉도 근본적으로는 징슈필의 형식으로 씌어지고 있다. 또한 이 밖에도 디터스도르프의 〈의사와 약제사(Doktor und Apotheker)〉(1786)도 오늘날까지 가끔 공연되는 빈의 징슈필이다. 그뒤 빈의 징슈필은 이곳 교외에 있는 여러 극장에서 민속연극으로서 활발히 공연됐다.

그 작곡가로는 벤쩰 뮐러(Wenzel Müller, 1767~1835),요한 솅크(Johann Schenk,1753~1836),요제프 바이클(Josef Weigl, 1766~1846), 대본 작가로서는 페르디난트 라이문트(Ferdinand Raimund,1790~1836), 요한 네스트로이(Johann Nestroy, 1802~1862)등이 유명하다. 그러나 19세기 후반에는 오펜바흐나 요한 슈트라우스의 오페레타가 융성해짐에 따라 징슈필은 인기를 잃고 거의 소멸해버리고 말았다.

베버의 〈마탄의 사수〉나 베토벤의 〈피델리오(Fidellio)〉는, 희극은 아니지만 연극적 대사가 들어가 있다는 점에서 징슈필의 계통을 이어받은 것으로 인식되고 있다.

7) 악극(樂劇, 독일)

독일어의 Musikdrama의 역어이다. 가창 중심의 오페라에 대한 미학적인 비판과 반성으로 발생한 음악극의 한 형식이라 하겠다. 바그너에 의하여 창시되었고(그러나 바그너가 자기 작품을 Musikdrama라 부른 일은 한 번도 없으며, 오히려 이 말에 반발까지 느끼고 있었다), 그의 음악극의 몇 편과 그 양식을 계승한 리하르트 슈트라우스 등의 작품을 총칭하여 악극이라고 부르는 관습이 있게 됐다.

그리고 음악적 특징으로는 이 때까지의 오페라에서와 같이 아리아나 중창으로 일단 음악이 끝나는 것을 피하고, 1막을 통하여 음악이 끊임없이 진행되는 일, 오케스트라의 표현 범위가 확대되어 보다 복잡하고 대규모로 되어 있는 일 등을 들 수 있다. 대본의 사상적 내용이 중시되어, 보다 고도의 것이 요구되었다. 그리고 문학적·연극적 요소와 음악적 요소를 보다 긴밀하고 보다 고차원에서 결합시키려고 한 것이 악극이다

8) 오페레타 (Operetta, 경가극, 비엔나)

오페레타는 흔히 우리말로 '가벼울 경(輕)'자를 써서 '경가극'으로 번역이 될 만큼 가벼운 노래가 들어간 오페라를 지칭하는 장르이다. 프랑스어로 '-레타(-retta)'가 들어가면 어떤 대상보다 작은 것을

지칭하기에 오페레타는 오페라보다 작은 오페라로서 프랑스에서 인기를 얻었던 장르였다.

　　18세기에는 흔히 궁정에서 공연되던 작은 규모의 오페라를 지칭했으나 19세기 후반과 20세기 초로 오면서는 대중적이면서도 명랑하고 오락적인 내용의 작품을 지칭하는 것으로 그 성격이 약간 바뀌었다.

　　오페레타는 발레나 왈츠 등의 경쾌한 춤이 들어가는 화려한 무대를 선호한다. 그리고 작품의 주제나 소재가 오페라 세리아와 달리 코믹하고 가벼우며 단순한 소재를 사용했기 때문에 오페레타는 희극 오페라이다. 오페레타는 일반 연극처럼 노래가 아닌 말로 대사가 이루어진다는 점에서 오페라 코미크나 징슈필과 그 뿌리가 흡사하다고 볼 수 있다.

　　풍자성이 강한 오페레타인 〈지옥의 오르페〉로 유명한 오펜바흐로 상징되는 프랑스 오페레타와 왈츠를 많이 사용한 〈박쥐〉라는 대중적인 오페레타로 유명한 요한 스트라우스로 상징되는 빈 오페레타 계열이 가장 대표적이다.

9) 뮤지컬

　　이 용어는 미국의 대중연극의 한 분야를 차지하는 뮤지컬 코미디 뮤지컬 플레이등을 일괄한 약칭으로 생각이 되나, Musical Production 또는 Musical Theater(음악적인 무대공연)의 약어로도 생각할 수 있다. 그야 어떻든 흥행계, 극장인, 저널리스트 등에 의하여 언제부터인지도 모르게 쓰여진 말로서, 좁은의미로는 오페레타에서 뮤지컬플레이에 이르는 음악적인 작품을 가리키며, 널리는 레뷰, 보드빌 등 극성(劇性)을 갖지 않은 작품도 포함하여 뮤지컬이라 부르고 있다.

미국의 뮤지컬은 미국의 역사, 사회적인 배경, 국민성, 기호를 반영하면서 거의 1세기에 가까운 시간동안에 변천, 발달해왔고, 현재도 발전을 계속하고 있는 것이므로, 오페라, 오페레타처럼 명확한 정의를 내리기는 곤란하다. 음악극 형태인 뮤지컬의 일반적인 특색은 원칙적으로 오페레타의 방식을 도입한 대사극과 극적인 가창과의 혼성으로 이루어지며, 여기에 극적인 의미를 지닌 댄스 장면등이 배합된다.

이야기의 소재는 전혀 자유이며, 상황코미디, 멜로드라마, 풍자극, 환상극 등에서 차츰 미국의 현실 사회문제, 유명한 문학작품, 희곡등으로 그 범위가 넓어졌다. 그 작풍상의 특징은 미국적인 낙천주의 행동주의 데모크라틱한 모랄, 휴머니즘, 유머와 이트등이 강하게 나타나있다. 또, 작품의 경향과 스타일을 살펴보면 스피디한 진행, 로만틱하고도 쉬운 선율, 재즈적인 리듬감등이 일반적인 특징으로 되어있으나 개성적인 가수나 스타, 뮤지컬 텔런트의 매력을 작품의 초점으로한 작품도 많다.

뮤지컬을 형성하는 요소로서 생각되는 것은 주로 18~19세기 유럽의 대중연극, 무용, 잡극 등이며, 오래된 것으로는 영국의 발라드 오페라를 비롯하여 빈의 오페레타, 프랑스의 오페라부파, 영국의 코믹 오페라를 비로한 파르스 코미디, 발레, 밴터마임, 뮤직홀등의 요소 이외에 19세기 미국에서 일어난, 민스트럴, 거기에서 파생한 보드빌, 벌레스크, 엑스트래버갠저등의 요소가 서로 뒤섞여 미국의 독자적인 연극이 되었다고 할 수 있다.

미국 신대륙에 뮤지컬의 최초의 씨가 뿌려진 것은 영국의 식민지 시대인 1751년, 영국제 발라드 오페라〈거지 오페라-The Beggar's Opera〉의 공연이라고 하지만 실제로는 이보다 먼저 1730년대에 사우드 캐롤라이나 주에서 〈플로라-Flora〉라는 발라드 오페라가 공연되었다는 기록도 남아있다.

그러나 발라드 오페라의 공연은 얼마 지나지않아 자취를 감추고, 19세기중엽에 이르러서 민스트럴 쇼의 유행이나 거기에서 파생한 보드빌, 벌레스트, 엑스트래버갠저등 순수하게 미국적인 뮤지컬 쇼와 뒤따라 유럽에서 수입되어온 코믹 오페라, 오페레타 따위가 뒤섞여 차츰 뮤지컬 코미디 스타일의 패턴이 형성된 것으로 생각된다.

제1차 세계대전 후 급격히 발전하였고, 제롬 칸, 리처드 로저스 같은 인기 뮤지컬작곡가를 배출하여, 예술형태로서 독자적인 지위를 획득하였다. 음악·연극·무용이 종합된 종합예술 중의 하나이다.

4. 오페라의 음악

1. 성악

1) 독창(솔로)

독창(獨唱) 문자 그대로 혼자 부르는 가창의 형태인데, 반주가 따르는 경우와 무반주의 경우가 있다. 솔로라는 말은 성악의 독창뿐만이 아니라 기악의 독주에도 쓰이는 이탈리아어로서 '단독'이라는 뜻이다. 독창의 종류는 아리아 레치타티보 카발레타 등이 있다.

아리아 ARIA (伊)

Aria 성악곡이나 기악곡의 소멜로디를 뜻하기도 하고 화성부·반주부에 대한 멜로디부를 뜻하기도 하지만, 여기서는 오페라(또는 오라토리오나 칸타타)에서 레치타티보에 대하여 음악적인 매력에 주안을 둔 독창곡을 말한다. 흥미의 중심이 음악적인 점에 있는 데서 리트(Lied)나 송(song)과 혼동되기 쉽지만, 아리아는 큰 전체의 일부이며(연주회용 아리아라고 하는 독립적으로 작곡된 작품도 있지만), 리트 등은 그 자체로 완결되어져 있는 점에서 다르다.

즉 아리아는 이에 앞선 레치타티보에 극적 서술을 맡기고 오로지 음악적 흥미를 채우는 데 전심할 수 있다. 다만 19세기 후반에 이르러 바그너가 드라마와 음악의 완전한 결합을 의도한 데 이르러 아리아는 이 때까지 지녀오던 오페라의 중심적 지위를 잃어버렸다. 한편, 오페라에서의 독창곡으로는 아리아 외에 카비티나, 아리에타, 아리오소, 로만차 등으로 부르는 것이 있다.

레치타티보 Recitativo (伊)

Recitativo 서창(敍唱)이라고 번역되기도 한다. 말의 자연적인 인토네이션을 그대로 살리며 또는 그것을 강조한 성악양식이다. 선율적 표현에 주안을 두는 아리아 등에 대비되는 것으로, 오페라나 오라토리오 칸타타에서 아리아나 중창, 합창을 다른 아리아와 결부시켜서 이야기를 이끌어가는 역할을 한다. 따라서 음악적 요소에 마음을 쓰는 일은 별로 없다. 레치타티보엔 두 가지 형태가 있다. 하나는 레치타티보 세코라고 하는 것으로 쳄발로 등을 써서 최소한의 화음을 잡는 것과, 또 하나는 레치타티보 아콤파니아토(또는 레치타티보 스트로멘타토)로서 여기에는 레치타티보 전체에 걸쳐 반주가 붙어 있고 그 반주도 오케스트라로 하는 때가 많으며 리듬의 규정도 엄격하게 되어 있다. 후자가 음악적으로 흥미가 더 큰 것은 물론이다.

카발레타 (伊)

발췌라는 뜻을 지닌 이탈리아어이다. 오페라 중의 짧은 노래로서 형식이 쉬우며 간결하고 단순한 것이 특징이다. 일반적으로는 아리아의 2번째 악절을 가리킨다. 첫번째 악절은 느린 데 반하여 이것은 빠르고 화려한 패시지로 되풀이되며, 되풀이될 때마다 가수가 즉흥적으로 장식하여 부르기도 한다. 선율이나 반주도 리듬에 아무런 변화가 없는 것이 많다. 19세기 들어서 전개된 아리아의 끝부분을 가리키는 말이 되었고, 후기 이탈리아 오페라에서 아리아나 이중창 끝부분의 빠르게 반복되는 동일 리듬의 동일 부분을 말하였다. 벨칸토 시대 말기에 출현한 장르로서 조아키노 로시니(Gioacchino Rossini)의 오페라 작품에서 많이 볼 수 있으며, 오래된 예로는 크리스토프 글루크(Christoph Gluck)의 것이 있다

카덴차 Cadenza(伊)

원래는 카덴차 디 브라부라(Cadenza di bravura), 카덴차 피오리투라(Cadenza fioritura)가 줄여진 말. 마치기 전에 주자의 테크닉을 최대한으로 발휘할 수 있도록 삽입한 연주가 까다로운 자유 무반주부분을 말한다. 독창곡에서 콜로라투라 소프라노의 아리아에다 붙이는 것이 그 대표적인 예이다.

2) 중창 (보컬 앙상블)

중창(重唱)은 한 성부를 한 사람의 가창자가 맡는 연주 형태. 예를 들면 4성부로 작곡된 성악곡을 4인이 연주하면 4중창이라고 한다. 중창으로는 2중창·3중창·4중창·5중창… 등 많은 종류가 있다. 도니체티의 오페라 〈루치아〉와 6중창이나 베르디의 오페라 〈리골레토〉의 4중창 등이 유명하다.

3) 합창(코러스)

합창(合唱)은 여러 사람이 부르는 연주 형태의 총칭이다. 보통 2개 이상의 성부를 제각기 복수(보통 4인 이상)의 가창자가 연주하는 경우를 말하며, 많은 사람이라도 단선율을 유니즌으로 부르는 제창과는 구별된다. 성악 일반의 역사와 마찬가지로, 합창음악도 옛날에는 종교음악에서 발달하였다.

특히 크리스트교가 세력을 잡고부터는 교회음악으로 정착하게 됐다. 6, 7세기경의 그레고리오 성가에 그 단서를 찾을 수 있지만 이는 하모니가 없는 단성음악으로, 하모니가 있는 다성 합창곡은 14세기 이후의 르네상스 음악기에서 탄생하였다. 바로크 음악기(17-18세기)가 되면서 세속적인 합창음악에서 이 시기에 생긴 큰 사건은 오페라의 탄생이다. 이후 고전주의 음악기, 그리고 낭만주의 음악기로 이행함에 따라 오페라에서 합창이 차지하는 비중은 점차로 증대하여 세속적 합창음악의 주역 자리를 차지하는 데 이르렀다.

19세기 이후는 오페라뿐만 아니라 교향곡 등 기악 작품에 쓰이는 예도 많아졌다. 베토벤의 제9번 교향곡 "합창"을 비롯하여 베를리오즈나 말러 등은 즐겨 기악곡에 합창을 사용하였다. 오페라 합창으로 나부코의 〈히브리 노예들의 합창〉 트로바토레의 〈대장간의 합창〉, 탄호이저의 〈순례자의 합창〉 등이 유명하다.

2. 오페라 성역

사람의 목소리에는 크게 나누어서 소프라노, 메조소프라노, 알토, 테너, 바리톤, 베이스의 6가지 성종(聲種)이 있다.

소프라노 Soprano 인성(人聲)의 최고 음넓이를 지닌 성종이다. 이 표준 소리넓이(성음의 범위)는 상기한 바와 같다. 소프라노에는 소리의 질이나 소리넓이로 콜로라투라 소프라노·리릭 소프라노·드라마틱 소프라노·보이 소프라노·소프라노 수브레토·메조 소프라노 등으로 분류된다.

콜로라투라 소프라노 Coloratura soprano 소프라노 중에서 가장 높은 소리넓이를 가지며, 높은음 넓이(高音域)에서는 플루트나 피콜로와 같은 기악적인 음 빛깔로 장식적으로 부를 수가 있다.

리릭 소프라노 Lyric soprano 서정적인 소프라노. 가장 일반적인 소프라노이다.

드라마틱 소프라노 Dramatic soprano 극적인 박력을 갖춘 소프라노이다. 고음역은 강인하고 빛나게, 중저음역은 풍부하게 노래해야 한다.

메조 소프라노 Mezzo soprano 소프라노보다 약간 낮은 소리넓이를 가지며, 다소 탁하기는 하지만 표현능력은 폭이 넓고 풍부한 박력있는 중음역에 특색을 둔다. 〈카르멘〉은 메조 소프라노의 대표적인 캐릭터이다.

알토 Alto '높다'를 뜻하는 이탈리아어로, 본래 어원에 가까운 뜻으로는 높은 음계를 내는 남성(男聲, 콘트랄토)을 가리킨 것이다. 그러나 지금은 여성(女聲)의 최저음넓이를 지닌 성종으로 쓰이는 외에 현악기의 비올라를 알토라고 부르기도 한다. 탁하기는 하지만 따뜻한 맛이 있는 풍만함과 때로는 어둡고 침울한 박력마저도 표현할 수 있다. 한편 콘트랄토는 알토와 같은 뜻이다.

테너 Tenor 남성 중에서 최고넓이를 갖는다. 환성구가 소리넓이의 최상단으로부터 3분의 1정도에 있는 특수한 성종이다. 상기한 이유에서 완전한 테너의 성질과 소리넓이를 갖춘 것은 다른 성종에 비하여 절대 수가 적다. 그러나 환성구로부터 위의 높은음넓이는 독특한 빛을 띤 매력적인 것이다. 테너엔 드라마틱 테너·리릭 테너·테노레 부포(코믹한 표현에 알맞는 테너)·헬덴 테너(바그너의 악극에만 등장) 등의 종류가 있다.

바리톤 Baritone 여성의 메조 소프라노에 상당하는 것이 바리톤인데 가곡의 가창에서 빠질 수 없는 존재이다. 테너만큼 화려하지는 않으나, 드라마틱한 힘과 남성적 매력에 찬 것. 바리톤 중 음역의 넓이가 넓은 것은 하이바리톤.

베이스 Bass 사람의 목소리 중에서 가장 낮은 소리넓이를 가진 성종이다. 깊숙하고 포용력이 있는 표현과 더불어 코믹한 맛을 살리는 것이 큰 특색이다. 바리톤과 같이 이지성(理知性)이 요구되는 가곡에 많이 쓰인다. 베이스 중에서 높은음넓이(高音域)가 넓은 것을 베이스 바리톤이라 한다.

카스트라토 Castrato 남성 거세 가수 라틴어의 동사 Castrare(거세하다)에서 나온 말이며 변성기 전의 소년을 거세하면 성인이 된 후에도 소프라노나 알토의 성역을 지닌다. 음질적으로도 소년이나 성인 여성에 비해 씩씩하고 순수하며 또 음역도 훨씬 넓다. 그래서 16세기 이후 가톨릭 성당에서 많이 쓰였으며 17~18세기의 이탈리아 오페라에서도 많이 쓰였다. 그 후 성당에서는 이와 같은 비인간적인 행위를 금지시켰으며 오페라에서도 19세기 이후는 거의 찾아볼 수 없게 되었다. 오늘날의 카운터테너는 카스트라토와는 다르며 가성(팔세토)을 구사하는 남성가수를 가리킨다

3. 기악

1) 서곡

서곡(序曲)은 Overtura(이탈리아어), Ouvert re(독일어), ov¬erture(영어) 등을 번역한 말이며, 오페라나 오라토리오 또는 모음곡과 같은 규모가 큰 악곡의 개시부에 놓여져서 도입적인 역할을 하는 서곡을 말한다. 바로크기에는 느리게 - 빠르게 - 느리게의 3부로 된 프랑스풍 서곡과, 빠르게 - 느리게 - 빠르게로 된 이탈리아풍 서곡이 있었으나, 고전파 이후의 많은 서곡을 소나타 형식으로 하고 있다. 오페라 등에 부속하지 않고 독립하여 작곡된 서곡도 있다.

2) 전주곡

전주곡(前奏曲)은 preludio(이탈리아어), Volrspiel(독일어), prelude(영어) 등의 역어이며, 이 경우에는 오페라의 막전음악(幕前音樂)의 일종이다.

기능으로서는 서곡에 가까우나, 대부분의 서곡이 복수의 테마로 구성된 것과는 반대로 전주곡은 서곡에 단일 테마로 드라마의 주요 상념을 전개하는 경향을 가지고 있다. 그러나 그렇게 한 구분에서는 흔히 예외가 있으며 오페라의 막전음악을 서곡이나 전주곡이라 함은 작곡자의 생각대로 하는 일이 많다.

3) 간주곡

간주곡(間奏曲)은, Intermezzo(이탈리아어), Zwischenakt(독일어), entr'act(프랑스어) 등의 역어이며, 오페라나 드라마의 막간음악이다. 기능으로는 서곡이나 전주곡과 다르지 않은 것도 있지만, 극적인 오페라의 막간에 서정적인 음악으로 된 간주곡이 삽입되어, 듣는 사람의 기분전환을 목적으로 하고 있는 경우도 있다. 비제의 〈카르멘〉이나 마스카니의 〈카발레리아 루스티카나〉의 간주곡은 가장 유명하며, 독립해서 연주되는 일도 있다.

4) 발레 음악

Ballet(音樂) 17세기 프랑스의 작곡가 륄리에 의하여 확립된 오페라 발레는 한마디로 말해서 오페라에 발레를 삽입한 것뿐으로 그 양자가 서로 유기적인 연관은 없었던 것이었으나, 19세기의 그랜드 오페라 시대에는 오페라에 화려함을 나타내기 위한 중요한 요소의 하나로서 발레를 도입했다. 구노의 〈파우스트〉나 베르디의 〈아이다〉에서 듣는 발레 음악이 바로 그것이다.

5. 작곡가 편

1) 프레데리크 쇼팽(Frédéric Chopin, 1810-1849)

프레데리크 쇼팽은 1810년 폴란드에서 태어난 낭만주의 시대의 피아노 작곡가이자 연주자로, 피아노 음악의 대가로 알려져 있다. 그의 모든 주요 작품은 피아노를 위한 독주곡이며, 마주르카, 왈츠, 녹턴, 폴로네즈, 발라드, 연습곡, 즉흥곡, 스케르초, 전주곡, 그리고 소나타 등이 대표적이다.

쇼팽은 특히 폴란드 민속 음악의 영향을 많이 받았고, 그의 음악에는 섬세하고 서정적인 감성과 민족적 정서가 깊게 담겨 있다. 주요 작품 중에는 《녹턴 Op.9 No.2》, 《혁명 에튀드 Op.10 No.12》, 《발라드 Op.23》, 《피아노 소나타 제2번 '장송 행진곡'》 등이 있다.

그의 작품들은 기교와 서정성의 완벽한 균형을 보여주며, 피아노라는 악기의 표현 가능성을 새로운 차원으로 끌어올렸다. 쇼팽의 화성 언어와 루바토 기법은 드뷔시, 라흐마니노프 등 후대 작곡가들에게 큰 영향을 주었다. 쇼팽은 소규모 살롱 연주를 선호했으며, 즉흥적이면서도 정교한 연주로 청중들을 매료시켰다. 그는 작곡할 때 완벽주의적 성향으로 한 곡을 수없이 수정하며 최상의 표현을 추구했다.

쇼팽은 낭만주의 피아노 음악 발전에 크게 기여했으며, 그의 음악은 뛰어난 감정 표현과 기교적인 면모로 오늘날까지 사랑받고 있다. 1849년 39세의 나이로 파리에서 생을 마감했으나, 그가 남긴 피아노 음악의 유산은 모든 피아니스트들에게 필수적인 레퍼토리로 자리잡고 있다.

2) 드미트리 쇼스타코비치 (Dmitri Shostakovich, 1906-1975)

드미트리 쇼스타코비치는 1906년 러시아에서 태어나 소비에트 연방 시절의 대표적인 작곡가로, 20세기 음악사에 큰 영향을 끼쳤다. 그는 주로 교향곡과 현악 사중주에서 명성을 얻었으며, 총 15개의 교향곡과 15개의 현악 사중주를 남겼다.

쇼스타코비치는 소비에트 정부와 복잡한 관계 속에서도 강렬한 감정과 그로테스크한 요소가 공존하는 음악을 창작했으며, 그의 작풍은 낭만파 영향과 함께 무조주의 형식, 12음렬 기법 등도 도입했다. 주요 작품으로는《교향곡 1번 Op.10》,《교향곡 5번 Op.47》,《교향곡 7번 '레닌그라드' Op.60》등이 있으며, 교향곡 7번은 히틀러의 레닌그라드 침공 당시 작곡되어 '레닌그라드 교향곡'으로 불린다.

그의 음악은 풍자와 비극, 아이러니가 교묘하게 뒤섞이며 표면적 의미와 숨겨진 의도 사이의 긴장감을 만들어낸다. 이중적 음악 언어는 브리튼, 펜데레츠키 등 20세기 작곡가들에게 정치적 억압 속에서 예술적 진실을 표현하는 방법을 제시하며, 공개적으로는 체제에 순응하는 듯 보이면서도 작품 속에 저항의 메시지를 암호처럼 숨겨두었다. 쇼스타코비치는 빠른 속도로 작곡하는 것으로 유명했으며, 교향곡 5번을 단 3개월 만에 완성하는 등 놀라운 창작력을 보였다.

오페라《므첸스크의 맥베스 부인》(1934)도 그의 대표작 중 하나로, 당시 소련에서 큰 논란을 일으켰다. 그의 음악은 정치적 억압과 개인적 고난 속에서도 인간의 고통과 희망을 표현한 걸작으로 평가받고 있다. 1975년 69세로 생을 마감하기까지 바이올린 협주곡, 실내악 작품, 영화음악 등 다양한 장르에서 활발히 활동했다.

3) 자코모 푸치니 (Giacomo Puccini, 1858-1924)

자코모 푸치니는 1858년 이탈리아에서 태어난 낭만주의 오페라 작곡가로, 대표적인 세 작품인 《라 보엠》(1896), 《토스카》(1900), 《나비 부인》(1904)으로 세계적인 명성을 얻었다. 이들 작품은 모두 극적인 서사와 감미로운 멜로디가 어우러져 오늘날까지도 전 세계 오페라 무대에서 자주 공연된다.

푸치니는 또한 미국 서부 개척 시대를 배경으로 한 《서부의 아가씨》(1910)와 3부작 오페라인 《일 트리티코》(1918)도 작곡했으며, 중국 전설을 소재로 한 미완성작 《투란도트》를 남겼다. 푸치니 오페라의 특징은 인상적인 여성 주인공 묘사와 비운의 여주인공들에게 주어지는 서정적이고 감상적인 멜로디로, 《라 보엠》의 미미, 《토스카》의 토스카, 《나비 부인》의 주인공 등이 대표적이다.

그의 음악은 베르디의 전통을 계승하면서도 프랑스 인상주의와 베리스모(사실주의) 오페라의 영향을 흡수하여 독특한 음악 언어를 만들어냈다. 정교한 관현악법과 극적 타이밍 감각은 이후 영화 음악 작곡가들에게도 큰 영향을 주었다. 푸치니는 대본 선택과 수정에 극도로 까다로워, 때로는 수년간 대본 작가들과 논쟁하며 완벽한 드라마를 만들기 위해 노력했다. 그는 또한 당대 최신 문화와 이국적 소재에 관심이 많아 직접 미국과 일본 문화를 연구하며 작품에 반영했다.

그의 음악은 감성적이고 극적인 요소가 강하며, 오페라에서 동양과 미국 서부 등 이국적 소재를 활용한 점도 특징이다. 푸치니는 1924년 심장마비로 사망했으며, 《투란도트》는 밀라노 음악원 후배 프랑코 알파노가 완성하여 초연되었다.

4) 볼프강 아마데우스 모차르트 (Wolfgang Amadeus Mozart, 1756-1791)

볼프강 아마데우스 모차르트는 1756년 오스트리아 잘츠부르크에서 태어난 고전주의 시대를 대표하는 천재 작곡가로, 약 600곡 이상의 작품을 남겼다. 그는 어린 나이부터 천재성을 보였고, 6세 때부터 유럽 전역을 순회하며 연주했다.

모차르트의 대표작은 교향곡, 오페라, 실내악, 피아노 소나타 등 다양한 장르에 걸쳐 있다. 주요 작품 중《교향곡 40번》,《교향곡 41번 '주피터'》,《피아노 소나타 11번 '터키 행진곡'》,《아이네 클라이네 나흐트무지크》가 잘 알려져 있으며, 오페라《피가로의 결혼》,《돈 조반니》,《마술피리》는 오늘날까지도 전 세계 오페라 극장에서 가장 많이 공연되는 작품이다.

그의 음악은 완벽한 형식미와 자연스러운 멜로디, 균형 잡힌 화성으로 고전주의 음악의 정수를 보여준다. 모차르트의 오페라 작법과 기악곡 구성 방식은 베토벤, 슈베르트를 비롯한 후대 모든 작곡가들의 기본 교과서가 되었다. 모차르트는 작품을 머릿속에서 완전히 구상한 후 악보에 옮기는 방식으로 작곡했으며, 수정이 거의 없는 깔끔한 자필 악보로 유명하다. 그의 놀라운 기억력과 즉흥 연주 능력은 당대 유럽 전역에서 전설로 회자되었다.

모차르트의 음악은 명료한 구조와 아름다운 멜로디, 풍부한 감정 표현으로 오늘날까지 널리 사랑받고 있다. 특히 마지막에 미완성으로 남긴《레퀴엠》은 그의 음악적 마지막 여정으로서 깊은 감동을 준다. 1791년 35세의 젊은 나이로 생을 마감했으나, 그가 남긴 음악적 유산은 서양 음악사에서 가장 중요한 위치를 차지하고 있다.

5. 요한 세바스티안 바흐 (Johann Sebastian Bach, 1685-1750)

요한 세바스티안 바흐는 1685년 독일 아이제나흐에서 태어난 바로크 시대를 대표하는 작곡가로, 서양 음악사에서 가장 중요한 인물 중 하나다. 바흐는 교회음악과 기악음악 모두에서 걸작을 남겼으며, 그중 대표적인 작품으로는 《브란덴부르크 협주곡 6곡》,《평균율 클라비어곡집》,《마태수난곡》,《요한수난곡》이 있다.

특히 《토카타와 푸가 D단조 BWV 565》는 그의 오르간곡 중 가장 유명하며, 클래식 음악을 잘 모르는 사람들에게도 널리 알려져 있다. 또한 《골트베르크 변주곡》,《크리스마스 오라토리오》,《미사 B단조》 등도 그의 대표작이다. 바흐의 성악곡, 칸타타, 모테트, 수난곡은 깊은 종교적 메시지를 담고 있으며, 그의 음악적 기술과 대위법 연구는 후대 음악에 지대한 영향을 끼쳤다.

복잡한 대위법과 푸가 기법을 극한까지 발전시켜 바로크 음악의 완성을 이루었다. 그의 수학적이면서도 영적인 음악 구조는 베토벤, 브람스, 쇤베르크 등 모든 시대의 작곡가들에게 영감의 원천이 되었다. 바흐는 평생 교회 음악가로 일하며 매주 새로운 칸타타를 작곡해야 하는 엄격한 일정 속에서도 탁월한 작품들을 만들어냈다. 그는 작곡뿐 아니라 오르간과 하프시코드 연주, 악기 조율, 음악 교육에도 뛰어난 전문가였다.

바흐는 음악을 하나님께 영광을 돌리고 인간에게 기쁨을 주는 예술로 여겼으며, 그의 작품들은 복잡한 음악 구조와 탁월한 감정 표현이 특징이다. 1750년 65세로 생을 마감했으나, 그의 음악은 모든 서양 음악의 기초이자 영감의 원천으로 평가받고 있다.

6. 주세페 베르디 (Giuseppe Verdi, 1813-1901)

주세페 베르디는 1813년 10월 10일 이탈리아 에밀리아로마냐 주 파르마현 론콜레에서 태어난 이탈리아를 대표하는 오페라 작곡가로, 19세기 이탈리아 오페라의 가장 영향력 있는 인물 중 한 명이다. 그는 가난한 집안 환경 속에서도 어린 시절부터 음악적 재능을 보였다. 베르디는 밀라노 음악원 입학 시도는 실패했으나, 개인 지도를 받으며 꾸준히 작곡 활동을 펼쳤다.

1839년 첫 오페라 《산 보니파치오의 백작 오베르토》를 발표해 주목받기 시작했으며, 이후 《나부코》(1842)로 큰 성공을 거두어 이름을 알렸다. 《리골레토》(1851), 《일 트로바토레》(1853), 《라 트라비아타》(1853)는 그의 대표작으로, 깊이 있는 감정 표현과 극적 구성으로 전 세계적으로 사랑받고 있다. 또한 《돈 카를로스》(1867), 《아이다》(1871), 《오텔로》(1887), 《팔스타프》(1893) 등의 걸작들을 남겼다.

그의 음악은 강력한 멜로디와 극적 긴장감, 인간 내면의 갈등을 표현하는 데 탁월했다. 작품들은 이탈리아 통일 운동과 결합되어 민족적 정체성의 상징이 되었으며, 후대 푸치니를 비롯한 베리스모 오페라 작곡가들에게 직접적인 영향을 주었다. 완벽주의자로서 대본과 무대 연출, 가수 선택에 이르기까지 모든 부분을 직접 관리했다.

베르디는 특히 합창과 관현악을 통한 극적 효과를 극대화하며 이탈리아 오페라의 전통을 발전시켰고, 그의 작품들은 오늘날에도 세계 유수의 오페라 극장에서 자주 공연되고 있다. 1901년 87세에 생을 마감하기까지 오페라뿐 아니라 종교음악, 칸타타, 가곡 등 다양한 장르에서도 활발히 활동했다.

7. 니콜로 파가니니 (Niccolò Paganini, 1782-1840)

니콜로 파가니니는 1782년 이탈리아 제노바에서 태어난 바이올린 연주자이자 작곡가로, 낭만시대 바이올린 기술을 혁신하여 현대 바이올린 연주의 기초를 마련한 인물이다. 그는 어린 시절부터 천재적인 재능을 보여 몇 달 만에 스승을 뛰어넘었고, 20년 이상 이탈리아와 유럽 각지를 순회하며 초인적인 기교와 화려한 연주법으로 큰 명성을 얻었다.

　　파가니니는 스타카토, 피치카토, 하모닉스, 이중 트릴 등 다양한 바이올린 기법을 개발했고, 그의 대표작으로는《무반주 바이올린을 위한 24개의 카프리스》,《비이올린 협주곡 1번》,《바이올린 협주곡 2번》,《모세 환상곡》등이 있다. 특히《24개의 카프리스》는 바이올린 기교의 극한을 보여주는 작품으로, 오늘날까지도 바이올리니스트들에게 가장 도전적인 레퍼토리로 남아 있다.

　　그의 연주 기법은 바이올린의 물리적 한계를 뛰어넘는 것처럼 보여 당대 사람들에게 경외감을 불러일으켰다. 기교 중심 작곡 방식은 리스트의 피아노 기교 발전에 직접적인 영감을 주었으며, 브람스, 라흐마니노프 등도 그의 카프리스를 주제로 변주곡을 작곡했다. 파가니니는 무대 위에서 극적인 퍼포먼스를 선보이며 현대적 의미의 '비르투오소' 연주자 개념을 창조했다.

　　그의 연주는 당시 청중들에게 깊은 감명을 주었으며, 후대의 리스트, 쇼팽 등 많은 음악가에게 영향을 미쳤다. 1840년 말년에는 건강이 악화되어 57세에 사망했으나, 그가 남긴 바이올린 기교의 혁신은 현대 바이올린 연주의 토대가 되었다.

8. 루트비히 판 베토벤 (Ludwig van Beethoven, 1770-1827)

루트비히 판 베토벤은 1770년 독일 본에서 태어난 서양 고전 음악 작곡가이자 피아니스트로, 고전주의와 낭만주의 시대의 과도기에 활동하며 음악사에서 중요한 위치의 인물이다. 그는 20대 후반부터 청각 장애를 겪으면서도 뛰어난 음악적 유산을 남겼고, 그의 작품은 극적인 감정과 인간의 고뇌, 승리의 정서를 강하게 표현한다.

	주요 작품으로는《교향곡 3번 '영웅'》,《교향곡 5번 '운명'》,《교향곡 9번 '합창'》,《피아노 소나타 14번 '월광'》,《피아노 소나타 8번 '비창'》 등이 있다. 특히《교향곡 9번》의 마지막 악장에서 실러의 시 "환희의 송가"를 합창으로 도입한 것은 음악사에 획기적인 사건이었다.

	개인의 의지와 운명에 대한 투쟁을 표현하며, 음악이 철학적 메시지를 전달할 수 있음을 보여주었다. 그의 동기 발전 기법과 극적 구성 방식은 브람스, 말러, 바그너 등 19세기 모든 교향곡 작곡가들의 모델이 되었다. 베토벤은 청력을 잃어가면서도 '대화 수첩'을 통해 사람들과 소통하며 작곡을 계속했고, 완전히 들을 수 없는 상태에서도《교향곡 9번》과 후기 현악 사중주 같은 걸작을 완성했다.

	베토벤은 고전주의 음악을 극점까지 끌어올리며 낭만주의 음악의 기초를 닦았고, 독일 민족 음악의 자랑스러운 거인으로 평가받는다. 그의 음악은 모든 계층의 사람들이 공감할 수 있는 자유롭고 영웅적인 정신을 담고 있으며, 유럽 음악 발전에 지대한 영향을 끼쳤다. 1827년 56세로 생을 마감했으나, 그의 음악적 유산은 인류의 가장 위대한 문화유산 중 하나로 남아 있다.

9. 리하르트 바그너 (Richard Wagner, 1813-1883)

리하르트 바그너는 1813년 독일에서 태어난 작곡가이자 극작가로, 낭만주의 오페라와 음악극(악극)을 혁신한 인물이다. 그의 음악극은 음악과 문학, 무대 미술이 유기적으로 결합된 종합예술로 평가받으며, 가수의 목소리는 시를 전달하는 도구, 오케스트라는 독립된 메시지 전달자로서 역할을 한다.

　바그너의 생애는 초기, 중기, 말기로 나뉘며, 초기에는 주로 전통적 스타일의 오페라를 작곡했다. 본격적인 성공은 중기에 들어서면서 이루어졌는데, 대표작으로《방황하는 네덜란드인》(1843),《탄호이저》(1845),《로엔그린》(1850)이 있다. 말기에는 그의 일생 역작인 4부작《니벨룽겐의 반지》(1854-1874)를 완성했으며,《트리스탄과 이졸데》(1859)와《파르지팔》(1882)도 주요 작품이다.

　바그너의 '라이트모티프(주도동기)' 기법과 무한선율 개념은 음악극의 구조를 근본적으로 변화시켰다. 그의 혁신적인 화성 언어, 특히《트리스탄과 이졸데》의 '트리스탄 화음'은 20세기 무조 음악의 탄생에 직접적인 영향을 주었으며, 말러, R. 슈트라우스, 심지어 현대 영화 음악에까지 영향을 미쳤다. 바그너는 자신의 작품을 위한 극장(바이로이트 축제극장)을 직접 설계하고 건립한 최초의 작곡가였다.

　독일 게르만 신화와 전설을 음악극에 녹여내면서 낭만주의 음악의 세계를 열었고, '악극' 장르를 정립하여 후대 음악극에 큰 영향을 끼쳤다. 1883년 70세로 생을 마감하기까지 19세기 독일의 음악을 세계 음악사에서 독특하고 강력한 위치에 올려놓은 거장이다.

10. 프란츠 슈베르트 (Franz Schubert, 1797-1828)

프란츠 슈베르트는 1797년 오스트리아 빈에서 태어난 낭만주의를 대표하는 작곡가로, 짧은 생애 동안 약 1,200곡 이상의 작품을 남겼다. 그는 주로 가곡(Lieder) 분야에서 혁신을 일으켜 "가곡의 왕"으로 불리며, 《겨울 나그네》, 《아름다운 물방앗간의 아가씨》, 《백조의 노래》 등의 연가곡집을 통해 서정적이고 풍부한 감성을 표현했다.

기악곡에서는 《피아노 5중주 '송어'》, 《현악 4중주 '죽음과 소녀'》, 《교향곡 8번 '미완성'》, 《교향곡 9번 '대교향곡'》이 유명하며, 피아노곡, 오페라, 실내악, 교향곡 등 다양한 장르에서 뛰어난 작품을 남겼다. 슈베르트의 음악은 서정성과 자연스러운 멜로디로 특징지어지며, 특히 가곡에서 시와 음악의 완벽한 결합을 이루어냈다.

슈베르트는 시의 분위기와 의미를 음악으로 완벽하게 표현하는 능력이 탁월했으며, 단순한 선율 속에 깊은 감정을 담아내는 독특한 재능을 보였다. 그의 가곡 형식과 화성 언어는 슈만, 브람스, 볼프 등 후대 가곡 작곡가들의 표준이 되었으며, 멜로디의 자연스러움은 모든 낭만주의 작곡가들이 추구한 이상이었다. 슈베르트는 친구들과 함께하는 '슈베르티아데'라는 음악 모임에서 자신의 작품을 즉석에서 연주하며 영감을 얻었다.

슈베르트는 베토벤과 함께 낭만주의 발전에 큰 기여를 했고, 후대 음악가들에게도 큰 영감을 주었다. 1828년 31세의 젊은 나이로 생을 마감했으나, 그가 남긴 방대한 작품들은 낭만주의 음악의 정수로 평가받으며 오늘날까지 전 세계에서 사랑받고 있다.

참고문헌

- 안톤 체호프, 〈세 자매〉, 전훈 역, 애플리즘, 2023.
- 안톤 체호프, 〈체호프의 문장들〉, 오종우 역, 마음산책, 2024.
- 니클라스 루만, 〈열정으로서의 사랑〉, 정성훈, 권기돈, 조형준 역, 새물결, 2009.
- 스테판 말라르메, 〈시집〉, 황현산 역, 문학과 지성사, 2005.
- 앙리 베르그송, 〈도덕과 종교의 두 원천 (Les Deux Sources de la morale et de la religion)〉, 김재희 역, 2023.
- 앙리 베르그송, 〈시간에 대한 이해와 역사〉, 조현수 역, 그린비 2024.
- 아르투어 쇼펜하우어, 〈의지와 표상으로서의 세계〉, 홍성광 역, 을유문화사, 2019.
- 에마뉘엘 레비나스, 〈전체성과 무한〉, 문성원 역, 그린비, 2018.
- 쇠렌 키르케고르, 〈불안의 개념〉, 이동영 역, 세창출판사, 2024.
- 임마누엘 칸트, 〈판단력 비판〉, 백종현 역, 아카넷, 2009.
- 아우구스티누스, 〈고백록〉,   역, CH북스, 2019.
- 한나 아렌트, 〈예루살렘의 아이히만〉, 김선욱 역, 한길사, 2006.
- 아르투어 쇼펜하우어, 〈의지와 표상으로서의 세계〉, 홍성광 역, 을유문화사, 2019.

- 표도르 도스토옙스키, 〈죄와 벌 I, II〉, 이문영 역, 문학동네, 2020.
- 모리스 블랑쇼, 〈카오스의 글쓰기 (L'Écriture du désastre)〉, 박준상 역, 2012.
- 미하일 바흐친, 〈프랑수아 라블레의 작품과 중세 및 르네상스의 민중문화〉, 이덕형 역, 아카넷, 2001.
- 주제 사라마구, 〈눈먼 자들의 도시 (Ensaio sobre a cegueira)〉, 정영목 역, 해냄출판사, 1998.
- 마르틴 하이데거, 〈존재와 시간〉, 이기상 역, 까치, 2025,
- 프리드리히 니체, 〈비극의 탄생〉, 박찬국 역, 아카넷, 2007.
- 프리드리히 니체, 〈선악의 저편·도덕의 계보〉, 김정현 역, 책세상, 2002.
- 요한 볼프강 폰 괴테, 〈파우스트I, II〉, 정서웅 역, 민음사, 1999,2009.
- 릭 킴벌리, 〈오페라와의 만남〉김병화 역, 포노, 2013.
- 알베르 카뮈, 〈시지프 신화〉, 김화영 역, 민음사 2016,
- 전광진, 라이너 마리아 릴케의 〈두이노의 비가 연구〉, 삼영사, 1981,
- 마르틴 부버, 〈나와 너〉, 김천배 역, 대한기독교서회, 2020,
- 김성현, 〈모차르트〉, 북이십일 아르테, 2018.
- 니체, 〈바그너의 경우, 우상의 황혼, 니체 대 바그너〉, 백승영 역, 책세상, 2002.

- 레비나스,〈타자윤리학〉, 김연숙 역, 인간사랑, 2001.
- 에마뉘엘 레비나스,〈전체성과 무한: 외재성에 대한 에세이〉, 박찬국 역, 그린비, 2018.
- 칼 구스타프 융,〈융 심리학 입문〉, 김형섭 역, 문예출판사, 2004.
- 라이너 마리아 릴케,〈릴케의 기도 시집〉, 김재혁 역, 민음사, 2025.
- 미셸 들롱,〈카사노바, 사랑과 예술의 유혹자〉, 이효숙 역, 시공사, 2016.
- 블레즈 파스칼,〈팡세〉, 현미애 역, 을유문화사, 2015.
- 어빙 고프만,〈자아 연출의 사회학〉, 진수미 역, 현암사, 2016.
- 지그문트 프로이트,〈정신분석 강의(상)〉, 임홍빈·홍혜경 역, 열린책들, 2020.
- 에리히 프롬,〈사랑의 기술〉, 황문수 역, 문예출판사, 2019.
- 장 폴 사르트르,〈존재와 무〉, 변광배 역, 민음사, 2024.
- 시몬 드 보부아르,〈제2의 성〉, 이정순 역, 을유문화사, 2021.
- 프리드리히 니체,〈차라투스트라는 이렇게 말했다〉, 장희창 역, 민음사, 2004.
- 쇠렌 키르케고르,〈죽음에 이르는 병〉, 임규정 역, 한길사, 2007.
- 김형석,〈서양철학사 100장면〉, 도서출판 가람기획, 1994.
- 요한 볼프강 폰 괴테,〈젊은 베르테르의 슬픔〉, 박찬기 역, 민음사, 1999.

- 월러 뉴웰, 〈폭군 이야기〉, 우진하 역, 예문아카이브, 2017.
- 로버트 그린, 〈유혹의 기술〉, 강미경 역, 웅진지식하우스, 2012.
- 밀턴 브레너, 〈무대 뒤의 오페라〉, 김대웅 역, 아침이슬, 2004.
- 니클라스 루만, 〈열정으로서 사랑: 친밀성의 코드화〉, 정성훈, 권기돈, 조형준 역, 새 물결, 2009.
- 레비나스, 〈타자윤리학), 김연숙 역, 인간사랑, 2001.
- 스탕달, 〈연애론〉, 김현태 역, 집문당, 2014.
- 전광진, 라이너 마리아 릴케의 〈두이노의 비가 연구〉, 삼영사, 1981,
- 지그문트 프로이트, 〈정신분석 강의(상)〉, 임홍빈·홍혜경 역, 열린책들, 2020.
- 칼 구스타프 융, 〈융 심리학 입문〉, 김형섭 역, 문예출판사, 2004.
- 김성현, 〈모차르트〉, 북이십일 아르테, 2018.
- 레비나스,〈타자윤리학〉, 김연숙 역, 인간사랑, 2001.
- 〈세계명곡 해설전집〉, 세광출판사, 1986.
- 〈음악 대사전〉, 세광출판사, 1990.
- 〈음악 대사전〉, 신진출판사, 1972.
- 〈글로벌 세계대백과사전〉, 교연 아카데미, 2004.
- 〈브리태니커 백과사전〉, 한국 브리테니커회사, 1996
- 〈동아 원색 세계 대백과 사전〉, 동아출판사 백과사전부, 1987.

- 해럴드 숀버그, 〈위대한 작곡가들의 삶 2〉, 김원일 역, 출판사 클, 2020.
- 앙리 뮈르제, 〈라보엠〉, 이승재 역, 문학세계사, 2003
- 매릴린 옐롬, 〈프랑스식 사랑의 역사〉, 강경이 역, 시대의창, 2017.
- 레오 보만스, 〈사랑에 대한 모든 것〉, 민영진 역, 호름출판, 2014.
- 릭 킴벌리, 〈오페라와의 만남〉김병화 역, 포노, 2013.
- 다이앤 에커먼, 〈천 개의 사랑〉, 송희경 역, 살림출판사, 2009.
- 니체, 〈바그너의 경우,우상의 황혼, 니체 대 바그너〉, 백승영 역, 책세상, 2002.
- 주창윤, 〈사랑의 인문학〉, 마음의 숲, 2019.
- Il Melodramma Ricord 1. 2. 3. 4. 5. 6. 7. 동화출판사, 1990.
- L'Opera di stato di Vienna. Löcker. 1999.
- 그라우트, 〈서양음악사, 서우석 역, 수문당, 1988.
- 나카노 교코, 〈오페라처럼 살다〉, 모선우 역, 큰북소리, 2016,
- 프리드리히 니체, 〈바그너의 경우, 우상의 황혼, 안티크리스트, 이 사람을 보라, 디오 니소스 송가, 니체 대 바그너〉, 백승영 역, 책세상, 2002.
- 진희숙, 〈무대 위의 문학 오페라〉, 니케북스, 2018.
- 전수연, 〈베르디 오페라, 이탈리아를 노래하다〉, 책세상, 2013.

- 볼프강 아마데우스 모차르트, 〈모차르트의 편지〉, 김유동 역, 서커스(서커스출판상회), 2018.
- 몰리에르, 〈몰리에르 희곡선집: 동쥐앙 혹은 석상의 잔치〉, 신은영 역, 열린책들, 2012.
- 카사노바, 〈카사노바 회고록 I, II, III〉, 진형준 역, 살림, 1990.
- 피에르 바뱅, 〈프로이트: 20세기의 해몽가〉, 이재형 역, 시공사, 1995.
- 필리프 고트프루아, 〈바그녀: 세기말의 오페라〉, 최경란 역, 시공사, 1998.
- 헤셀원저, 〈음악 미학〉, 김미애 역, 느낌이있는책, 2014.
- 슬라보예 지젝·믈라덴 돌라르, 〈오페라의 두 번째 죽음〉, 이성민 역, 민음사, 2010.

위로의 음악

bit.ly/470a4k0

미샤 마이스키 Mischa Maisky (첼로)

극히 개인적인 고백을 하나 더 하자면, 여기 소개하는 음악들은 모두 내 삶을 바꾼 곡들이다. 여러분도 이 음악들과 만나 각자만의 해방을 경험하기를 마음 모아 기도한다.

- ☐ Gounod: Ave Maria: Arr. from Bach's Prelude No.1
- ☐ Kreisler: Liebesleid – Arr. 미샤 마이스키 (첼로)
- ☐ Schubert: Ave Maria, "Ellens Gesang III", Op.52 No.6
- ☐ Fauré: Après un Rêve op.7, no.1 – Arr. for Cello and Piano by 미샤 마이스키
- ☐ Ravel: Vocalise – Étude (en forme de habañera)
- ☐ Massenet: Thaïs / Act II: Méditation
- ☐ Saint-Saëns: Le Carnaval des Animaux, R. 125: Le cygne
- ☐ Rachmaninoff: Vocalise, Op. 34, No. 14
- ☐ Schumann: Kinderszenen, Op. 15: Träumerei

- ☐ Mendelssohn: Lied ohne Worte, Op. 109
- ☐ Grieg: Peer Gynt, Op. 23 / Act III: Solveig's Song
- ☐ Mozart: Die Zauberflöte, K. 620 / Act II:"Ach ich fühl's, es ist entschwunden"
- ☐ J.S. Bach: Cello Suite No. 1 in G Major, BWV 1007: I. Prélude
- ☐ Brahms: Wiegenlied, Op. 49, No. 4
- ☐ Mahler: Symphony No. 5 in C-Sharp Minor: IV. Adagietto (Arr. for Cello and Harp by Mischa Maisky)
- ☐ J.S. Bach: Concerto in D Minor, BWV 974: II. Adagio (Arr. for Cello and Piano by Mischa Maisky)
- ☐ Offenbach: Harmonies des bois, Op. 76: III. Les larmes de Jacqueline

위로의 음악

미샤 마이스키(Mischa Maisky 1948년 1월 10일~)

라트비아 리가 출생의 세계적 첼리스트로, 20세기 후반에서 21세기까지 첼로 연주의 정점을 이끈 인물 중 한 명이다. 그는 젊은 시절, 모스크바 음악원에서 20세기 첼로 거장 므스티슬라프 로스트로포비치를 사사했으며, 이후 미국으로 망명하여 그레고르 피아티고르스키 역시 사사한, 동시대에 드문 경험을 가진 음악가이다. 실제로 마이스키는 스스로를 "세상에서 가장 운이 좋은 첼리스트"라고 칭하기도 했으며, 두 마에스트로의 교육적 영향은 음악 해석에서 "음악이 항상 연주자보다 우선되어야 한다"는 근본적 신념으로 이어졌다.

1973년 카네기 홀 데뷔 후, 세계 각지의 유수 오케스트라와 협연하며 35장 이상의 음반을 발매했고, 프랑스 디아파종상, 독일 레코드상 등 주요 음악상을 수상했다. 딸 릴리 마이스키(피아니스트)와의 20년 넘는 듀오 활동은 클래식 음악계에서도 매우 특별한 케이스로 꼽히며, 딸과의 협연 음반(도이치 그라모폰 등)은 음악 평단의 호평을 받았다.

마이스키는 완벽한 기교와 지적 깊이를 넘어, 사랑과 진정성이 음악의 본질임을 강조합니다. "마음에 닿는 연주에는 사랑이 필요하다"는 신념은, 그의 프로그램(베토벤 "사랑을 느끼는 남자들은" 변주곡, 브람스와 슈만의 가곡, 쇼스타코비치 첼로 소나타 등)에서도 확인된다. 그는 음악을 "종교"로 여기며, 생명 같은 감정의 흐름과 서정적 아름다움을 첼로에서 구현하는 데 집중하였다. 마이스키의 연주는 "성악가의 노래를 연상케 하는 윤기 있는 음색"과 "시적인 감성, 격정, 눈부신 기교의 조화"라는 평가를 받으며, 특히 바흐의 무반주 첼로 모음곡 연주는 그 서정성 때문에 명반으로 꼽힌다.

파블로 카살스에서부터 레너드 번스타인까지, 세계적 명사들과의 교류와 협연은 그의 음악 인생의 또 다른 자부심입니다. 소비에트 시절, 무고한 정치적 수감 생활(18개월)과 이민 과정에서의 정신적 고통, 척수 감염 등 고난 끝에 다시 무대로 돌아온 경험이 그의 음악적 성찰과 감동의 깊이에 큰 영향을 끼쳤고, 트라우마를 이긴 음악가로서 많은 이들에게 삶의 위로를 전해준다.

마이스키의 연주 스타일은 지나치게 격정적이고, 기교에 치우친다는 평도 있으나, 성악적 서정성과 생명력 넘치는 음색은 동시대 대부분의 비평가와 음악애호가들에게서 일관되게 찬사를 받고 있다. 특히, "바흐의 무반주 첼로 모음곡 가운데 가장 아름다운 연주"라는 평은, 그의 연주가 단지 테크닉이나 해석적 완벽함이 아니라 내면의 감동과 음악의 본질적 진정성을 중시한 결과임을 보여준다.

그는 자신의 경험을 바탕으로, 음악이야 말로 인간의 영혼을 치유하고 소통하게 하는 언어임을 역설한다. "기교의 진보와 무대 연출의 화려함과 상관없이, 음악이 청중의 마음을 깊이 움직이려면 연주자의 진실한 마음, 즉 사랑이 필요하다"는 그의 신념은, 젊은이들에게 음악가의 참 소임을 일깨우는 교훈적 메시지이기도 하다.

오페라 인문학 IV
고요하게 철학하는 삶의 사유

1판 1쇄 발행   2025년 10월 15일

저 자   박경준
기 획   아트컴퍼니본
펴낸인   백민자
펴낸곳   도서출판 Kairosse(카이로스)

출판등록   2025.09.17(제2025-000038호)
전 화   010-5807-0624
이메일   book@kairosse.com

ISBN | 979-11-994980-1-3

www.kairosse.com/book
ⓒ 박경준, 2025
본 책은 저작자의 지적 재산으로서 무단 전재와 복제를 금합니다.